작명 성명학

예쁜 아기
좋은 이름

○ 김규만 지음

작명 성명학

예쁜 아기 좋은 이름

개정판

음양오행과 사주명리를 바탕으로 하는 성명학 이론의 다수설에 의한
"정통작명법으로 이름 짓기"를 깊고 쉽게 안내합니다

쉽게 짓는 예쁜 아기 좋은 이름

출생일에 타고나는 별자리

대법원 인명용 한자

좋은땅

머리말

성명학 이론의 근간은 음양오행과 사주명리입니다. 선천적으로 타고난 기운의 사주를 보완하여 후천운을 열고자 필요한 오행으로 작명을 할 때 그 필요한 오행을 용신과 희신이라고 하며, 그 학습에 많은 시간과 노력을 기울여야 하지만 반드시 찾아서 사용해야 하는 정통작명법의 핵심 요소인 것입니다.

이름을 짓는 데 용신을 알아야 하는 이유는 사주의 부족하고 넘치는 부분을 보완하는 데, 사주풀이에서 대단히 중요한 용신을 사용하기 때문입니다.

그러나 성명학에서는 운명감정을 목적으로 하지 않기 때문에 『작명 성명학 예쁜 아기 좋은 이름』에서는 사주명리의 주요이론을 생략하였고, 작명을 위한 용신찾기를 쉽고 정확하게 하는 데 초점을 맞추어 음양오행과 사주명리 및 풍부한 용신사례를 가지고 제대로 용신을 찾을 수 있도록 노력하였습니다.

그러한 마음을 담아, 음양오행과 사주명리를 바탕으로 하는 성명학 이론의 다수설에 의한 "정통 작명법으로 이름 짓기"를 깊고 쉽게 안내합니다.

특히 억부용신과 조후용신의 사례가 사주명리에 입문하신 분들과 작명소 현장에서 작명을 하시려는 분들에게 조금이라도 도움이 되신다면 매우 기쁘고 감사하겠습니다.

좋은 이름은 무엇일까요?
소리가 좋은 한글이름과 뜻이 좋은 한자로, 엄마 아빠가 함께 사랑과 정성으로 지어주는 이름입니다.

아기에게 좋은 평생 이름을 선물하시기 바라며
가족의 건강과 행복을 기원합니다.

2023 년 3 월 김규만

목차

머리말 ··· 4

1장 성명학

1. 성명학과 좋은 이름 ································· 10
2. 성명학의 종류 ·· 17
3. 성명과 음양오행 ····································· 25
4. 불용문자 ··· 31
5. 항렬자 ··· 38

2장 음양오행

1. 음양 ·· 42
2. 오행 ·· 45
3. 오행의 상생상극 ····································· 53

3장 사주명리

1. 천간 ·· 62
2. 지지 ·· 73

3. 지장간 · 84
4. 육신과 십신 · 85
5. 사주 세우기 · 86

4장 격국·용신

1. 격국 · 97
2. 용신 · 99
3. 억부용신 · 103
   1) 신강사주, 신약사주 구분법 · · · · · · · · · · · · · · · · 104
   2) 억부용신 사례 · 107
4. 조후용신 · 122
   1) 조후와 방합 · 122
   2) 조후 적용을 우선검토 해야 할 사주 · · · · · · · · · · · 124
   3) 조후용신 사례 · 125

5장 정통작명법으로 이름 짓기

1. 발음오행 · 137
   1) 상생상극 - 발음오행(자음) · · · · · · · · · · · · · · · · · 138

2) 발음오행 사례 · 144
　　　3) 성씨별 한글이름 사전 · · · · · · · · · · · · · · · · · · · 146
　2. 자원오행 · 214
　　　1) 자원오행 사례 · 215
　3. 수리오행 · 217
　　　1) 수리사격 · 217
　　　2) 수리오행 사례 · 218
　　　3) 81 수리해설 · 221
　　　4) 성씨별 획수 · 238
　　　5) 성씨별 길한수리 정렬표 · · · · · · · · · · · · · · · · · 243

6장　작명 실전

1. 작명 시 고려할 사항 · 266
2. 작명 사례 · 267

부록

1. 엄마 아빠가 쉽게 짓는 예쁜 아기 좋은 이름 · · · · · · · 279
2. 출생일에 타고나는 별자리 · · · · · · · · · · · · · · · · · · · 289
3. 대법원 인명용 한자 · 327
4. 한글이름에 맞는 한자(자원오행) 사전 · · · · · · · · · · 411

1장

성명학

1. 성명학과 좋은 이름
2. 성명학의 종류
3. 성명과 음양오행
4. 불용문자
5. 항렬자

1. 성명학과 좋은 이름

1) 성명과 성명학

(1) 성명(姓名)

성씨 성(姓) 자는 여자 여(女) 자와 날 생(生) 자가 결합한 모습으로, 여자(女)가 생산(生)한 아기의 출생의 계통과 혈족을 나타내기 위하여 이름 앞에 붙이는 칭호이고 이름 명(名) 자는 저녁 석(夕) 자와 입 구(口) 자가 결합한 모습으로, 저녁(夕)에 어두워 보이지 않는 사람을 찾으려고, 입(口)으로 다른 사람과 구별하여 부르기 위하여 만들어진 한 개인을 특정하는 호칭으로 성은 가계(家系)의 이름이고 명은 개인의 이름으로, 성(姓)과 명(名)을 합쳐 이름이라고도 한다.

(2) 성명학(姓名學)

성명의 좋고 나쁨이 운명과 관련이 있다고 하여 이름을 짓거나 풀이하는 점술을 철학에 빗대어 이르는 것으로, 성명을 통해 그 사람의 길흉화복(吉凶禍福)을 판단하는 성명학은 선천적으로 타고난 사주의 부족한 부분을, 필요한 음양오행의 기운을 보충하여 후천적으로 만들어진 이름을 가지고 인간의 운로에 길한 영향을 주려고 하는 목적을 이루기 위한 노력이며 성명학의 근간은 음양오행 및 사주 명리 이론이며 성명학은 한 개인의 사주를 분석하여 음양오행의 과부족을 발음오행, 자원오행, 수리오행 등을 활용하여 보완하고 균형과 조화를 이루게 하여 타고난 기운에 부합하는 이름을 지으려고 형성된 이론 체계이다.

2) 선천운과 후천운

(1) 선천운(先天運)

누구나 태어날 때 하늘로부터 선천적으로 타고나는 자연의 기운을 말하는 것으로 사람들은 타고나는 자연의 기운을 음양오행의 원리로 풀어내어, 그 사람의 변하지 않는 고유한 특성인 천성을 뜻하는 기본 성품과 재능을 알아보고자 누구나 태어날 때의 출생 년 월 일 시를 가지고 사주를 세워서 선천운을 살피는 데 활용하고 있는 것이다.

(2) 후천운(後天運)

인간이 태어난 후에 도래하는 운세를 말하는 것으로, 사주의 용신과 희신의 오행으로 지어진 좋은 이름은 그 사람의 인생행로에 긍정적인 영향을 끼친다는 것이다.

그래서 사람들은 타고난 선천운을 알고자 사주를 살펴보고, 부족한 사주를 보완하는 작명으로 좋은 후천운을 열고자 하는 것이며

그러한 후천운이란 부모, 형제, 배우자, 교육, 직업 성명 등에 의해 크게 좌우되며 후천적인 노력에 따라 얻어지는 것이라 하고 그중에서 가장 중요한 것이 성명이라고 생각하여 타고난 기운에 맞는 성명을 지어 주면서 성공과 행복을 염원하는 정성을 기울이는 것이다.

3) 성명의 영향력

성명으로 쓰이는 한자(漢字) 속에는 고유한 영(靈)이 깃들어 있어서 성명을 쓰고 부를 때 육체를 통해 정신에 전달되고 다시 정신이 육체에 명을 내려 움직이도록 하는 영동성(靈動性)으로 인간의 정신과 육체활동을 이어주는 영적 생명력에 후천운을 보완하려는 성명이 영향을 끼친다고 여기는 것이다.

(1) 자의정신(字意精神) – 성명의 정신
정신이 동(動)하면 심기(心氣)가 동응(動應)하니 성명의 자의 정신은 인품의 기질과 기국(器局)의 심천(深淺)을 암시하여 처세의 방향과 생활상태의 무형적 면을 지배한다는 것이다.

(2) 음파영동(音波靈動) – 성명의 생명
성음(聲音)이 발하면 생명이 동하는 고로 대외적 반사작용은 곧 행동의 거취 파조(波調)를 지배하며 신명의 안위와 평생의 득실관계에 중대한 역할을 하게된다. 발음언어란 세대에 따른 생명영동(生命靈動)이 있다고 한다.

(3) 음양배열(陰陽配列) – 성명의 조직
음양이 조화되면 만물이 화생하고 음양이 부조(不調)하면 상극 마찰 파괴작용이 발생하게 되는 것이므로 신명운로에 영향을 끼치게 되는 것이다.

(4) 수리운로(數理運路) – 성명의 노선
일생운로의 기본적 궤도이며 천태만상의 인생역사를 수리적으로 산출기록하는 부문으로서 성명학술에 응용하되 고등 영수학적(靈數學的)인 9 수의 자승(自乘) 즉 9X9=81 수의 신비한 수리영동(數理靈動)으로 평생의 운명노선을 결정적으로 좌우하는 역할을 하는 것이다.

3) 성명의 영향력 출처 – 비전 성명대전. 조봉우 저. 명문당 1973. 2. 5

4) 성명의 중요성

성명의 글자와 소리에는 어떤 에너지가 존재하고 있으므로, 좋은 의미의 문자와 좋은 소리로 지어진 이름을 쓰고 불러야 좋은 에너지가 발산되어 그 사람에게 길(吉)한 영향을 주게 된다는 것이다.

눈으로 볼 수 없는 사랑, 희망, 믿음, 밝음, 바람 등과 같은 무형의 것들을 감정과 느낌으로 감지할 수 있듯이 이름도 그 이름자만이 가진 자연적 에너지와 기(氣)를 지니고 있다.

그러므로 이름의 느낌을 감지할 수 있는 아기에게 좋은 기운(氣運)을 가진 이름이 불릴 때 건강하고 행복한 인생을 살아가는 성공의 원동력이 될 수 있다는 것이다.

그러한 에너지와 기(氣)가 전달되는 밝고 맑은 고운 소리의 이름은 아기에게 생기(生氣)를 주는 소리보약이 되고, 엄마 아빠의 사랑과 정성으로 지어진 뜻이 좋은 이름은 한 인간으로서 세상에 모습을 드러내 보이고 구별하는 징표가 되어 평생 사람들과의 인연을 만들어 간다.

5) 좋은 이름과 정통작명법

(1) 좋은 이름의 조건

 소리로 불려지고 글자로 쓰여지는 이름은 소리와 뜻이 좋고, 타고난 기운에 맞아야 좋은 이름이다.

소리가 좋은 한글이름은
   ① 발음이 부드럽고 명확하여 부르고 듣기에 좋아야 한다.
   ② 참신하고 성인이 되어서도 사용하기 좋은 평생 이름이어야 한다.
   ③ 성씨 (박)나영 → (방)나영 ■ 이름 (은)례 → (을)례 등 자음동화 현상을 유념해야 한다.

뜻이 좋은 한자이름은
   ① 건강, 사랑, 희망, 행복과 같은 힘차고 밝은 의미의 깊은 뜻과 품위가 있어야 한다.
   ② 적성과 진로에 맞는 이름으로 성공하는 삶의 출발이 되도록 높은 이상과 소망을 담아야 한다.
   ③ 음양오행으로 타고난 기운을 표시하는 사주에 부합되어야 한다
   ④ 대법원 인명용 한자를 사용해야 출생신고를 할 수 있으며 불용문자, 불길문자, 획수가 지나치게 많거나 별로 쓰지 않는 어려운 글자 등을 사용하지 않도록 한다.

(2) 정통작명법의 조건

   사주를 분석하고 용신을 정하여 발음오행이나 자원오행에 적용하는, 용신성명학 또는 오행성명학에 수리성명학을 더하여 정통작명법이라고도 한다.

          ① **발음오행** – 소리의 상생을 우선하는 한글이름 짓기
① 한글성명이 차례대로 상생되고 발음이 명확하여 부르고 듣기 좋게 한다.
② 용신에 해당하는 한글자음이면서 상생이 동시에 충족되는 한글이름이라면 물론 좋다.

         ② **자원오행** – 사주에 필요한 오행(용신)으로 한자이름 짓기
① 사주분석을 통해 필요한 오행(용신) 이면서 뜻이 좋은 한자를 선별하여, 이름에 사용한다.

         ③ **수리오행** – 획수로 길흉을 살펴보는 한자이름 짓기
① 성명의 한자획수를 수리사격, 81 수리에 모두 길하게 구성하고 음양의 조화를 이루어 준다.

   — 대법원 인명용 한자 —
   한글이름에 해당하는 한자들을 살펴본 후 필요한 오행(자원오행)과 길한 수리(수리오행)를 동시에 충족하고, 뜻이 좋은 한자 중에서 이름을 결정한다.

작명의 프로 · 아마추어

1. 프로의 이름 짓기

1) 사주를 분석하여 필요한 오행(용신)을 자원오행으로 사용한다.
2) 발음오행 – 한글이름을 상생 또는 용신으로 짓는다.
3) 수리오행 – 한자이름의 획수를 수리사격, 81 수리에 길하게 구성한다.

2. 아마추어의 이름 짓기

1) 사주분석 및 용신찾기와 자원오행을 제외한다.
2) 발음오행 – 한글이름을 상생되도록 한다.
3) 수리오행 – 한자이름의 획수를 수리사격, 81 수리에 길하게 구성한다.

2. 성명학의 종류

1) 수리성명학(數理姓名學)

81 수리 이론을 바탕으로 하는 수리성명학은 채침(蔡沈)이 만든 [홍범황극]의 81 수원도(八十一數元圖)에서 한자의 획수를 가지고 길흉을 해설한 것이 수리성명학의 시초라고 한다.

성명의 획수로 조합된 원격. 형격. 이격. 정격의 사격에, 81 수리를 적용하여 길흉을 판단하는 것이 수리성명학이며 수리오행론, 수리사격론(원형이정), 81 수리론 등으로 부르기도 한다.

하도낙서에서 기원한 81 수리는 기본수 1 에서 9 까지와 9 수의 자승수 (9 x 9) 81 수의 좋고 나쁨의 설명으로 구성되어진 것이며, 한자의 획수에 따라 길흉의 기운이 존재한다는 것이다.

81 수리는 성명의 획수로 길흉을 판단하는 기준이 되어, 이름을 지을 때 성(姓)과 명(名)의 획수를 조합한 수리가 81 수리에 길(吉)해야 좋은 이름이라고 보는 것이다.

우리나라에서 쓰이고 있는 사격의 수리오행은 어느 사람의 성과 이름자의 한자획수에 의한 사격(원, 형, 이, 정)의 수리가 나왔을 때 그 획수의 수리가 담고 있는 의미를 81 수리 이론을 바탕으로 하는 길흉에 따라 초년, 청년, 장년, 노년기 운세를 풀이하는 작명이론이다.

2) 용신성명학 [用神姓名學]

사주팔자를 분석하여 일간이 가장 필요로 하는 용신오행을 정하고 그에 따라 사주팔자에 부합하는 오행을 이름으로 보완하는 것이 용신성명학이다.

타고난 사주팔자의 중화(中和)를 위하여 필요한 오행, 즉 용신이 되는 오행을 찾아서 발음오행이나 자원오행의 용신으로 사용하여 이름을 짓는 것으로, 사주를 보완하고 운로를 길한 방향으로 유도하려는 작명법이며

사주에 필요한 오행인 용신을 사용하여 지어진 한글이름이 희신과 상생되면 물론 좋지만, 상극도 나쁜 것이 아니기 때문에 상생만을 주장하지 않는다.

용신성명학의 한글이름은 반드시 용신과 희신에 해당하는 오행의 한글 자음으로 하며, 한자이름자는 용신오행이 아니더라도 한글이름에 해당하는 모든 오행(木·火·土·金·水)의 한자 중에서 뜻이 가장 좋은 글자를 골라서 사용한다.

(1) 용신성명학으로 이름 짓기

① 이름을 지을 때 "첫 번째가 **소리오행**(한글이름)을 그 사람의 사주에 맞도록 하는 것이며, 둘째가 삼원오행, 셋째가 자원오행, 넷째가 수리오행을 구성한다"는 것이다.

② 사주가 너무 신왕하여 일간을 통제하기 어려운 경우를 제외하고, 일간을 극(剋)하는 오행을 용신오행으로 사용하지 않는다.

용신성명학 사례 - 원국 출처 "적수천미"

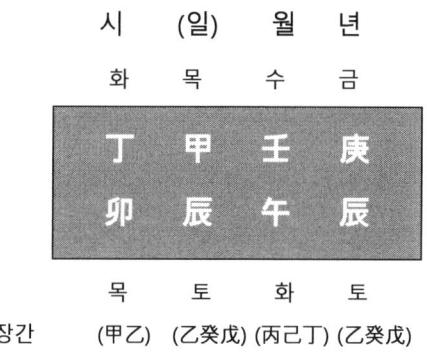

	시	(일)	월	년
	화	목	수	금
	丁	甲	壬	庚
	卯	辰	午	辰
	목	토	화	토
지장간	(甲乙)	(乙癸戊)	(丙己丁)	(乙癸戊)

(일간)	
(甲) 卯	
인성 壬	식상 丁 午
관성 庚	재성 辰 辰

갑목(甲木) 일간이 월지(午)에 득령하지 못하고, 일지(辰)에 득지 하였으나 득세하지 못하여 신약 사주이므로

신약한 甲목 일간을 생(生) 하여 부조하는 壬수가 용신이고 수(水) 역시 금(金)의 지원을 받으므로 庚금이 희신이다.

용신 : 임수(壬水)	희신 : 경금(庚金)

첫 번째 - 소리오행

— 수(水) 용신에 해당하는 한글자음 ㅁ, ㅂ, ㅍ 으로 첫 번째 이름을 짓는다.
— 금(金) 희신에 해당하는 한글자음 ㅅ, ㅈ, ㅊ 으로 두 번째 이름을 짓는다.

용신 수(水) ㅁ, ㅂ, ㅍ	희신 금(金) ㅅ, ㅈ, ㅊ
민 旼 (굳셀 . 金오행)	**재** 材 (재목, 재주 . 木오행)
병 炳 (밝을, 빛날 . 火오행)	**서** 叙 (베풀, 지을 . 水오행)
표 杓 (자루, 별이름 . 木오행)	**찬** 燦 (빛날 . 火오행)

한글이름 작명법의 선택 - 어떻게 할 것인가?

정통작명법으로 이름 짓기에서, **한글이름** 작명을 용신성명학과 오행성명학 중에서 어느 것을 적용할 것인지를 결정하는 일이며, 어느 이론을 선택하더라도 정통작명법에 의한 이름 짓기라고 할 수 있다.

		용신성명학	오행성명학
소리(발음)오행	**한글이름**	용신(用神) 사용	상생(相生) 사용
자원오행	한자이름	뜻, 자의(字意) 사용	용신(用神) 사용
수리오행	한자획수	수리사격 사용	수리사격 사용

소리(발음)오행은 소리를 오행으로 구분한 것으로, 한글의 자음으로 오행을 구분한 것이다.

소리	ㄱ, ㅋ	ㄴ, ㄷ, ㄹ, ㅌ	ㅇ, ㅎ	ㅅ, ㅈ, ㅊ	ㅁ, ㅂ, ㅍ
오행	목	화	토	금	수

3) 음양성명학(陰陽姓名學)

 이름을 지을 때 음양이 서로 조화가 이루어지도록 획수음양과 소리음양을 바탕으로 하는 것이 음양성명학이다.
 획수음양은 1, 3, 5, 7, 9 홀수는 양이고 2, 4, 6, 8, 10 짝수는 음으로 하여 성명 각각의 글자획수가 음양의 조화를 이루어지게 하는 것으로 한글이름과 한자이름에 모두 적용하고, 소리음양은 한글에만 적용되어 모음으로 음양을 구분하는 것이다.

4) 오행성명학(五行姓名學)

 소리와 글자와 뜻으로 구성되어있는 성명 글자를 오행으로 구분할 때 글자의 소리로 구분하는 것을 발음오행이라고 하고, 글자의 뜻을 가지고 구분하는 것을 자원오행이라고 하며, 글자의 획수로 구분하는 것을 수리 오행이라고 한다

(1) 발음오행
 한글자음의 발음을 오행으로 구분하여 성씨와 이름이 순서대로 상생(相生)되도록 한 것으로, 사주와 상관없이 한글자음에 따른 발음으로 상생하는 이름이 좋고 상극을 피해야 한다는 것으로 소리오행, 음령오행이라고도 한다.

(2) 자원오행
 글자 자체가 지니고 있는 고유의 오행으로, 한자(字)의 근원(源)을 뜻과 부수(部首)로 오행을 구분하여 사주에 필요한 오행을 이름으로 보완할 때 적용하도록 성명학에 도입된 것이다.

(3) 수리오행

수리가 지니고 있는 오행의 기운을 이름에 적용한 것으로, 성명 각각의 글자 획수에서 원격, 형격, 이격, 정격의 사격 수리를 산출한 후, 그 획수의 수리가 담고 있는 의미를 해설한 81 수리를 가지고 길흉을 판단하는 것이다.

5) 주역성명학(周易姓名學)

주역의 논리를 가지고 팔괘(八卦)를 64 괘사(卦辭)와 384 효사(爻辭)로 바꾸어 이름의 길흉과 운명을 풀이하는 것으로 하괘(下卦)는 이름 두 자의 획수로 하고, 상괘(上卦)는 성과 이름자의 획수합계로 하여 본괘만 구성하는 방법과 여기에 더하여 변효(變爻)를 구해서 본괘와 변괘를 구성하는 방식이 주역괘상 작명법이다.

6) 육효성명학

주역을 기반으로 하고 육친을 추가하여 효율적이고 간편하게 점(占)을 치는 육효(六爻)의 청룡(靑龍), 주작(朱雀), 구진(句陳), 등사(螣蛇), 백호(白虎), 현무(玄武)인 여섯 짐승 육수(六獸)를 사용하여 작명하는 괘상작명법이다.

7) 자성성명학

하늘의 별로부터 길흉화복을 받는다고 믿는 자성성명학(字星姓名學)은 한자의 글자 모양과 부수를 하늘의 별자리와의 연관성을 관찰하여 자미두수, 기문둔갑, 육임, 명리에 있는 육친이나 별을 사용하는 것으로 천문학이나 점성술과는 다른 것이다.

8) 곡획성명학

곡획작명법은 필획. 곡획. 선천생수를 더하여 산출된 수리를 88 괘상에 적용하는 작명법이다.

곡획(曲劃)은 붓으로 글을 쓸 때 멈추고 꺽어 붓이 돌아가면서 쓰여지는 글씨의 굴곡으로 구부러진 획수를 계산하는 것이며

선천생수는 육십갑자에 일정한 숫자를 배정해 놓은 것으로 각자 본인의 띠에 해당하는 선천생수를 찾아 필획수와 곡획수를 더하여 적용할 괘상(卦象)을 찾아내게 되는 것이다.

곡획작명법은 주역의 64 괘에 24 절기를 추가하여 88 괘상을 만들었으며 88 괘상의 수리해설을 60 괘상부터 147 괘상까지로 구성하여 길흉을 해설하고 있다.

소옹(邵雍) 선생이 창안한 것으로 주역과 육효의 괘상에 사용되는 것이 정통 방법이며 근래에 여기에 더하여 곡획 획수의 수리배열을 사용하여 길흉을 판단하였으나 점차 사라져가는 작명법이다.

9) 측자 파자

한자를 결합하거나 추리하고 유추하는 것을 측자(測字)라고 하며 한자를 분리하는 것을 파자(破字)라고 한다.

측자 파자의 법칙은 당송(唐宋) 시대에 문자유희를 즐기는 현인들에게서 전성기를 맞이하여 유행되었고, 명청(明淸)시대로 이어 지면서 한층 가다듬어져 사용되었으나 현재는 거의 사라졌다고 할 수 있다.

작명 시에 참고해야 한다는 주장도 있지만 측자파자를 제외하고 이름을 지을 경우, 대법원 인명용 한자가 이름을 짓기에 충분하지 못하므로 설득력을 얻지 못하고 있는 것이 현실이다.

10) 이외에 기타 성명학으로 파동성명학. 성격성명학 등이 있다

중국문화의 영향을 받은 우리나라는 통일신라시대에 이르러 성씨와 이름을 함께 적는 한자식 이름을 지으면서 자원오행을 바탕으로 하는 작명을 하게 되었다.

구한말 창씨개명 후 일본인 작명가 구마자키 켄오가 정리하여 발표한 한자획수에 의한 81 수리오행이 급속도로 보급되었으며, 현대에는 발음오행으로 소리가 좋은 한글이름을 우선하는 추세이다.

3. 성명과 음양오행

소리, 글자, 뜻으로 구성되어 있는 이름은 우주 만물이 음양오행의 조화로서 생성하고 소멸하며 발전하는 것과 같이 이름을 지을 때도 마찬가지로 음과 양이 어느 한쪽으로 치우치지 않도록 하여 음양과 오행의 조화를 이루어야 한다는 것이다.

한글은 소리글자이기 때문에 뜻으로 음양오행을 나누지 못하고, 한자는 뜻글자이기 때문에 소리로 음양오행을 나누지 못한다.

소리	구분
음양	한글의 **모음**
오행	한글의 **자음**

글자(획수)	구분
음양	음(**짝수**), 양(**홀수**) – 한글, 한자 모두 적용
오행	목(1.2) 화(3.4) 토(5.6) 금(7.8) 수(9.10) – 한글, 한자 적용

뜻	구분
음양	한글, 한자 - 나눌 수가 없다
오행	한글(x), 한자는 글자의 부수(部首)와 자의(字意)에 의한다

		음양	오행
한글	소리	O	O
	획수	O	O
	뜻	X	X
한자	소리	X	X
	획수	O	O
	뜻	X	O

1) 소리와 음양

소리의 음양구분은 한글의 모음으로 한다.

음	ㅓ ㅔ ㅕ ㅖ ㅜ ㅝ ㅞ ㅟ ㅠ ㅡ ㅢ
양	ㅏ ㅐ ㅑ ㅒ ㅗ ㅘ ㅙ ㅚ ㅛ

2) 소리와 오행

소리의 오행구분은 한글의 자음으로 한다.

목(木)	ㄱ ㅋ
화(火)	ㄴ ㄷ ㄹ ㅌ
토(土)	ㅇ ㅎ
금(金)	ㅅ ㅈ ㅊ
수(水)	ㅁ ㅂ ㅍ

3) 글자 『획수』와 음양

글자의 음양 구분은 한자, 한글 모두 글자의 획수로 한다.

음	짝수 2. 4. 6. 8. 10
양	홀수 1. 3. 5. 7. 9

(1) 한글의 『획수』 음양

한글 모음과 자음의 획수로 음양을 구분한다.

모음	1획	양	ㅡ. ㅣ
모음	2	음	ㅏ. ㅓ. ㅗ. ㅜ. ㅣ
모음	3	양	ㅐ. ㅔ. ㅚ. ㅟ. ㅑ. ㅕ. ㅛ. ㅠ
모음	4	음	ㅝ. ㅘ. ㅒ. ㅖ
모음	5	양	ㅙ. ㅞ

자음	1획	양	ㄱ. ㄴ. ㅇ
자음	2	음	ㄷ. ㅅ. ㅈ. ㅋ
자음	3	양	ㄹ. ㅁ. ㅊ. ㅌ. ㅎ
자음	4	음	ㅂ. ㅍ. ㄸ. ㅆ. ㅉ

(2) 한자의 『획수』 음양

　성씨와 이름의 세 글자 한자획수가 양(陽)인 홀수와 음(陰)인 짝수로 함께 구성되어 있으면 음양이 갖추어진 이름으로 보는 것이고 세 글자가 모두 홀수이거나 짝수이면 음양을 갖추지 못한 것이라고 하는 것이다.

　― 성명의 한자가 음양의 조화를 이루는 배열 ―

① 음 양 양	② 음 음 양	③ 음 양 음

④ 양 음 음	⑤ 양 양 음	⑥ 양 음 양

(사례)

①	②	③
박 서 현	김 동 현	임 주 하
朴 序 晛	金 桐 儇	任 珆 廈
6　7　11	8　10　15	6　11　12
음 양 양	**음 음 양**	**음 양 음**

④	⑤	⑥
이 은 서	유 지 연	차 지 혁
李 恩 墅	俞 泜 瑌	車 恀 奕
7　10　14	9　9　14	7　8　9
양 음 음	**양 양 음**	**양 음 양**

4) 글자『획수』와 오행

글자 획수에 따라 오행을 구분하여 사주에 필요한 오행의 길흉 여부를 따지는 것을 글자 획수오행이라고 한다

글자획수의 오행구분 - 획수오행

획수	1. 2	3. 4	5. 6	7. 8	9. 10
오행	목	화	토	금	수

획수가 10을 넘으면 10을 버리고 끝수로 한다. 예를 들어 15획이면 10을 버리고 나머지 5를 토(土) 오행으로 한다.

한자 획수에 따라 오행을 구분하여 사주에 필요한 오행의 길흉 여부를 따지는 것을 한자 획수오행이라고 하며

한글 획수에 따라 오행을 구분하여 사주에 필요한 오행의 길흉 여부를 따지는 것을 한글 획수오행이라고 한다.

그러나 글자획수를 가지고 오행을 구분하는 획수오행은 사용자가 극소수에 불과하다.

5) 글자 『뜻』과 음양

뜻에 대한 음양은 나눌 수가 없어서 한글, 한자 모두 구분하지 않는다.

　이름의 뜻은 건강, 희망, 미래와 같은 힘차고 밝은 의미가 담겨야 하고 적성과 진로에 맞는 이름으로 행복한 삶의 출발이 되도록 이상과 소망을 담아야 한다.

6) 글자 『뜻』과 오행

한글은 뜻으로 오행을 구분할 수 없고, 한자의 뜻에 대한 오행구분은 글자의 부수(部首)와 자의(字意)에 의한다.

　무수히 많은 한자의 오행을 일일이 구분하기가 어렵기 때문에, 이 책의 **『부록』 대법원 인명용 한자**에 뜻과 함께 오행을 표시하여 넣었다.

　이름의 뜻을 논하는 자원오행은 한자에 담겨있는 뜻과 오행을 선별하여 아기사주에 필요한 오행의 한자를 이름으로 보완한다.

4. 불용문자

1) 불용(不用)문자

한자의 뜻(字意)이 나쁘기 때문에 사용할 수 없다는 글자로서 당연히 이름에 사용하지 말아야 할 글자이다.

2) 피하는 글자

천간지지 글자와 짐승이나 식물을 뜻하는 글자, 글자의 뜻이 거창하거나 정신세계를 의미하는 글자 등은 피해야 한다는 것으로 옛 문헌 춘추(春秋). 예기(禮記)에 강, 산 이름과 가축, 질병, 그릇, 관직, 나라이름은 사용하지 않는다고 하였다.

3) 불길(不吉)문자

글자의 뜻이 나쁘지 않지만 인생행로에 흉한작용을 한다고 주장하며 사용하지 않는 사람과 불길문자는 확정, 특정된 글자가 아니고 흉한작용을 한다는 근거 및 사유가 보편 타당성이 없으나, 사용하면 나쁘다는 지적을 당하기 싫어서 선별적으로 사용하고 가급적 사용하지 않는다는 의견으로 나뉘어져 있다.

4) 첫째와 둘째 아기가 구별해서 쓰는 글자

첫째가 쓰기에는 좋아도 둘째가 쓰면 첫째에게 좋지 않은 영향을 끼친다고 자제하는 글자이다.

(1) 불용(不用)문자 : 뜻이 나쁘기 때문에 사용하지 않는 글자

뜻이나쁜	**불용문자** 사례
假	거짓 [가]
駕	멍애 [가]
姦	간사할 [간]
奸	간음할 [간]
苦	괴로울 [고]
枯	마를 [고]
孤	외로울 [고]
哭	울 [곡]
困	곤할 [곤]
慨	분개할 [개]
劍	칼 [검]
驚	놀랄 [경]
競	다툴 [경]
戈	창 [과]
鬼	귀신 [귀]
怪	괴이할 [괴]
懼	두려워 할 [구]
禁	금할 [금]
欺	속일 [기]
怒	성낼 [노]
奴	종 [노]
斷	끊을 [단]

뜻이나쁜	**불용문자** 사례
盜	도둑 [도]
逃	달아날 [도]
刀	칼 [도]
毒	독 [독]
露	이슬 [로]
淚	눈물 [루]
落	떨어질 [락]
盲	소경 [맹]
亡	망할 [망]
侮	업신여길 [모]
犯	범할 [범]
病	병들 [병]
貧	가난할 [빈]
繽	어지러울 [빈]
僕	종 [복]
腐	썩을 [부]
崩	무너질 [붕]
背	등 [배]
死	죽을 [사]
鼠	쥐 [서]
消	사라질 [소]
訟	송사할 [송]

뜻이나쁜	**불용문자** 사례
喪	죽을 [상]
傷	상처 [상]
衰	쇠할 [쇠]
愁	근심 [수]
囚	가둘 [수]
殉	따라 죽을 [순]
屍	주검 [시]
失	잃을 [실]
餓	굶주릴 [아]
惡	악할 [악]
鮟	아귀 [안]
殃	재앙 [앙]
哀	슬플 [애]
厄	재앙 [액]
弱	약할 [약]
疫	염병 [역]
汚	더러울 [오]
辱	욕될 [욕]
淫	음란할 [음]
泣	울 [읍]
怨	원망할 [원]
猿	원숭이 [원]

뜻이나쁜	**불용문자** 사례
憂	근심 [우]
僞	거짓 [위]
慇	괴로울 [은]
刃	칼날 [인]
姙	아이밸 [임]
刺	찌를 [자]
恣	마음대로 [자]
障	막힐 [장]
葬	장사 지낼 [장]
災	재앙 [재]
爭	다툴 [쟁]
債	빚 [채]
濁	물흐릴 [탁]
痛	아풀 [통]
破	깨뜨릴 [파]
敗	패할 [패]
害	해칠 [해]
險	험할 [험]
血	피 [혈]
禍	재앙 [화]
患	근심 [환]
戱	희롱할 [희]

(2) 피하는 글자 : 동식물이나 천간지지, 정신세계를 뜻하는 글자 등

	피하는 글자 사례
甲	첫번째 천간. 갑옷[갑]
乙	천간 새 [을]
丙	천간 남녘 [병]
丁	천간 장정 [정]
戊	천간 [무]
己	천간 몸 [기]
庚	천간 별 [경]
辛	천간 매울 [신]
壬	천간 북방 [임]
癸	천간 북방 [계]
子	첫번째 지지. 쥐 [자]
丑	소 [축]
寅	호랑이 [인]
卯	토끼 [묘]
辰	용 [진]
巳	뱀 [사]
午	말 [오]
未	양 [미]
申	원숭이 [신]
酉	닭 [유]
戌	개 [술]
亥	돼지 [해]

	피하는 글자 사례
千	일천 [천]
萬	일만 [만]
億	억 [억]
兆	조 [조]
豚	돼지 [돈]
犬	개 [견]
蛇	뱀 [사]
龜	거북 [귀]
鶴	학 [학]
龍	용 [용]
馬	말 [마]
梅	매화나무 [매]
蘭	난초 [란]
菊	국화 [국]
竹	대 [죽]
松	소나무 [송]
江	큰 내 [강]
山	뫼 [산]
佛	부처 [불]
神	귀신 [신]
尊	높을 [존]
福	복 [복]

(3) 불길(不吉)문자 : 인생행로에 흉한작용을 한다고 주장하는 글자

	불길문자의 사례		불길문자의 사례
國	나라 [국]	仁	어질 [인]
吉	길할 [길]	月	달 [월]
男	사내 [남]	日	날 [일]
女	계집 [녀]	地	땅 [지]
東	동녘 [동]	眞	참 [진]
美	아름다울 [미]	春	봄 [춘]
明	밝을 [명]	夏	여름 [하]
敏	민첩할 [민]	海	바다 [해]
四	넉 [사]	虎	범 [호]
實	열매 [실]	花	꽃 [화]
愛	사랑 [애]	孝	효도 [효]
榮	꽃 [영]	喜	기쁠 [희]
雲	구름 [운]	姬	계집 [희]

國 – 중요한 고비에서 불운으로 실패한다

吉 – 불화와 재난을 초래한다

男 – 가정불화가 많고 배우자덕이 없다

東 – 근심걱정이 많다

美 – 주변의 좋은 평가를 받지만 자신은 고독함을 느낀다

明 – 파란곡절이 많다

敏 – 성질이 날카롭고 대인관계가 원만하지 못하다

實 – 구설이 따르고 배우자복이 없다

愛 – 불행의 암시를 주며 사랑을 잃게 되거나 부부지간의 이별수가 된다

榮 – 뜻을 이루지 못하고 근심걱정이 많다

雲 – 재물이 흩어져 고생한다

仁 – 부모와 인연이 약하고 건강하지 못하다

眞 – 공허하고 진실되지 않다

春 – 허영심이 많아 실패한다

海 – 인생항로에 평지풍파를 만나게 된다

虎 – 독선적이고 단명하다

花 – 화류계 여성이거나 부부운이 불길하다

孝 – 근심걱정이 많고 외롭다

喜 – 고독, 슬픔, 불행을 암시한다

姬 – 자신을 위한 일이 아니고 다른 사람의 뒷바라지에 고생한다

(4) 첫째와 둘째 아기가 구별해서 쓰는 글자

첫째에게 쓰는 글자		첫째에게 쓰는 글자	
甲	갑옷 [갑]	新	새 [신]
巨	클 [거]	元	으뜸 [원]
乾	하늘 [건]	允	진실로 [윤]
高	높을 [고]	胤	이을 [윤]
昆	맏 [곤]	仁	어질 [인]
起	일어날 [기]	寅	셋째 지지 [인]
基	터 [기]	一	한 [일]
大	큰 [대]	壹	한 [일]
德	큰 [덕]	日	해 [일]
東	동녘 [동]	子	아들 [자]
孟	맏 [맹]	長	어른 [장]
明	밝을 [명]	前	앞 [전]
伯	맏 [백]	宗	마루 [종]
甫	클 [보]	柱	기둥 [주]
上	윗 [상]	天	하늘 [천]
碩	클 [석]	靑	푸를 [청]
奭	클 [석]	初	처음 [초]
先	먼저 [선]	春	봄 [춘]
秀	빼어날 [수]	太	클 [태]
首	머리 [수]	泰	클 [태]
承	받들 [승]	弘	넓을 [홍]
始	처음 [시]		

5. 항렬자

항렬자는 한 집안에서 같은 대에 태어난 사람들이 함께 쓰는 동일한 글자로서 같은 조상의 후예임을 알 수 있도록 사용하는 것이다.

항렬자의 배열은 역학사상에 바탕한 오행순환의 이치를 따르거나 간지를 배합 또는 숫자를 쓰기도 한다.

오행순환이란 목생화(木生火) 화생토(火生土) 토생금(土生金) 금생수(金生水) 수생목(水生木)의 순환 상생을 말하는 것이다.

어느 한 세대에서 목(木) 오행의 항렬자를 취하면 그 다음세대는 화(火) 오행의 항렬자를 사용하고, 다시 그 아래세대는 토(土) 오행의 한자를 항렬자로 사용하는 것이다.

항렬자는 그 종족에서의 세대(世代)수를 표시하기 때문에 출생이전부터 미리 정해져 있는데 그것도 항렬자의 위치까지 규정되어 있으므로 한 개인이 선택할 수 있는 이름자는 주어진 위치의 한글자뿐이므로 종족들 사이에 동명이인이 많아지는 원인이 되기도 한다.

성씨별로 가문마다 항렬자를 정해 놓고 이를 후손들이 따르기 때문에 아기 사주와 성씨 + 항렬자 + ( )로 이름을 지으면 오행(자원, 수리, 발음)을 동시에 모두 맞추어 짓는 정통작명법으로 지을수 없는 경우가 대부분이다.

정해 놓은 한자(漢字)를 사용하여 지은 항렬자 이름이 작명법보다 우선하기 때문에 자원, 수리오행에 적절한 경우에는 다행이지만 맞지 않는다면 족보에는 항렬자에 의한 이름을 올리고 호적에는 정통작명법에 의한 이름으로 출생 신고하여 사용하는 방법이 이용되기도 한다.

현재 신생아작명의 경우 약 90% 이상은 항렬자에 상관없이 이름을 짓고 있으나 집안에서 결정하실 문제이므로 가문마다 정한 항렬자 목록이 있으니 항렬자를 모르시거나 알아야 할 규칙은 종중에 문의하시면 된다.

2장

음양오행

1. 음양
2. 오행
3. 오행의 상생상극

음양오행(陰陽五行)

"음양이란 태초의 혼돈상태에서 서로 상반되는 기운이 나타나게 되었는 바 거기에 +와 ― 상(象)을 취하여 음양이라는 개념을 붙인 것이며, 그 음양에서 또다시 분합작용을 일으켜 다섯 가지의 새로운 성질이 발생하게 된것을 오행이라고 한다"는 것이다.

음양설은 천지 만물의 이기(二氣)가 지속적으로 생성과 소멸작용을 반복하는 자연법칙을 논하는 것이다.
오행설은 세상 만물을 이루고 있는 다섯 가지 물질이 상생상극 운동으로 끊임없이 순환하면서 변화한다는 것이다.

그러므로 안으로 수축하는 음기(陰氣)와 밖으로 팽창하는 양기(陽氣)가 맞물려 작용하여 생성시킨 다섯 가지 기적원소(氣的元素)의 변화과정을 음양오행 운동으로 본다.

동양철학의 기본법칙을 『태극(太極) = 음+양』, 『음양(陰陽) = 목+화+토+금+수』로 설정함에 있어서, 만물과 우주의 본원도 여기에서 찾아낼 수 있게 된다는 것이다

"지구 중심의 일월(日月)이 교호(交互) 출입하면서 지구에 음양(陰陽)의 기운을 던져 줌으로써, 즉 水火작용의 본원을 이루어 주는 데서 오행(五行)의 작용이 생겨나게 되었던 것이다. 만일 지구밖에 일월(日月)이 없다면 음양도 없고 한서(寒暑)도 없을 것이므로 분산작용도 통일작용도 없을 것인즉 지구에는 만물도 변화도 없을 것이다" 출처 – 우주변화의 원리. 한동석. 대원출판

음양오행설은 자연현상과 일상생활의 경험과 관찰을 통하여 점차적으로 얻어진 지혜와 사색의 결과이다.

중국 전한(前漢) 때의 유학자 동중서(董仲舒, 기원전 176~104)는 『춘추번로』에서 "천지의 기(氣)는 합해지면 하나가 되고, 나누어지면 음양이 되고, 다시 나누어지면 사시가 되고, 나열하면 오행이 된다"고 하여 우주 만물은 음양오행의 형식을 거쳐 생성된다고 하였다.

북송의 문필가이자 정치인 왕안석(王安石, 1021~1086)은, "음이 극에 이르면 추위가 생기는데 추위는 수(水)를 낳고, 양이 극에 이르면 더위가 생기는데 더위는 화(火)를 낳으며, 양이 움직여서 흩어지면 바람이 생기는데 바람은 목(木)을 낳고, 음이 그쳐서 거두어 들이면 건조함이 생기는데 건조함은 금(金)을 낳으며, 음양이 교제하면 습기가 생기는데 습기는 토(土)를 낳는다"고 하였다.

남송의 철학자 주자(朱子, 1130~1200)는 "음양은 기(氣)이고 오행은 질(質)이기 때문에 사물이 만들어져 나올 수 있다"고 하였다.

이와 같이 오행은 음양의 두 기(氣)에서 생겨나니 오행은 음양이라는 두 기의 물질적 형질로서, 오행은 음양을 내포하고 음양은 오행을 통하여 나타난다는 것으로 이러한 다섯 가지 물질 원소가 작용하고 천만 가지로 변화하여 세계 만물을 구성한다는 것이다.

1. 음양(陰陽)

"태초에 우주의 근본인 무극(無極), 태극(太極)의 혼돈상태에서 어두움과 밝음이 탄생하고, 천지의 합해진 하나의 기(氣)가 양의(兩儀)로 분열되어 생겨난 음양은 상반된 작용을 하면서도 서로 보완하고 조화를 이루어 하나가 되며 생성과 소멸을 반복하는 자연현상의 법칙으로 대립하면서 상호 의존하고, 대립하면서 서로 끌어당기며, 상대가 존재함으로써 자기가 존재하는 대대 원리로서 우주자연의 생성원리를 설명하는 철학적 의미를 포함하게 되었다"는 것이다.

1) 음양의 기원

음양은 태양과 구름, 언덕의 자연현상을 설명하는 과정에서 탄생된 개념으로, 산언덕의 북쪽에는 응달이 많아 어두우므로 그것을 음(陰) 자로 표현하였고, 산언덕의 양지쪽에는 햇살이 많아 밝다는 뜻에서 양(陽) 자로 표현한 것이라고 한다.

물상(物象)으로 이해하는 음양

(양)	햇볕	낮	불	하늘	여름	아버지	남자
(음)	그늘	밤	물	땅	겨울	어머니	여자

(양)	해	오전	동쪽	시작	발산	적극적	목, 화
(음)	달	오후	서쪽	끝	수렴	소극적	금, 수

2) 사상[四像]

"우주자연이 생기기 이전의 끝이 없는 혼돈의 상태를 무극(無極)의 상태라고 하고, 그 상태에서 만물생성의 근원이 되는 하나의 기운으로 발생된 태극(太極)은 우주와 이치의 근본원리라고 한다.

태극에서 양의(兩儀)를 낳고 양의가 뜻하는 음양(陰陽)이 사상(四像)을 낳으며, 사상이 8괘(八卦)를 낳는 순서로 우주만물의 이치를 표현하는 글자가 전개되는 것이다.

사상은 음양의 음(陰)에서 다시 음과 양으로 분열한 것을 태음(太陰), 소양(少陽)이라 하고, 양(陽)에서 음과 양으로 분열한 것을 소음(少陰), 태양(太陽)이라 하는 사상체계를 갖추게 되고 사계절이 탄생하게 되는 바탕이 된다"는 것이다.

양의		사상	사계	오행	절기	음력.월	12 지지
양 —	음 --	소음	봄	목(木)	입춘.경칩.청명	1. 2. 3	寅. 卯. 辰
	양 —	태양	여름	화(火)	입하.만종.소서	4. 5. 6	巳. 午. 未
음 --	양 —	소양	가을	금(金)	입추.백로.한로	7. 8. 9	申. 酉. 戌
	음 --	태음	겨울	수(水)	입동.대한.소한	10.11.12	亥. 子. 丑

3) 팔괘(八卦)

주역에서 세상의 모든 현상을 음양을 겹치어 여덟 가지의 상(象)으로 나타내어 자연계와 인간계의 본질을 인식하고 설명하는 8개의 괘명을 말한다.

건(乾) – 하늘, 아버지, 강건하고 굳셈, 강건(剛健)
태(兌) – 연못, 막내 딸, 기쁨, 즐거움, 유열(愉悅)
이(離) – 불, 차녀, 밝고 슬기로움, 명지(明智)
진(震) – 우레, 장남, 떨치고 음직임, 분동(奮動)
손(巽) – 바람, 장녀, 나가고 들어옴, 엎드리고 들어감, 복입(伏入)
감(坎) – 물, 차남, 험난함에 빠져듬, 함험(陷險)
간(艮) – 산, 막내 아들, 고요히 그침, 정지(靜止)
곤(坤) – 땅, 어머니, 부드럽고 순함, 유순(柔順)

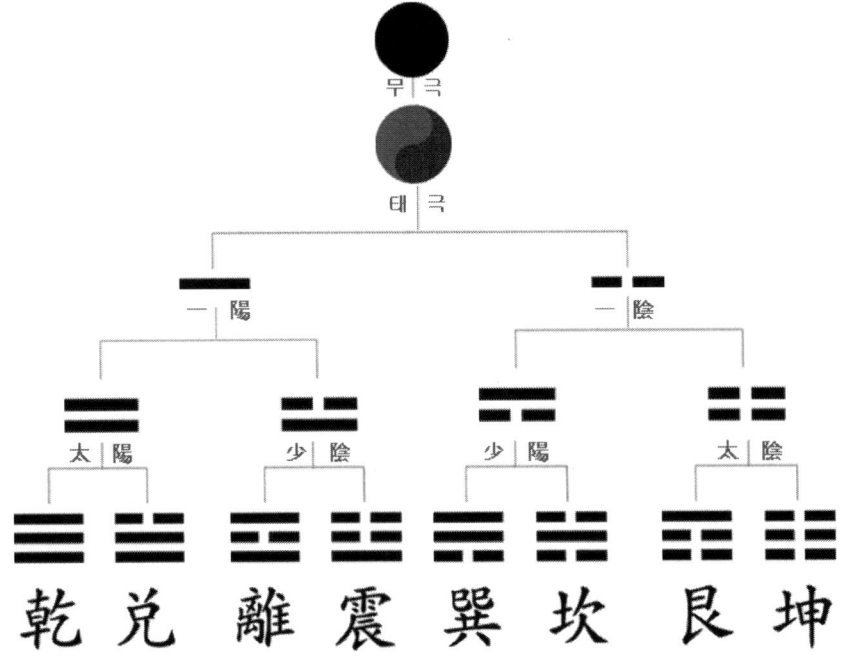

2. 오행(五行)

"오행의 개념에 오(五) 자를 붙인 것은 우주의 만물은 다섯 가지의 법칙권 내에 있다는 것을 의미하는 것이요, 행(行) 자를 놓은 것은 기운이 취산(聚散, 모임과 흩어짐) 하면서 순환하는 것을 상징한 것이다.

다시 말하면 행(行)이란 일진일퇴를 의미하는 것이니, 즉 왕+래=행(往+來=行)이라는 공식이 되는 것이다.

그것은 우주의 일왕일래(一往一來) 하는 모습이 오행의 운동규범이라는 것을 표시하기 위해서 명명(命名)한 것이다.

따라서 오행운동은 분합운동(分合運動)이기 때문에 양(陽) 운동의 과정인 목화(木火)에서는 분산하고, 음(陰)운동 과정인 금수(金水)에서는 종합(綜合)되는 것이다" 출처 – 우주변화의 원리. 한동석. 대원출판. 2001. 5. 15.

오행의 원초적인 의미는 자연계에 존재하는 물질의 구체적 재료로 보고 물질의 종류를 나무, 불, 흙, 쇠, 물의 다섯 가지로 구분해서 서양에서는 분석과 실험을 통한 과학적 방법으로 물질을 연구하였다.

동양에서는 다섯 가지 물질이 상호간에 작용을 주고받으면서 생성발전 변화되어 살아움직이는 자연세계의 현상을 설명하는 개념으로 사용되어진 것으로, 안으로 수축하는 음기와 밖으로 팽창하는 양기가 맞물려 작용하여 생성시킨 다섯 가지 기적원소(氣的元素)로 보았다.

"모든 작용 속에 내재되어 있는 음양운동에서 발생되는 기운이 목, 화, 토, 금, 수 다섯 가지 성질로 세분화되어, 끝없는 순환을 반복하며 상생과 상극으로 만물의 생장(生長)과 수장(收藏) 운동을 하고 있다"는 것이다.

1) 오행의 기원

옛사람들은 자연계 속에 어떠한 물질이 있어 사람 혹은 다른 사물이 가질 수 없는 신비한 힘을 가지고 있다고 느꼈다. 그리하여 자연신에 대한 숭배가 생겨났으며 숭배는 모두 구체적인 사물에 있었기 때문에 그들의 생활이나 활동구역 내의 나무, 불, 토지, 돌, 강은 모두 그들이 숭배하는 구체적 대상이 되었다.

2) 오행의 활용

오행은 전국시대 이전부터 존재하는 개념으로 알려져 있으며 음양과 함께 우주자연과 인간을 해석하는 도구로 활용되고 있음을 알 수 있는 것이다.

전국시대 후기 제나라 출신의 철학자 추연(鄒衍, 기원전 305~240)은 오행의 덕이 인간세계의 변화를 지배한다는 주장을 하였다.

그의 두 학설 중 하나인 역법이론에서는 음기와 양기의 진퇴에 의하여 생겨나는 계절의 변화에 오행상생의 원리가 사용되었고, 또 다른 학설인 오덕종시설(五德終始說)은 왕조교체 변화의 규칙으로서 오행상극의 원리가 사용되었으며 음양오행 학설은 철학, 정치, 사회, 과학뿐만 아니라 중국의학의 이론적 지주가 되었고, 이를 바탕으로 발전한 중국 의학은 세계 의학계에서 독자적인 지위를 형성하였다.

3) 오행의 특성

(1) 목(木) - 곡직성(曲直性)

새싹이 대지를 뚫고 나올 때 위로 곧게 뻗치는 성질과 옆으로 퍼지는 생명력의 모습을 곡직이라고 하며 대지에 뿌리를 튼튼히 박고 위로 뻗어 오르는 형국으로 봄에 일어나는 성장의 자연운동이 목(木)의 특성이다.

木 물상(物象)	나무	봄	동쪽	아침	어질인仁	시작, 의지	청색
3, 8	신맛	간장	담	눈	ㄱ, ㅋ	甲 乙	寅 卯

곡직성의 직(直)은 직진하여 곧게 뻗치는 것으로 흙 속에 둘러 쌓인 새싹(木)이 땅(土)을 뚫고 올라오는 모습으로, 오행의 상극 표현으로는 목극토(木剋土)라 하여 목(木)의 기운이 강한 사람은 돌파력이 강하다고 하는 것이다.

곡직성의 곡(曲)은 너무 강한 토(土)를 만나 돌파하지 못할 때도 포기하지 않고 우회하여 옆으로 돌아가므로 유연성과 적응력을 지녔다고 하는 것이다.

봄, 용수철을 뜻하는 스프링(spring)의 특성은 밟을수록 점점 반발력이 강해지는 용수철과 같아서 갇히고 억압받음으로써 생기는 강한 힘을 용출하는 용력이 봄의 모습으로 목(木)의 특성을 나타낸다.

샘솟는 에너지와 성장성 창조력 자존심 순수 본능적 정직 의욕 강직 역동성 반골기질의 개척자이고 목표를 달성하지 못해도 좌절하지 않고 또 다른 기회를 찾아 도전하며 우두머리가 되고자 하는 충동적이고 정열적이며 진취적이고 성취욕과 독립정신이 강한 품성이다.

(2) 화(火) - 염상성(炎上性)

목(木)을 기반으로 하여 불꽃이 위로 타오르고 강한 빛을 발산하려는 성질을 염상이라고 하며 여름에 발생하는 분산작용의 자연운동이 화(火)의 모습이다.

火 물상(物象)	불	여름	남쪽	낮	예절 예禮	발전, 열정	적색
2, 7	쓴맛	심장	소장	혀	ㄴ,ㄷ,ㄹ,ㅌ	丙 丁	巳 午

분열하면서 자라나는 분산작용으로 화기(火氣)가 발전하면 목의 특성은 소진되고, 분산을 위주로 하는 화기로 이어진다. 그것은 목을 기반으로 하는 불꽃이 타오르면 나무가 소멸되는 것과 같다.

천지자연에서 관찰하면 처음에는 목기(木氣)의 형태로 출발한 나무가 분산작용으로 가지가 벌려지고 꽃이 피는 화려한 시기로 바꿔지는 것으로, 이것을 인간의 일생 일대에서 보면 청년기에 해당한다는 것이다.

목적을 달성하는 강한 추진력, 승부욕, 열정의 소유자이고 사물의 이면을 파악하는 지혜와 상상력이 뛰어나며 활동성, 세속성, 열정, 적극성, 감상적, 예의, 명예를 추구하는 성품이다.

(3) 토(土) - 가색성(稼穡性)

곡식과 초목을 심고 가꾸어서, 만물을 번식시키며 거둘 수 있는 기반이 되는 토(土)의 본질을 가색이라고 한다.

木火의 생장과 분산작용을 멈추게 하여 매듭을 짓고, 거두고 저장하는 金水의 수장을 하게 하는 중재자 역할을 한다.

土 물상(物象)	흙	간절기	중앙	사이시간	믿을신信	이룸,포용	황색
5, 10	단맛	비장	위장	입	ㅇ, ㅎ	戊 己	辰戌 丑未

가(稼)는 씨앗을 뿌리는 것이고 색(穡)은 수확하는 것으로, 씨앗이 흙에 뿌려지고 뿌려진 씨앗의 생명이 자라나며 살아나가는 곳이 토(土)이다.

이처럼 식물이 살아가는 곳일 뿐만 아니라 동물과 우리네 인간도 토를 기반으로 살아가므로 토(土)는 생명의 근원인 것이다.

뿐만 아니라 다른 오행(五行) 역시 토(土)를 근거로 삼고 있다. 목(木)은 흙에 뿌리를 두고, 화(火)도 흙 위에서 타다가 흙으로 돌아가고, 금(金)은 흙속에서 산출되며, 수(水)는 흙을 통해서 위아래로 흐르고 고인다.

이와 같이 다른 오행들이 토를 기반(基盤)으로 하고 있으므로 토(土)는 오행의 중심에 위치하는 것이다.

중재력, 포용력, 인내력, 안정과 평화를 추구하며 꾸준하고 고지식한 사람의 성품이다.

(4) 금(金) - 종혁성(從革性)

　금석(金石)이 제련, 가공방법 등에 따라서 다양한 형체로 변화하는 것을 말하며, 새로운 질서에 따르고 용도에 따라 바뀌는 것을 종혁이라고 하고 수렴하여 열매 맺고 거두어들이는 가을의 자연운동이 금(金)의 특성이다.

金 물상(物象)	쇠	가을	서쪽	저녁	옳을 의義	결실, 분리	백색
4, 9	매운맛	폐,장	대장	코	ㅅ, ㅈ, ㅊ	庚 辛	申 酉

　금속과 광물에 비유되는 금(金)의 특성을 종혁(從革)이라 하여 순종하며 그 모양을 바꾸고 그대로 형태를 유지하는 성질에 결부시켜 볼 때 금(金)에는 극단적인 견고함과 극단적인 부드러움이 동시에 존재하고 있다고 볼 수 있다.

　신중함과 올바른 판단력을 가지고 편견에 쉽게 휘말리지 않는 균형과 냉정한 결단을 내리는 성향의 사람으로 질서를 잘 지키고 동요됨이 없으며 자기주관이 뚜렷하다.

　분별심 폐쇄적 분석적 중용 근면 노동 세밀함 지성 순수함을 가지고 논리적으로 생각하며 방법을 모색하여 원하는 바를 현실에서 완전하게 추구하고자 한다.

　치밀함, 냉철함, 결단, 결과, 혁명, 분리, 의리, 원칙과 소신이 강한 성품이며 감수성이 예민하고 천재성이 번쩍이며 높은 이상과 고결한 정의감으로 자신을 지키는 분석력이 뛰어난 상식주의자의 품성이다.

(5) 수(水) - 윤하성(潤下性)

물은 위에서 아래로 높은 곳에서 낮은 곳으로 흐르며 땅 아래로 낮게 흘러서, 만물을 윤택하게 하여 윤하라고 하며 결실한 것을 저장하고 水의 응고작용으로 생명의 씨앗을 보존하여 봄을 준비하는 겨울의 모습을 지니고 있다.

水 물상(物象)	물	겨울	북쪽	밤	지혜 지智	정체, 본능	흑색
1, 6	짠맛	신장	방광	귀	ㅁ, ㅂ, ㅍ	壬 癸	亥 子

수(水)의 응고작용이 곧 생(生)의 원동력이라고 할 수 있으므로 만물이 활동하게 되는 근본원인이 水의 활동에 의한 것임을 알수 있고, 바로 변화작용을 일으키므로 水는 만물을 생성하는 기본 존재이고 우주의 본체라고 한다는 것이다.

결단력 의지력과 독립심이 강하고 실행력이 뛰어나며 온순함과 강인함을 두루 갖추고 있는 이들은 꿈과 야망을 위해 장기적인 계획을 세우며 미래에 대한 믿음으로 삶을 실현한다.
지혜, 신중, 유연성, 사교적, 포용력, 적응력, 융통성을 발휘하는 사람의 성품으로 비유할 수 있다.

물상(物象)으로 이해하는 오행(五行)

	목(木)	화(火)	토(土)	금(金)	수(水)
원소	나무	불	흙	쇠	물
계절	봄	여름	간절기	가을	겨울
방향	동	남	중앙	서	북
시간	아침	낮	사이시간	저녁	밤
성품	어질 인仁	예절 예禮	믿을 신信	옳을 의義	지혜 지智
속성	의지.성장	열정.발전	포용.끈기	분리.열매	지혜.본능
색상	청색	적색	황색	백색	흑색
숫자	3 . 8	2 . 7	5 . 10	4 . 9	1 . 6
맛	신맛	쓴맛	단맛	매운맛	짠맛
오장	간장	심장	비장	폐장	신장
오부	담	소장	위장	대장	방광
오관	눈	혀	입	코	귀
발음	ㄱ.ㅋ	ㄴ.ㄷ.ㄹ.ㅌ	ㅇ.ㅎ	ㅅ.ㅈ.ㅊ	ㅁ.ㅂ.ㅍ
천간	甲 乙	丙 丁	戊 己	庚 辛	壬 癸
지지	寅 卯	巳 午	辰戌 丑未	申 酉	亥 子

3. 오행의 상생상극(相生相剋)

　상생은 순리적인 성장을 목적으로 하고, 상극은 경쟁관계를 통해 발전을 도모하는 것이다

1) 상생(相生)

　상생은 내가 일방적으로 도움을 주는 것으로, 내가 생하는 만큼 나의 힘은 빠져서 약해지고 생을 받는 쪽은 힘이 증대된다.

　상생하는 나의 힘은 빠지고 생을 받는 상대방은 강해지지만, 나를 공격하는 오행을 상대방이 물리치므로 결과적으로 상대방에게 내가 보호를 받게 되어 서로 이익이 된다.

　상생이란 물이 높은 곳에서 낮은 곳으로 흐르고, 불이 위로 타오르는 것과 같이 순행하는 자연의 순리로서 준비하고 성장하며 서로 돕고 발전하는 공생 공존을 뜻한다

　상생이란 순행하면서 점진적이고 순리적인 질서를 통하여 도와준다, 만들다, 낳는다는 의미로 밑거름이 되는 희생과 서로 돕는 상부상조를 뜻한다

　상생은 살아남기 위해서 능력을 준비하는 생존활동으로, 생을 받으면 자신의 능력을 향상시키는 것이고 생을 하면 능력을 발휘하는 것이다.

(1) 오행상생의 순환

　나무가 불타고난 후 잿더미가 되어 농사짓기에 적당한 땅이 되고, 흙에서 금석이 산출되며, 광석이 물로 용해되면 물은 수목을 적셔주고 키워 주므로 **목 → 화 → 토 → 금 → 수 →** (목)으로 이어지는 오행상생의 순환이 발생하였다.

목 (木)　나무가 재료가 되어 불이 생성 된다　　　목생화(木生火)
화 (火)　불에 타고난 후 재가 되어 흙이 된다　　　화생토(火生土)
토 (土)　흙이 굳어 금석(金石)이 만들어 진다　　　토생금(土生金)
금 (金)　광물질과 바위틈에서 물이 솟아 난다　　　금생수(金生水)
수 (水)　물이 생명수가 되어 나무가 자란다　　　　수생목(水生木)

(2) 오행의 상생도(相生圖)

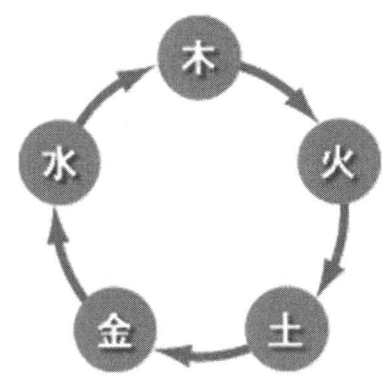

2) 상극(相剋)

　상극이란 강자가 약자를 누르고 억제하는 것으로, 어떤 오행이 다른 한쪽의 오행에게 극(剋 이길, 능력)을 통한 약자를 억압하고 정지시키는 작용을 활용하여 강자는 팽창과 발전을 하게 되는 것이다.

　상극이란 보다 더 잘살기 위해서 검증, 경쟁을 통하여 부가가치가 높은 결과물을 얻기 위한 목적으로, 약자를 억제하고 정지시키는 작용이 극을 하는 것이며, 이와 반대로 극을 받으면 활동이 억제되고 정지되는 것이다.

　극을 당하는 오행의 경우는 간섭, 제압, 지배를 받는 것이고 일간이 극을 하는 경우에는 취하다, 갖는다, 통제한다, 발전한다는 의미가 된다.

　극의 목적은 물질의 탈취와 욕망의 성취에 있으며 극을 하기 위해 필사적으로 힘을 써야 하므로 나의 힘이 빠지고 극을 받는 상대방도 힘이 빠진다.

　상극은 서로 부딪치는 것이 아니고 한쪽이 일방적으로 파괴하고 누르는 것이다. 성장과 팽창 발전의 이면에는 억제하는 정지의 작용이 필요하다. 그러므로 상극이라도 반드시 나쁜 것은 아니다.

　왜냐하면 오행은 생(生) 하기도 하고 극(剋) 하기도 하는 과정에서 성장과 발전을 가져오는 것이기 때문이다.

(1) 오행상극의 순환

　나무로 흙을 뒤업어 개간하고, 흙은 물을 막고 가두며, 물이 불을 없앨 수 있고, 불이 쇠를 달구어 기물을 만들수 있으며, 쇠는 나무를 자를 수 있다는 것을 생활속의 경험을 통하여 알게 되었고 『**목 → 토 → 수 → 화 → 금 →** (목)』오행상극의 순환이 출현하였다.

목 (木)　나무 뿌리가 흙을 파헤친다　　　　목극토(木剋土)
토 (土)　흙이 흐르는 물을 막는다　　　　　토극수(土剋水)
수 (水)　물은 불을 끈다　　　　　　　　　수극화(水剋火)
화 (火)　불이 쇠붙이를 녹인다　　　　　　화극금(火剋金)
금 (金)　쇠로 만든 연장으로 나무를 자른다　금극목(金剋木)

(2) 오행의 상극도(相剋圖)

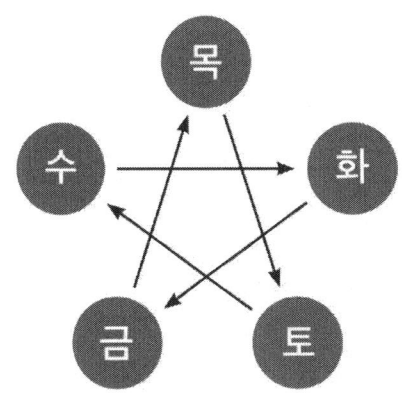

중국 후한(後漢)시대 철학자 왕충(王充 27 년~104 년)은 『논형(論衡)』에서 "오행의 기가 만물을 낳고 사람은 만물을 사용하거나 만사(萬事)를 만드는데, 만약 오행사이에 서로 제압하지 못하면 서로 부릴 수 없고 서로 이기지 못하면 쓸 수 없다.

마치 금이 목을 베지 못하여 목이 도구를 만들 수 없게 되거나 화가 금을 달구지 못하여 금이 그릇을 만들 수 없게 되는 것과 같다.

그러므로 천(天)이 만물을 낳은 것은 바로 만물을 서로 쓰이게 하려는 것이기 때문에 서로 극(剋)하거나 서로 해(害)하지 않을 수 없다"고 하였다.

― 상제상화(相制相化) ―

상제(相制)라는 것은 상극(相剋)을 당하여 발생한 패배를 상생(相生)을 통하여 나의 상대를 극복하는 것이다.

예를 들면 금(金)은 목을 이길 수 있지만 목은 화를 낳아서 금을 제약할 수 있는 것이다. ― 金剋木(상극) → 木生火(상생) → 火剋金『상제』 ―

상화(相化)라는 것은 극(剋) 하는 오행과 극(剋) 당하는 상극 관계인 두 오행이 경쟁 대상을 극(剋)이 아닌 생(生)을 통하여, 적이 아닌 동반자로 받아들이는 것이다.

예를 들어 금(金)은 목을 이길 수 있지만 金剋木(금극목) → 水(수)『상화』 → 金生水(금생수) → 水生木(수생목)으로 결과를 보존하여 생장으로 이어지도록 한다는 것이다.

나무의 성장과정을 살펴보고 이해하는 상생상극

목극토(木剋土) – 나무가 흙에 뿌리를 내리고
토극수(土剋水) – 흙이 아래로 흐르는 물을 제어해서 습기를 유지하며
화생토(火生土) – 태양은, 땅이 얼지 않고 동식물이 생존할 수 있는 따뜻한 환경을 조성하고
토생금(土生金) - 흙이 굳어서 바위나 광물질이 만들어지면
금생수(金生水) – 바위틈에서 물이 흐르게 되어
수생목(水生木) – 물이 나무를 자라게 하고
목생화(木生火) – 성장한 나무는 꽃을 피우며
수극화(水極火) – 물이 나무줄기를 타고 올라 꽃에서 열매를 생성시키고
화극금(火極金) – 햇빛과 열기로 열매가 익으면
금극목(金剋木) – 열매(金)를 나무(木)에서 꺾어 수확한다

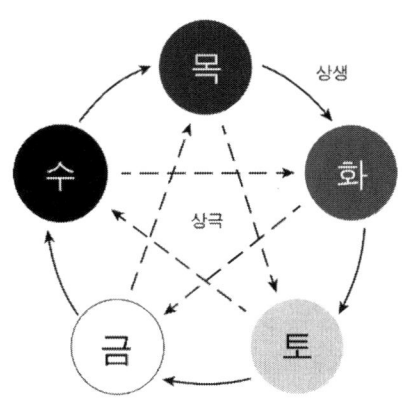

3장

사주명리

1. 천간
2. 지지
3. 지장간
4. 육신과 십신
5. 사주 세우기

사주명리(四柱命理)

사주는 사람이 태어난 해(年) 달(月) 날(日) 시(時)를 간지로 표현하여 길흉화복을 살펴보는 것으로 사람을 하나의 집으로 비유하고 출생 년(年) 월(月) 일(日) 시(時)를 그 집의 네(四) 기둥(柱)이라고 보아 붙여진 명칭으로, 각각 간지(干支) 두 글자씩 모두 여덟 자로 나타내므로 팔자(八字)라고도 한다.

사주는 간지(천간, 지지)로 나타내는데 간(干)은 10개이므로 십간이라 하고, 사주의 윗 글자에 쓰이므로 천간(天干)이라고도 한다.

지(支)는 12개이므로 십이지 또는 사주의 아랫글자에 쓰이므로 지지(地支)라고도 한다.

천간(天干)은 갑(甲) 을(乙) 병(丙) 정(丁) 무(戊) 기(己) 경(庚) 신(辛) 임(壬) 계(癸)의 10가지이다.

지지(地支)는 자(子) 축(丑) 인(寅) 묘(卯) 진(辰) 사(巳) 오(午) 미(未) 신(申) 유(酉) 술(戌) 해(亥) 12가지이다.

명리는 명(命)에 대한 이치(理致)를 살펴보는 것으로, 대부분의 종교가 사후세계를 말하는 것과는 달리 명리학은 태어날 때 하늘에서 주어진 명(命)으로 타고난 품성과 진로 적성을 말하고, 현실 속에서 살아가는 동안 변화하는 인생의 과정을 운(運)의 이치로 말하고 있다.

이와 같이 명리학은 사주(四柱)를 바탕으로 운명을 해석하고 있는데 풍수지리, 하락이수, 자미두수, 기문둔갑에서도 사주를 참고하여 각각의 이론에 보완하여 사용하고 있으며 작명에서도 사주를 활용하고 있는 것이다.

천간(天干) · 지지(地支)

우주자연과 인간을 설명하는 음양오행의 부호로서 천간은 천기(天氣)의 음양오행을 부호로 표현한 것이고, 지지는 지기(地氣)의 음양오행을 부호로 표현하여 언어문자가 가지는 한계성을 극복하고 우주자연과 인간에 대한 다양한 정보를 포용하기 위해 고안된 상징체이다.

천간은 오행(목.화.토.금.수)을 음양으로 나누어 10개의 천간이 생겨난 것이며 하늘의 기운을 상징하는 부호로 생각, 이상, 성격, 목표, 모습 등을 뜻한다.

지지는 오행의 천간 토(土)인 무기(戊, 己)가 사계절의 간절기 봄, 여름, 가을, 겨울에 해당하는 진(辰) 미(未) 술(戌) 축(丑)으로 나뉘어져 12지지가 되었으며 땅의 기운을 상징하는 부호로 행동, 현실, 능력, 결과물 등을 나타내고 사계절을 통하여 시간의 흐름과 음양오행의 변화과정을 보여준다.

지지는 천간의 영향에 따라 하늘이 뜨거우면 땅이 건조하고 하늘에서 눈비가 내리면 땅이 얼고 습해지는 모습을 보이며, 지지에 저장되어 있는 천간인 지장간으로 천간의 기운을 살펴볼 수도 있다.

오행	목(木)	화(火)	토(土)	금(金)	수(水)
	양 . 음	양 . 음	양 . 음	양 . 음	양 . 음
천간	甲 乙	丙 丁	戊 己	庚 辛	壬 癸
	갑 . 을	병 . 정	무 . 기	경 . 신	임 . 계
지지	寅 卯	巳 午	辰戌 丑未	申 酉	亥 子
	인 . 묘	사 . 오	진술.축미	신 . 유	해 . 자
	양 . 음	양 . 음	양 . 음	양 . 음	양 . 음

1. 천간(天干)

10 천간(天干)

甲(갑) 목	棟梁之木 기둥, 대들보 재목	새싹이 껍질을 깨고 땅속에서 나오는 것
乙(을) 목	花果之木 꽃, 과실의 나무	갓 돋아나온 새싹의 유연함을 상징함
丙(병) 화	太陽之火 태양의 불	햇빛이 충만함을 상징
丁(정) 화	燈燭之火 등불의 불	나무가 장대하게 성장한 것
戊(무) 토	城墻之土 성벽의 흙	초목이 무성한 것을 상징
己(기) 토	田園之土 전원의 흙	과일이 익는 것을 상징
庚(경) 금	斧鉞之金 도끼의 쇠	과실을 수확하여 내년을 기다리는 것
辛(신) 금	首飾之金 장신구의 쇠	새로운 생기가 처음으로 배태되는 것
壬(임) 수	江河之水 강, 바다의 물	새로운 생명이 잉태하는 것
癸(계) 수	雨露之水 비, 이슬의 물	뿌리가 나거나 새싹이 돋아나온 형체

1) 갑(甲)

소나무, 전나무 등 큰 나무에 비유되고 곧게 올라가는 직(直)의 특성을 지닌 갑목(甲木)은 흙(土)에 뿌리를 내리고, 습한 수(水)의 기운으로 생존하며, 성장하기 위해서 따뜻한 화(火)가 필요하다.

甲 물상(物象)	큰 나무	봄	동쪽	아침	어질인仁	선두주자	재목
	시작	계획	명예	경쟁	자존심	외로움	고집

갑목(甲木)은 식물의 종자가 갑옷에 쌓인 상태로 껍질을 가르고 땅위로 나오려고 하는 모습으로, 곧은 성품과 오직 한 방향으로만 향하는 마음을 가진 십간(十干)의 시작이므로 최고라는 사고방식 때문에 타인의 통제, 지배를 매우 싫어한다.

충분한 햇빛 화(火). 물 수(水). 비옥한 땅 토(土)에서 잘 자란 갑목(甲木)은 어질고 인자하며 당당한 우두머리를 뜻하는 품성을 갖추게 된다.

다른 한편으로 환경이 척박한 토양이나 경사진 곳에서 온전한 성장을 하지 못한 경우에는 꺾이거나 굽혀지지 않는 나무처럼 유연성, 융통성이 부족하면서도 매사를 앞장서서 자기 뜻대로 하려고 하는 품성을 지니게 된다.

갑 木은

병, 정 火(화)를 생(生) 한다	무, 기 土(토)를 극(剋) 한다
경, 신 金(금)에게 극(剋)을 받는다	임, 계 水(수)에서 생(生)을 받는다

2) 을[乙]

휘어지는 곡(曲)의 성질을 가진 을목(乙木)에 해당하는 잡초, 넝쿨 등은 끈질긴 생명력과 주변환경 적응력이 뛰어난 초목으로 하늘에서는 바람이요 자유롭게 날라 다니는 새에 해당하고 지상에서는 나뭇가지의 잎, 꽃, 열매 또는 화초, 잔디, 농작물에 비유된다.

乙 물상(物象)	꽃, 초목	봄	동쪽	아침	어질인仁	덩굴식물	채소
	인테리어	멋	교육	화가	서비스	예민함	섬세

을목(乙木)인 사람은 융통성과 순발력을 발휘하여 상황에 따른 대처능력이 탁월하고 생활력과 인내심이 대단한 현실적이고 지혜로운 사람이다.

을목(乙木)은 흙(土, 재물을 의미함)에 뿌리를 내려야 하는 살아있는 초목이므로 재물에 대한 강한 욕심과 집착으로 계산적이고 약삭빠른 행동을 하여 다른 사람에게 피해를 주고 부정적인 평가를 받기도 한다.

초목이 꾸불꾸불 땅을 뚫고 올라오는 모습과 같은 乙(을)은 다투다 마찰하다의 뜻을 가진 다툴 알(軋)로부터 나온 것으로, 봄철 만물이 껍질을 벗고 마찰을 일으키면서 나오는 것을 나타낸다.

을 木은

병, 정 火(화)를 생(生) 한다	무, 기 土 (토)를 극(剋) 한다
경, 신 金(금)에게 극(剋)을 받는다	임, 계 水(수)에서 생(生)을 받는다

3) 병(丙)

강한 빛과 뜨거운 열기를 발산하는 태양과 같이 거의 순수한 양(陽)의 기운인 순양지기(純陽之氣)이다.

하늘의 태양이고 지상에서는 전등과 같이 자체적 빛을 발산하여 어둠을 밝히고 온기, 열기를 제공하여 생물의 생장을 돕고 만물을 양육한다.

丙 물상(物象)	태양	여름	남쪽	낮	예절 예禮	빛, 광선	큰꿈
	밝음	명랑	언어	문화	드러남	대인관계	공평

병화(丙火)인 사람은 예의 바르고 열정적이며 매사에 최선을 다하고 공명정대하며 명예와 체면을 중시한다.
다른 한편으로는 자신의 생각을 강하게 주장하고 관철시키려고 일방적, 독선적, 자기중심적 사고와 행동을 드러낸다.

병화(丙火)는 만물이 성장하여 빛나는 모양이고 장엄하게 타올라서 쇠도 녹이는 격렬함으로 정열을 쏟으면서 자신의 목적을 추구하는 성격으로

자신의 능력과 환경에 맞지 않는 이상과 명예를 추구하여 가족과 주변 사람에게 피해를 주고, 불 같은 성질, 인내심, 유연성 부족과 숨김없이 떠들어 대면서 자기 마음속을 그대로 노출하여 손해 보는 경우가 많다.

병 火는

무, 기 土(토)를 생(生) 한다	경, 신 金(금)을 극(剋) 한다
임, 계 水(수)에게 극(剋)을 받는다	갑, 을 木(목)에서 생(生)을 받는다

4) 정(丁)

하늘에서는 어둠을 밝히는 별이요 지상에서는 등댓불, 촛불, 화롯불, 모닥불, 전깃불, 용광로 등의 불과 같아서 갑목(甲木)을 태워 경금(庚金)을 녹여서 기물을 만들고 문명발달에 기여한다.

丁 물상(物象)	불	여름	남쪽	낮	예절 예禮	도전,열정,발전	문명
	난로불	형광등	등대	별	희생정신	인공적인 불	열기

인간생활에 직접적으로 관련되고 가정에서 필요한 불인 정화(丁火)인 사람은 성품이 밝고예의 바르며 사교적이고 화술이 뛰어나다.

봉사정신과 희생정신이 강하고 현실적, 긍정적, 진취적 사고와 따뜻하고 포근한 인정 많은 사람이다.

다른 한편으로는 주변환경의 영향을 크게 받아 감정변화가 심하고 타인과 갈등이 잦으며 겉으로는 활달한 것 같지만 속마음을 드러내지 않고 이중성, 양면성을 보이기도 한다.

정화(丁火)는 만물이 장성해지는 것으로 힘이 한창 왕성한 사람을 장정이라고 하고 나무의 줄기 꼭대기에 가지와 잎이 달려 무성하게 된 상태의 왕성한 파워를 내면의 격렬함과 표면의 온화함으로 나타내어 보여주고 있다.

정 火는

무, 기 土(토)를 생(生) 한다	경, 신 金(금)을 극(剋) 한다
임, 계 水(수)에게 극(剋)을 받는다	갑, 을 木 (목)에서 생(生)을 받는다

5) 무(戊)

산, 언덕, 제방 등 만물이 생장하는 자연적인 장소인 땅이다. 갑목(甲木)을 심어 병화(丙火)로 결실을 맺게 한다.

양토(陽土)인 무토(戊土)는 메마른 땅이다. 가뭄이 들어도 크게 달라지지 않고 비가 많이 내려도 물에 잠기거나 떠내려가지 않는다.

戊 물상(物象)	큰 산	중앙	언덕	믿을신信	포용, 끈기	조정
	제방	천막	중재	추진력	비닐하우스	저장

무토(戊土) 일간의 성정은 신용, 성실, 정직한 사람으로 인품이 중후하고 주관이 뚜렷하여 믿음을 주는 사람으로 희생, 봉사, 포용성이 큰 사람이라고 할 수 있다.

다른 한편으로 무토(戊土)는 습기보다 온기, 열기를 더 많이 포함한 메마른 고원, 고산지대, 황무지를 말하는 것으로 큰 나무가 살기에는 적합하지 않은 땅이므로 환경변화에 둔감하고 주변을 의식하지 않으며 자상하지 못하여 무뚝뚝하고 융통성,유연성이 부족한 사람이라고 할 수 있다.

무토(戊土)는 오행의 정기가 뭉쳐진 것으로, 큰 나무와 밀림을 지탱해 주고 물의 분류(奔流)를 막아주며 사람들의 통행을 할 수 있게 하는 기능으로 신의와 지조를 지키는 대인의 풍격(風格)을 지녔다고 할 수 있다.

무 土는

경, 신 金(금)을 생(生) 한다	임, 계 水(수)를 극(剋) 한다
갑, 을 木(목)에게 극(剋)을 받는다	병, 정 火(화)에서 생(生)을 받는다

6) 기(己)

논, 밭, 전원같이 인간의 필요에 의하여 개척된 땅이다. 갑목(甲木)과 을목(乙木)을 심어 병화(丙火)로 결실을 맺게 하는 것이 주된 역할이다.

음토(陰土)인 기토(己土)는 습기, 냉기를 많이 포함한 흙이며 초목이 자라기에 적당한 조건을 갖춘 논, 밭, 초원 등을 말한다.

己 물상(物象)	논, 밭	집터	중앙	믿을신信	포용, 끈기	성실
	앞마당	화단	중재	평원옥토	자기관리	보수적

믿음과 신용을 중시하고 성실, 정직하며 자신의 위치와 본분을 지키고 중립을 유지하려고 하여 중재자 역할을 잘하고 화술에 능하다

다른 한편으로는 타인에 대한 이해와 배려가 부족하고 주변 환경에 의한 감정변화가 심하여 자신의 속마음을 드러내지 않으면서 인간관계에서 편견이 심하고 과거지향적 성향이 강하다.

기토(己土)는 만물이 움츠러들어 굽어지는 형상이다. 삼림에 뒤덮여 그늘진 지면이라든지 논밭의 작물로 보이지 않게 된 지면이면서 식물이 자라나기에 적합한 부드러운 토양이므로, 순직하고 부드러운 인품이면서도 시야가 좁고 의심을 많이 한다.

기 土는

경, 신 金(금)을 생(生) 한다	임, 계 水(수)를 극(剋) 한다
갑, 을 木(목)에게 극(剋)을 받는다	병, 정 火(화)에서 생(生)을 받는다

7) 경[庚]

물건을 만들 수 있는 재료인 무쇠, 원광석, 철강 등과 같아서 모닥불, 용광로에 해당하는 정(丁)火의 제련을 받아 기물이 되어야 하는 것이다.

자연상태의 원석이므로 적당한 화기(火氣)로 제련(火剋金) 가공되어 연장이나 생필품으로 사용되어지거나, 깨끗한 물을 생성(金生水)해야 하는 것이 경금(庚金)의 역할이다.

庚 물상(物象)	쇠, 원석	가을	서쪽	저녁	옳을 의義	분리, 마무리	고침
	칼, 도끼	기계	자동차	바위	숙살지기	혁명, 의리	권력

소신이 분명하고 성품이 순수하며 의리와 고집이 세고 쉽게 인간관계를 맺기 어려우나 끝까지 지속하려 하며 어려운 문제에 부딪쳐도 스스로 해결하려는 의지와 돌파력이 매우 강하다.
다른 한편으로는 극단적인 행동을 하기도 하고 까다로우며, 융통성, 유연성이 떨어져서 대처능력과 책임감이 부족하다.

경금(庚金)은 만물을 변혁시켜 열매를 맺게하는것으로 변형이나 축소를 통해 자신의 가치를 만들어 나가려는 특징을 지니는데, 먼저 토(土)를 만나서 재료로서의 구실을 제대로 하여 화(火)의 제련을 받으면 고품질의 제품이 될 수 있으며 수(水)를 만나 가치를 인정받게 되는 것이다.

경 金은

임, 계 水(수)를 생(生) 한다	갑, 을 木(목)을 극(剋) 한다
병, 정 火(화)에게 극(剋)을 받는다	무, 기 土(토)에서 생(生)을 받는다

8) 신(辛)

하늘에서는 서리에 비유하고 지상에서는 완성품, 보석, 제련된 금속에 해당되어 밝게 빛나기 위하여 물로 닦아주는 것을 좋아하고, 뜨거운 불에 완성품이 훼손되는 것을 경계하여 정화(丁火)를 싫어한다.

원석(原石)에서 자연적,또는 인공적 변화과정을 거친 각종 보석이나 모래, 자갈, 조약돌, 흙벽돌, 세면벽돌, 액서서리, 생필품 등을 말하는데 용도에 맞게 사용되어야 역할을 다하게 되는 것이다.

辛 물상(物象)	보석	가을	서쪽	반도체	옳을 의義	마무리된결실	열매
	서리	우박	구름	악세서리	제련된금속	완벽주의자	바늘

자신의 능력에 걸맞는 행동과 진정성을 보이는 강한 정신력의 소유자로서 주변을 심하게 의식하고 자신을 돋보이기 위한 행동을 한다.
또한 주변에 화기(火氣)가 많고 강하면 정신적 경제적 스트레스로 주변을 탓하고 다혈질적 반응과 거부감을 보인다.

신금(辛金)은 열매속에서 씨앗이 새로 형성되는 것으로, 부드럽고 약하지만 속에는 굳고 곧음을 간직하고 있다.또 음침하고 한쪽에 치우치기 쉬운 면이 있는 반면 단호하게 행동하기도 하여 그 행동이 강하게 나타날 때에는 남들이 두려워하기도 한다.

신 金은

임, 계 水(수)를 생(生) 한다	갑, 을 木(목)을 극(剋) 한다
병, 정 火(화)에게극(剋)을 받는다	무, 기 土(토)에서 생(生)을 받는다

9) 임(壬)

　물의 양이 많고 속이 보이지 않는 흘러가는 물로서 바다, 강, 호수, 저수지, 농사 짓는 물로 비유되며 바위(庚金)에서 나오는 물과 같이 임수(壬水)는 차고 냉정하다.

　강물은 앞에 큰 산이 가로막고 있으면 산허리를 돌아 흘러가며 큰 바위가 굴러 들어가도 거부감 없이 받아들인다.

壬 물상(物象)	바다, 강	겨울	북쪽	밤	지혜 지智	본능	잉태
	외유내강	댐	어두움	원만	광풍노도	과단성	소통

　임수(壬水)인 사람은 마음이 넓고 속이 깊어 자신을 낮추고 슬기롭게 대처하며 항상 차분함을 유지하려 하는 지혜로운 사람이다.

　다른 한편으로는 비밀이 많고 음탕하며 속마음을 알 수가 없고 감정기복이 심하여 물불을 가리지 않는 공격성을 보이기도 한다

　임수(壬水)는 양기가 속에서 자라기 시작하는 곳이며, 도도히 흐르는 대하(大河)이고 넓은 세상을 거침없이 헤엄쳐 가는 재주와 담력이 넘쳐 흘러서 영업이나 외교력이 필요한 곳에서 활동하는 사람은 뛰어난 능력을 발휘한다.

임 水는

갑, 을 木(목)을 생(生) 한다	병, 정 火(화)를 극(剋) 한다
무, 기 土(토)에게 극(剋)을 받는다	경, 신 金(금)에서 생(生)을 받는다

10) 계(癸)

동물과 식물이 직접 이용하는 빗물, 이슬, 지하수와 음용수, 생활용수 등 맑고 깨끗한 물을 말한다.

계수(癸水)는 양토(陽土)인 무토(戊土)가 초목이 생장할 수 있는 환경을 갖추게 하고 갑목(甲木)과 을목(乙木)을 키운다.

癸 물상(物象)	빗물	겨울	북쪽	밤	지혜 지智	두뇌, 총명	순응
	개울물	물방울	눈,이슬	정보	생동의물결	고독, 인내	본능

계수(癸水)인 사람은 지혜롭고 총명하며 차갑고 차분하면서도 마음이 여리다. 자신의 강한 주장보다는 이해와 배려 희생과 봉사하는 마음을 지녔으며, 거짓말과 다른 사람에게 피해를 주는 행동을 못 하는 사람이다.

다른 한편으로는 주변의 환경변화에 영향을 많이 받아 감정변화가 심하고 예민하고 민감하게 반응하여 매사가 까다로운 모습을 보인다.

계(癸)는 헤아릴 규(揆)와 같은 의미로 '계측(計測)하여 만물을 살피고 헤아린다'고 하는 것으로 볼 때 상대방의 기분에 맞추어서 조화시켜 나가려는 서비스 정신이 왕성한 성격으로 순종하고 온순하며 모든 일에 부단한 노력을 기울이는 성실함을 지니고 있다.

계 水는

갑, 을 木(목)을 생(生) 한다	병, 정 火(화)를 극(剋) 한다
무, 기 土(토)에게 극(剋)을 받는다	경, 신 金(금)에서 생(生)을 받는다

2. 지지(地支)

12 지지(地支)

子(자) 수	양력 12월	생명의 발아를 의미한다
丑(축) 토	양력 1월	새싹이 땅 위로 머리를 내미는 것을 상징한다
寅(인) 목	2월	생기가 만연한 것
卯(묘) 목	3월	생장이 점차 무성한 것
辰(진) 토	4월	열매가 풍성하여 양기가 왕성한 상태
巳(사) 화	5월	양기가 충만하고 극(極)에 이르러 만물이 드러난다
午(오) 화	6월	음양이 서로 교제하여 과실을 낳는 것
未(미) 토	7월	과실이 처음으로 생긴 것
申(신) 금	8월	과실을 수확하는 것
酉(유) 금	9월	음이 왕성하고 양이 쇠퇴하여 만물이 쇠락하는 것
戌(술) 토	10월	생물을 모두 거두어 들이는 것
亥(해) 수	11월	음이 밖에서 왕성하고 양이 안에 숨는 것

12 지지(地支)

12 지지는 24 절기, 춘하추동 사계절을 통하여 시간의 흐름으로 음기와 양기의 변화과정을 보여주며 인간과 우주자연을 설명하는 음양오행의 부호로 쓰이고 있다.

12 지지	子 . 丑	寅 . 卯	辰 . 巳	午 . 未	申 . 酉	戌 . 亥
음양	양 . 음	양 . 음	양 . 음	양 . 음	양 . 음	양 . 음
오행	수 . 토	목 . 목	토 . 화	화 . 토	금 . 금	토 . 수
방향	북.북서	동북.동	동남.남동	남.남서	서남.서	서북.북서
시간(時)	23~01~	03~05~	07~09~	11~13~	15~17~	19~21~
음력(月)	11 . 12	1 . 2	3 . 4	5 . 6	7 . 8	9 . 10
절기	대한.소한	입춘.경칩	청명.입하	만종.소서	입추.백로	한로.입동
동물	쥐 . 소	호랑이.토끼	용 . 뱀	말 . 양	원숭이.닭	개 . 돼지

1] 12 지지와 방합

세 글자씩 합(合)을 하여 사계절과 방향을 나타낸다.
   (1) 인(寅). 묘(卯) .진(辰) 음력 1, 2, 3 월 : 봄 - 동방(東方)
   (2) 사(巳) .오(午) .미(未) 음력 4, 5, 6 월 : 여름 – 남방(南方)
   (3) 신(申) .유(酉) .술(戌) 음력 7, 8, 9 월 : 가을 – 서방(西方)
   (4) 해(亥) .자(子) .축(丑) 음력 10, 11, 12 월 : 겨울 – 북방(北方)

2) 12 지지와 12 동물

1년을 12달로 나타내며, 열두 동물을 배정하여 띠를 나타낸다.

(1) 자(子) . 쥐

번식력이 강하고 주변환경에 예민한 동물로서 어둠 속에서 활동한다.
온순하고 잘어울리며 성실, 정직하고 세심하다.

(2) 축(丑) . 소

우직하고 고집이 세며 묵묵하게 일하는 근면한 동물이다.
착하고 정직하며 생각이 깊고 인내심이 강하다.

(3) 인(寅) . 호랑이

용맹성과 폭발적인 힘을 가지고 지도력과 위엄을 갖춘 동물이다.
용기와 독립심이 강하며 성공을 위한 도전과 승부욕이 강하다.

(4) 묘(卯) . 토끼

총명하고 빠르며 순수하고 개성이 강한 예쁜 동물이다.
온화하고 세심하며 적응력이 뛰어난 현실적, 이성적이다.

(5) 진(辰) . 용

열두 동물 중에서 유일한 비현실적인 상상의 동물로서 영험하고 상서롭다.
이상과 포부가 원대하며 승부욕과 추진력이 강하다.

(6) 사(巳). 뱀

독기를 가지고 기회를 포착하여 공격하고 사악하지만 자제력을 갖췄다.
영리하고 예의 바르며 자립심과 책임감이 강하다.

(7) 오(午). 말

적극적이고 활발한 질주본능의 역동성을 지닌 동물이다.
따뜻한 인정이 넘치고 긍정적 진취적 사고와 행동을 하며 화술과
대인관계가 좋다.

(8) 미(未). 양

끈기와 고집이 대단하며 좌절하지 않고 역경을 헤쳐나가는 힘이
강한 동물이다.
신의와 자신의 역할에 충실하고 해결능력이 뛰어나다.

(9) 신(申). 원숭이

예민하고 변화무쌍하여 임기응변에 능한 동물이다.
순수하고 정의로우며 주관이 확실하고 식복을 타고났다.

(10) 유(酉) . 닭

인간이 기르는 가축임에도 다가오지 않고 경계심을 보이는 동물이다.
자신의 감정을 잘 드러내지 않는 신중함과 책임감이 강하다.

(11) 술(戌) . 개

충성심과 책임감이 강하여 인간과 가장 친한 동물이다.
정직하고 일관성이 있으며 매사에 최선을 다한다.

(12) 해(亥) . 돼지

순하고 미련하며 식탐이 크지만 인간에게 복과 행운을
가져다준다는 동물이다.
긍정적 사고와 행동을 하며 지혜와 식복을 타고났다.

3) 12 지지와 24 절기

12 지지 (양력)		24 절기 (양력)
12월 7일경 ~ 1월 5일 **자 (子)** 남자, 아들, 번식 번영, 생명체, 생존력, 한밤중, 연애, 정력, 이슬 등을 의미한다	대설	12월 7일경 ~ 12월 21일 눈이 많이 내리는 시기
만물의 기운이 갈무리되고 응축되며 양기가 처음으로 발동하여 땅속에서 낳고 자란다 수극화를 잘하고 수생목은 힘들지만 씨앗의 생기를 북돋우어 준다	동지	연중 밤이 가장 긴 때, 빛이 가장 짧은 시기, 물러나야 할 때 12월 22일경 ~ 1월 5일
1월 6일경 ~ 2월 3일 **축 (丑)** 얼어붙은 땅으로 나무가 잘 살기 힘들고 젖어 있는 흙이라서 물을 막지 못한다 토극수는 못하지만 토생금은 할 수 있다	소한	1월 6일경 ~ 1월 19일 에너지 없음, 무기력한 때
한기가 스스로 굴종하기 시작한다 양기부족과 추위에 묶여 있으나 싹이 이어져 매달리고 지기가 열리며 만물이 음직여 활동한다	대한	겨울 추위의 절정기 1월 20일경 ~ 2월 3일

12 지지 (양력)		24 절기 (양력)
2월 4일경 ~ 3월 5일 **인 (寅)** 시작, 새벽, 영혼, 교육, 문화를 의미하며 용기와 독립심이 강하고 성공을 위한 도전에 적극적이다 양기가 나와 만물이 활동하려는 의욕이 강하여 만물이 처음 꼼틀거리며 솟아나는 것이다 마른나무라서 목생화를 잘한다	입춘	2월 4일경 ~ 2월 18일 봄의 시작. 생기를 세우는 시기
	우수	얼음이 풀리고 새로운 생명이 태동하는 시기. 비가 내리고 싹이 틈 음직임이 제일 적은 시기 2월 19일경 ~ 3월 5일
3월 6일경 ~ 4월 4일 **묘 (卯)** 꽃, 넝쿨, 초목, 패션, 인태리어를 의미하며 영리하고 온화하며 세심하고 개성이 강하다 씨앗이 땅 위로 솟아나와 벌어지는 것이며 만물이 땅을 뚫고 나온다 습기있는 나무라서 목생화는 힘들지만 목극토는 잘한다	경칩	3월 6일경 ~ 3월 20일 새로운 출발. 동면에서 개구리가 깨어나는 때
	춘분	새로운 생명 낮이 길어짐. 희망이 생기는 시기 3월 21일경 ~ 4월 4일

12 지지 (양력)		24 절기 (양력)	
4월 5일경 ~ 5월 5일 **진 (辰)** 물을 담고 있는 논, 농사짓는 땅 물기 있는 습토로 나무가 좋아하며 뿌리를 잘 내린다. 토극수는 못해도 토생금은 할 수 있다 만물이 기개를 펴는 발전기상을 지니고 떨쳐 일어난다 집중력과 능력이 뛰어나고 이상이 숭고하며 상서로운 기운과 성공의 상징이다		청명	4월 5일경 ~ 4월 19일 하늘이 점점 맑아지고 농사 준비하는 시기. 새인생의 절기
		곡우	농사비가 내리고 생명의 씨앗을 틔우는 시기 4월 20일경 ~ 5월 5일
5월 6일경 ~ 6월 5일 **사 (巳)** 태양, 광선, 문화, 전기, 전자, 비행기, 투쟁 심에 비유되며 뛰어난 능력을 발휘하는 왕성한 기운이다 육양(六陽)으로 극(極)에 이르러 양기가 충만하고 만물이 문채를 드러낸다		입하	5월 6일경 ~ 5월 20일 여름의 시작, 폭풍 성장의 시기
		소만	간절한 때. 햇빛이 풍부하고 본격적인 농사의 시작 5월 21일경 ~ 6월 5일

12 지지 (양력)		24 절기 (양력)	
6월 6일경 ~ 7월 6일 **오 (午)** 불, 촛불, 모닥불, 전등, 용광로, 문명, 밤의 열기, 정열 등을 의미한다 음기(陰氣)가 양기(陽氣)를 거스르고 음양이 서로 교체된다 양의 기운이 극에 달하여 음의 기운이 시작된다	망종	6월 6일경 ~ 6월 21일 곡식의 씨를 뿌리는 날, 보리 익는 계절, 모를 심는 시기	
	하지	1년 중 낮이 가장 긴 날 급 피치의 성장 시기 6월 22일경 ~ 7월 6일	
7월 7일경 ~ 8월 7일 **미 (未)** 메마른 땅 건조한 흙으로 토극수를 잘하고 토생금이 어렵다 양(陽)이 쇠잔해지고 만물이 이루어져 맛을 가지게 된다 나무가 성장을 멈추고 아래로 늘어지고 만물의 성장이 그치게 되는 것이다	소서	7월 7일경 ~ 7월 22일 여름 더위가 시작하는 날 에너지와 열정이 굉장히 많은 때	
	대서	에너지가 넘치고 더위가 가장 심한 시기 7월 23일경 ~ 8월 7일	

12 지지 (양력)		24 절기 (양력)	
8월 8일경 ~ 9월 7일 **신 (申)** 쇠, 원광석이며 불로 제련되어 각종 기구와 물건으로 만들어져 사용된다 음기가 음직여 만물을 알체게 만들어 형체가 완성된 것이고 여러 개의 밭에 열매가 주렁주렁 매달린 모양이다 양(陽)의 기운이 굴(屈)하고 음기(陰氣)가 성하여 펼쳐진다		입추	8월 8일경 ~ 8월 22일 수확하는 시기. 가장 행복한 때
		처서	더위가 그치고 일교차가 커지는 시기 8월 23일경 ~ 9월 7일
9월 8일경 ~ 10월 7일 **유 (酉)** 세공된 보석, 완성품이라서 불에 의해 변형되는 것을 싫어한다 만물이 익어가고 늙어져서 결실이 이루어 지는 때이다 해가 저무는 일몰과 하늘에 떠 있는 달 또는 술 항아리를 상징한다		백로	9월 8일경 ~ 9월 22일 이슬이 맺히기 시작하는 때
		추분	밤이 길어지는 시기 9월 23일경 ~ 10월 7일

12 지지 (양력)		24 절기 (양력)	
10월 8일경 ~ 11월 7일 **술 (戌)** 농사를 마친 휴경지 숯불을 담는 화로 생산한 수확물을 보관하는 창고 메마른 흙이라서 토극수를 잘하고 토생금이 어렵다 만물의 생성일대가 완료되어 모두 소멸됨을 뜻한다 양기가 다하여 땅속으로 숨어든다		한로	10월 8일경 ~ 10월 23일 찬 이슬 맺히는 시기 가장 화려하고 풍요로운 때
		상강	서리가 내리기 시작하고 모든 정기가 응결되는 때 10월 24일경 ~ 11월 7일
11월 8일경 ~ 12월 6일 **해 (亥)** 바다, 강, 호수, 밤, 수장, 연소를 의미하고, 수생목과 수극화를 잘한다 만물의 일대는 끝났지만 해(亥)씨앗이 수장된 것으로, 알갱이를 감추고 있다가 자(子)에 이어준다		입동	11월 8일경 ~ 11월 22일 겨울이 시작되고 긴 휴식을 위한 준비하는 시기
		소설	첫눈이 내리고 얼음이 얼기 시작하는 시기 11월 23일경 ~ 12월 6일

3. 지장간

역철학에서 우주 대자연의 근본 바탕을 이루는 천(天). 지(地). 인(人)을 삼재(三才)라 하고, 그에 뿌리를 둔 명리학에서 천(天)은 천간(天干), 지(地)는 지지(地支), 인(人)은 지지에 천간의 기운을 감추고 있는 지장간(地藏干)이라고 부르며 천간, 지지, 지장간을 삼원(三元)이라고 한다.

지장간은 지지속에 저장되어 있는 천간을 말하는 것으로 지지속에는 각각 2~3개의 천간의 기운이 암장되어 있다.

지지	子	丑	寅	卯	辰	巳	午	未	申	酉	戌	亥
음력	자 11월	축 12월	인 1월	묘 2월	진 3월	사 4월	오 5월	미 6월	신 7월	유 8월	술 9월	해 10월
지장간 (초기)	壬	癸	戊	甲	乙	戊	丙	丁	戊	庚	辛	戊
(중기)		辛	丙		癸	庚	己	乙	壬		丁	甲
(정기)	癸	己	甲	乙	戊	丙	丁	己	庚	辛	戊	壬

시간적 의미를 함유하고 절기의 변화를 나타내주는 기운으로서의 의미를 가지고 있는 지장간 이론은 정밀한 운명을 감정하는 데 주요 기준이 된다.

지장간은 평상시에는 잠복되어 있다가 천간이 지장간을 만나 도움을 받는 통근과 지지에 저장되어 있는 지장간이 천간에 나타나는 투간을 통해 작용한다.

4. 육신과 십신

1) 육신(六神)

일간을 기준으로 사주의 천간 및 지지와 대조하여 오행(五行)의 생극(生剋)으로 구분한 ① 비겁 ② 식상 ③ 재성 ④ 관성 ⑤ 인성에 일간인 나(我)를 추가하면 6개가 되어 육신이라고 한다.

육신은 오행의 다섯 가지 기운과 특성에 일간으로 나타나는 인간의 기운이 더해진 것으로, 가족과 직업 사회생활을 통하여 관계를 맺으며 살아가는 인간의 생활모습을 육신으로 살펴보고자 하는 것이다.

2) 십신(十神)

일간인 나(我)를 제외한 육신에서 음양(陰陽)의 기준으로 나누어 10개로 분류된 것으로, 십성(十星) 또는 십격(十格) 이라고도 한다. 같은 오행으로 구분한 육신을 다시 음양으로 나뉘어진 십신은 오행이 같아도 음양이 다르면 생각과 행동이 달라지므로 각각 역할과 활동이 다르다.

육신(六神)	십신(十神)	
비겁(比劫) 일간과 같은 오행	**비견(比肩)**	일간과 오행이 같고, 일간과 음양도 같은 것
	겁재(劫財)	일간과 오행이 같고 일간과 음양이 다른 것
식상(食相) 일간이 생하는 오행	**식신(食神)**	일간이 생하고, 일간과 음양이 같은 것
	상관(傷官)	일간이 생하고, 일간과 음양이 다른 것
재성(財星) 일간이 극하는 오행	**편재(偏財)**	일간이 극하고, 일간과 음양이 같은 것
	정재(正財)	일간이 극하고, 일간과 음양이 다른 것
관성(官星) 일간을 극하는 오행	**편관(偏官)**	일간을 극하고, 일간과 음양이 같은 것
	정관(正官)	일간을 극하고, 일간과 음양이 다른 것
인성(印星) 일간을 생하는 오행	**편인(偏印)**	일간을 생하고, 일간과 음양이 같은 것
	정인(正印)	일간을 생하고, 일간과 음양이 다른 것

5. 사주 세우기

   사주(四柱)란 연월일시(年月日時) 네개(四)의 기둥(柱)을 말하며 팔자(八字)란 사주를 구성하는 여덟 개의 글자를 말하는 것으로, 사주팔자는 출생 연월일시를 간지(천간, 지지)의 결합인 육십갑자로 표시한 것이다.

   사주의 기본 틀은 음양과 오행 그리고 10 천간과 12 지지에 있고, 사주로 그 사람의 타고난 기본품성인 명(命)과 살아가는 동안 세월의 흐름에 따라 변하는 운(運) 즉 운명(運命)을 살펴본다.

(사례) 출생일. 양력 2020 년**(庚子)** 2 월**(戊寅)** 10 일**(癸未)** 08 시 30 분**(丙辰)**

시	일	월	연
시간	일간	월간	연간
丙	癸	戊	庚
辰	未	寅	子
시지	일지	월지	연지

천간(天干) 4 글자
지지(地支) 4 글자
합계 8 글자

일간癸 : 태어난 날이고, 나 자신이며 사주팔자 해석의 기준이다
연주庚子(연간+연지) : 근(根) : 연주는 조부모와 조상의 자리이다
월주戊寅(월간+월지) : 묘(苗). 월주는 부모 자리이고, 일간의 성장환경이다
일주癸未(일간+일지) : 화(花). 일지는 배우자 자리, 일간의 활동공간이다
시주丙辰(시간+시지) : 실(實). 시주는자식 자리,일간의 노후 미래이다

1) 만세력과 육십갑자

　사주 연월일시 여덟 글자는 천간 10글자와 지지 12글자가 결합된 육십갑자로 적혀있는 것이고, 그러한 사주팔자를 세우기 위해서는 연주, 월주, 일주와 - 시주는 찾아내야 함 - 일진, 절기등이 육십갑자로 적혀있는 만세력으로 찾아 세우는 것이다.

　사주팔자의 연주는 태어난 해의 육십갑자, 월주는 태어난 월의 육십갑자, 일주는 태어난 날의 육십갑자, 시주는 태어난 시간의 육십갑자를 만세력에서 찾아 적어 놓은 것이다.

만세력(萬世曆)

　만세력이란 천체를 관찰하여 해와 달의 주기적운행을 시간 단위로 표시하여 출생 연월일, 절기, 일진 등을 간지(천**간**.지**지**)의 문자로 기록한 것으로, 사주팔자를 세우기 위한 달력 같은 기능을 하는 것이다.

　출생 연월 일시를 사주(네기둥) 팔자(여덟자)로 바꾸기 위해 사용하는 만세력은 천간 지지의 결합인 육십갑자를 사용하여 만들어진 것으로

　해와 달의 운행과 절기 등이 60년 주기의 반복 순환과정이라고 보고 그 연월일의 일정시점을 60개의 간지인 육십갑자로 기록한 것으로 사주를 세우는 자료가 되는 책이다.

만세력 책을 통하여 사주 세우기와 **만세력 작명앱**을 휴대폰에 다운 받아 사주를 세우는 방법 둘 중에 하나를 각자 선택하여 사주를 작성하시면 된다.

육십갑자(60 甲子)

옛사람들은 10개의 천간과 12개의 지지를 서로 배합하여 60을 하나의 주기로 생각하고 이것을 60 갑자라고 하였다.

천간	甲	乙	丙	丁	戊	己	庚	辛	壬	癸	甲	乙	丙	丁	戊	己	庚	辛	壬	癸
	|	|	|	|	|	|	|	|	|	|	|	|	|	|	|	|	|	|	|	|
지지	子	丑	寅	卯	辰	巳	午	未	申	酉	戌	亥	子	丑	寅	卯	辰	巳	午	未

사주팔자는 출생 연월일시를 육십갑자로 나타낸 것이고, 육십갑자는 천간의 갑(甲)과 지지의 자(子)부터 차례대로 조합하여 만든것으로서 갑자(甲子) 을축(乙丑)으로 시작하여 계해(癸亥)로 끝나는, 60년 주기를 반복 순환한다.

甲子	乙丑	丙寅	丁卯	戊辰	己巳	庚午	辛未	壬申	癸酉
甲戌	乙亥	丙子	丁丑	戊寅	己卯	庚辰	辛巳	壬午	癸未
甲申	乙酉	丙戌	丁亥	戊子	己丑	庚寅	辛卯	壬辰	癸巳
甲午	乙未	丙申	丁酉	戊戌	己亥	庚子	辛丑	2022년 壬寅	2023 癸卯
2024 **甲辰**	2025 乙巳	2026 丙午	2027 丁未	2028 戊申	2029 己酉	2030 庚戌	2031 辛亥	2032 壬子	2033 癸丑
2034 **甲寅**	2035 乙卯	2036 丙辰	2037 丁巳	2038 戊午	2039 己未	2040 庚申	2041 辛酉	2042 壬戌	2043년 **癸亥**

2) 만세력(책)으로 사주 세우기

> (사례) 출생일 양력 2020년 2월 10일 08시 30분 남자
>
> 2)원광만세력(작명 앱)으로 사주찾기와 동일한 사주입니다

① **年 만세력에서 서기 2020년을 펼치면 庚子**

② **月 2020년 (양력) 2월 10일 찾으면 戊寅**

③ **日 2월 10일 (양력)일진을 찾으면 癸未**

④ **時 일간이 癸이고, 08시 30분이 辰**

   이므로, **시간지**에서 찾으면 **丙辰**

↓

시 일 월 연

丙 癸 戊 庚

辰 未 寅 子

계속해서 만세력 책으로 사주 세우기의 기준과 근거를 알아봅니다.

앞의 사주를 예로 들면,

(1) 연주(年柱) (연간+연지)

   2020년 태어난 해의 간지인 경자(庚子)이며 **만세력**을 통하여 찾는 것이고 생년을 구분하는 기준은 입춘(立春)이 된다.

   매년과 매월이 바뀌는 기준은 절기(節氣)를 기준으로 한다.따라서 매년이 바뀌는 기준은 양력이나 음력 1월 1일이 아닌 매년 양력 2월 4일(또는 5일)의 입춘이 시작되는 날의 절입일시를 기준하므로 입춘 당일에 출생하였을 경우 절입시각 이전이면 전년이 되고 절입시각 이후 출생이면 신년이 된다.

(2) 월주(月柱) (월간+월지)

   만세력에서 양력 2020년 2월 10일을 찾으면 戊寅으로 기록되어 있다. 연주의 간지는 입춘을 기준으로 정하지만, 월주의 간지는 출생월의 절기가 시작되는 절입일시를 기준으로 정해진다.

   본 사례의 사주는 경자(庚子)년 양력 2월 10일생이므로, 2월 4일부터 시작되는 입춘에 해당되어 월주의 지지는 寅으로 고정되고 월주의 천간은 연간에 따라 달라지는데, 본 사례의 사주 연간이 庚이므로 **월간지(月干支) 조견표**의 천간/ 乙庚과 지지/ 寅 입춘이 만나는 戊寅이 월주로 정해지는 것이다.

월간지(月干支) 조견표

천간		甲己	乙庚	丙辛	丁壬	戊癸
지지(음력)	절기(양력)					
寅 1월	입춘 2월4~	丙寅	戊寅	庚寅	壬寅	甲寅
卯 2월	경칩 3월6~	丁卯	己卯	辛卯	癸寅	乙卯
辰 3월	청명 4월5~	戊辰	庚辰	壬辰	甲辰	丙辰
巳 4월	입하 5월6~	己巳	辛巳	癸巳	乙巳	丁巳
午 5월	망종 6월6~	庚午	壬午	甲午	丙午	戊午
未 6월	소서 7월7~	辛未	癸未	乙未	丁未	己未
申 7월	입추 8월8~	壬申	甲申	丙申	戊申	庚申
酉 8월	백로 9월8~	癸酉	乙酉	丁酉	己酉	辛酉
戌 9월	한로 10월8~	甲戌	丙戌	戊戌	庚戌	壬戌
亥 10월	입동 11월8~	乙亥	丁亥	己亥	辛亥	癸亥
子 11월	대설 12월7~	丙子	戊子	庚子	壬子	甲子
丑 12월	소한 1월6~	丁丑	己丑	辛丑	癸丑	乙丑

(3) 일주(日柱) (일간+일지)

　일진이라고도 하는 태어난 날(癸未)을 말하는데 만세력에서 당일의 일진을 찾아 그대로 쓰면 된다.
　출생 일이 양력. 2020 년 2 월 10 일인 경우 만세력에서 태어난 날(10 일)의 일진을 찾아보면 癸未로 기록되어 있다.
　년을 정하는 기준이 입춘이고, 월을 정하는 기준이 각 월의 절기 절입일이라면, 일을 정하는 기준은 자(子 23:30~01:30)시이므로 자시부터 하루가 시작되는 것으로 본다.

(4) 시주(時柱) (시간+시지)

　시주(丙辰)의 천간은 일간에 의해서 결정되고, 시주의 지지는 고정되어 있어서 자(子)시부터 시작하는데 우리가 사용하는 표준시는 일본의 동경 135°(1961 년 8 월 10 일~현재)이지만, 우리나라는 동경 127°에 위치하므로 약 30 분 정도 차이가 나기 때문에 시간 적용을 표준시에서 30 분씩 늦춰서 적용해야 한다.

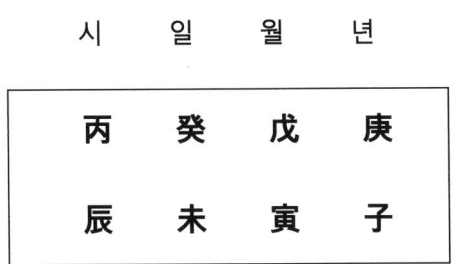

　08시 30분 출생이므로 지지에서 찾으면 **辰**, 일간이 癸이고, 지지가 辰이므로 **시간지(時干支) 조견표**에서 찾으면, 시주 **丙辰**.

시간지(時干支) 조견표

지지	(생시) / 일간	甲己	乙庚	丙辛	丁壬	戊癸
子	(23:30 ~ 01:30)	甲子	丙子	戊子	庚子	壬子
丑	(01:30 ~ 03:30)	乙丑	丁丑	己丑	辛丑	癸丑
寅	(03:30 ~ 05:30)	丙寅	戊寅	庚寅	壬寅	甲寅
卯	(05:30 ~ 07:30)	丁卯	己卯	辛卯	癸卯	乙卯
辰	(07:30 ~ 09:30)	戊辰	庚辰	壬辰	甲辰	丙辰
巳	(09:30 ~ 11:30)	己巳	辛巳	癸巳	乙巳	丁巳
午	(11:30 ~ 13:30)	庚午	壬午	甲午	丙午	戊午
未	(13:30 ~ 15:30)	辛未	癸未	乙未	丁未	己未
申	(15:30 ~ 17:30)	壬申	甲申	丙申	戊申	庚申
酉	(17:30 ~ 19:30)	癸酉	乙酉	丁酉	己酉	辛酉
戌	(19:30 ~ 21:30)	甲戌	丙戌	戊戌	庚戌	壬戌
亥	(21:30 ~ 23:30)	乙亥	丁亥	己亥	辛亥	癸亥

■ 자시(子時)를, 야자시(夜子時 23 : 30 ~ 다음 날 00 : 30)와 조자시(朝子時 00 : 30 ~ 01 : 30)로 나누어서, 야자시는 당일의 일진을 쓰고 조자시는 다음 날의 일진을 쓴다.

□ 서머타임(summer time)은 한여름 낮시간을 활용하기 위하여 1시간을 앞당기는 것으로, 적용시기의 출생시가 10시라면 9시로 하는 것이다.

4장

격국·용신

1. 격국
2. 용신
3. 억부용신
4. 조후용신

이름을 짓는 데 용신을 알아야 하는 이유는, 사주의 부족하고
넘치는 부분을 보완하는 데 용신을 사용하기 때문이다.

그러나 여기서는 운명감정을 목적으로 하지 않기 때문에,
사주명리의 주요이론들을 생략하였고

작명을 위한 용신 찾기를, 쉽고 정확하게 할 수 있도록 하는 데
초점을 맞추었다.

1. 격국

격(格)은 틀, 법식, 표준, 격식, 규격, 품격 등을 의미하며 일간과 월령의 특징으로 사주를 분류한 것이고, **국(局)**은 격(格)에 비해 규모가 더 큰 국면, 형국, 형상을 말하는 것으로 격(格)과 용신(用神)을 합쳐서 격국(格局)이라고 한다. 격이 선천적으로 타고난 자질과 목적이라면 용신은 격이 정한 목적을 이루기 위한 정신력이다.

격국(格局)은 사주를 구조적 특징으로 분류하여 구분한 용어로써 내격(內格)과 외격(外格)으로 분류되는데 내격을 정격(正格)이라고도 하며 정인격, 편인격, 정관격, 편관격, 정재격, 편재격, 식신격, 상관격, 양인격, 록겁격의 십격(十格)이 있고 외격은 변격(變格)이라고도 하며 종격, 합화격을 말한다.

격국용신이란 정격(正格) 사주팔자의 십격(十格)에서 억부 또는 조후 등에 따라서 용신을 정한 후 격국과 용신을 기준으로 사주의 구조에 맞게 그 팔자에 붙이는 명칭이다.

예를 들어, 甲(갑)목 일간이 월지 子(자)수 인성으로 신강한 정인격 사주라면 土(토) 재성을 용신으로 정하여, 인성용재격(印星用財格)으로 명칭을 붙여서 부르는데 이를 격국용신이라고 하는 것이다.

가령 월지의 정기가 정관격이라면 일간에 따라서 용신으로 인성이나 재성을 사용할 수 있는데 이때 격국용신으로 인성용신을 쓰는 경우 『정관 용인격』이라 하고, 재성을 쓰면 『정관용재격』이라고 불려지는 것이다.

사주팔자에는 격(格)이 있고 용(用)이 있으니 格은 음양만물의 체(體)요, 用은 음양만물의 동작이라고 하여 격국론은 사주의 틀과 겉모습을 논하고, 용신론은 사주의 정신, 용도를 논하는 것이다.

"팔자의 용신은 월령(月令)에서 구한다. 일간으로써 월령 지지에 배합하면, 생극이 같지 않으니 격국이 나누어진다"

"월지 지장간의 정기를 격(格)으로 한 것을 격용신이라 하고, 격용신을 돕는 오행을 상신이라고 한다"

"팔자의 용신은 월령의 지장간 중에서 격을 이룰 수 있는 십신(十神)의 의미를 내포하고 있다"

출처 – 자평진전평주. 심효첨 원저. 청학출판사. 1997. 2. 20.

격용신에 상신이 작용하면 격국용신이라고 하는데, 격(格)이 타고난 품성과 적성이라면 격국용신은 품성과 적성의 용도 및 활용을 나타낸다.

격과 상신의 관계는 격(格)이 선천적으로 타고난 자질과 사회생활(직업)을 나타내며 자신의 목적(부귀공명)을 추구하여 살아갈 방향을 정하면, 상신(相神)은 실력(길격)과 자격조건(흉격)을 준비하여 格을 지원하는 역할을 하는 것이다.

"격에는 격용신(格用神)이 있으니 용신은 격이 정한 목표를 이루기 위한 정신력이고 의지력이다.

격용신은 억부용신이나 조후용신의 개념과는 자못 다르다. 격을 따라가는 명(命)이라면 격용신을 쓰는 命으로 사회성과 뜻을 중시하는 命이 되는 것이며 일간(日干)을 따라가는 命이란 일간의 강약용신이나 조후용신을 쓰는 命이므로 사회성을 중요시하는 격용신과는 달리 개인의 이득이나 편안함을 중시하는 命이 된다."

출처 – 격국과 용신. 김성태 저. 새움. 2006. 7. 21

2. 용신

용신(用神)이란 사주팔자의 천간, 지지, 지장간 글자 중에서 일간에게 가장 필요한 오행을 말한다.

1) 용신의 용도

격국용신 : 타고난 품성 적성 및 직업의 사회적 쓰임새
억부용신 : 개인의 의지와 이익을 추구하는 쓰임새
조후용신 : 편안한 삶의 환경을 조절하는 쓰임새

2) 용신의 구성

격국용신 : 월령중심의 격용신 + 상신
억부용신 : 일간중심의 신강신약
조후용신 : 일간과 월령중심의 한난조습

□ 자평진전, 적천수와 난강망이라고도 불리는 궁통보감을 사주명리학의 3대 보서(寶書)라고 하는바 자평진전은 격국용신, 적천수는 억부용신, 궁통보감은 조후용신의 교과서이며 필독서이다.

□ 본서의 『**4장 격국·용신**』에서 2) 억부용신 사례와 3) 조후용신 사례의 사주원국은 모두 적천수와 궁통보감의 원문을 인용하였다.

3] 용신을 찾는 방법

용신을 구하는 방법이 하나로 정해져 있지 않고, 다음의 5 종류에 의해 사주를 두루 살펴서 찾는다

(1) 억부(抑扶)

일간을 중심으로 강한 것을 누르고 약한 것을 도와주는 **抑**(누를 억) **扶**(도울 부) 용신법은 다음과 같다.

먼저 일간(日干)을 기준으로 득령 득지 득세를 파악하여 신강, 신약을 구분한 후에 용신을 정한다.

일간을 도와주는 오행의 세력이 크면 신강사주 이므로 일간의 힘을 빼는 오행 중에서 용신을 찾고, 반대로 일간의 힘을 빼는 오행의 세력이 크면 신약사주이므로 일간을 도와주는 오행 중에서 용신을 찾는다. 이러한 방법으로 찾아낸 용신을 억부용신이라고 한다.

(2) 조후(調候)

음양오행을 바탕으로 편안한 환경과 심리적 안정을 지향하는 조후용신은 월지에 담겨 있는 계절의 온도와 습도의 변화에 따라 삶의 환경이 바뀌는 기후의 조화를 말하는 것으로 한(寒)·난(暖)·조(燥)·습(濕)을 조절하는 오행을 용신으로 한다. 이러한 방식으로 찾아내는 용신을 조후용신이라고 한다.

조후는 사주의 일간(日干)과 출생 월(月)의 관계를 파악한 후 천간은 화(火) 오행을 중심으로 한난(寒暖)에 해당하는 온도를 살피고, 지지는 수(水) 오행을 중심으로 조습(燥濕)에 해당하는 습도를 위주로 살핀다.

(3) 병약(病藥)

사주의 중화에 도움되는 글자를 파극하는 것을 병(病)이라고 하는데 그것을 억제하는 글자를 약(藥)으로 사용하며 병약용신이라 한다.

(4) 통관(通關)

서로 대립하는 강한 세력을 상생원리로 연결. 소통시키는 오행을 용신으로 한다. 이렇게 찾아낸 용신을 통관용신이라고 한다.

(5) 전왕(全旺)

사주의 오행이 편중되어 그 세력이 왕성하여 대적할 수 없을 때 그에 순응하는 오행을 용신으로 한다. 이러한 방식으로 찾아내는 용신을 전왕용신이라고 한다.

■ 억부. 조후. 병약 - 용신이 모두 동일한 글자(癸)의 사주사례

사주원국 출처 "적천수천미"

시	(일)	월	연
庚금	甲목	丁화	癸수
午화	辰토	巳화	丑토

지장간 (丙己丁) (乙癸戊) (戊庚丙) (癸辛己)

(일간)

(甲)	
癸	丁 午 巳
庚	辰 丑

癸(계)수는 억부용신, 조후용신, 병약용신에 모두 해당한다.

억부용신 : 신약한 甲목 일간을 생(生) 하여 부조하는 癸수가 억부용신이다.

조후용신 : 월지 사오미(巳午未)를 포함하여 화(火) + 목(木) 오행이 4개 이상 이면 팔자가 조열하여 음(陰)의 기운이 필요하므로 사주의 癸수를 용신으로 한다.

병약용신 : 신약한 甲목 일간을 설(洩) 하여 힘을 빼는 강력한 火가 사주의 병(病)이고, 병을 치료할 癸수가 약(藥)으로 쓰일 병약용신이다.

3. 억부용신

사주의 일간(日干 태어난 날의 천간 글자)을 그 사람 자신의 몸(신身)으로 보고 일간이 강한 것을 신강, 일간이 약한 것을 신약이라고 하며 먼저 사주의 득령 득지 득세를 파악하여, 신강신약을 구분해서 억부용신을 찾아내는 것이다.

신강신약(身强身弱)

(日干)

도와주는 오행	일간	힘을 빼는 오행
수, 목	목(木)	화, 토, 금
목, 화	화(火)	토, 금, 수
화, 토	토(土)	금, 수, 목
토, 금	금(金)	수, 목, 화
금, 수	수(水)	목, 화, 토

일간(日干)을 도와주는 오행의 세력이 강하면 신강 사주이고, 힘을 빼는 오행의 세력이 강하면 신약 사주이다.

신강사주- 일간의 힘을 빼는 오행 즉 일간이 생(生)을 하거나 극(剋)하는 오행에서 찾고, 매우 강한 신강사주는 일간을 극하는 오행을 용신으로 한다.
목(木) 일간이 생(生)하는 오행은 화(火). 극(剋)하는 오행은 토(土)이고 목(木) 일간을 극(剋)하는 오행은 금(金)이다.

신약사주- 일간이 목(木)이면 일간을 생해주는 수(水) 또는 도와주는 목(木) 오행을 용신으로 한다.

1) 신강사주, 신약사주 구분법

신강, 신약사주를 완벽하게 구별하는 방법이나 공식이 없기 때문에 공식에 준할 수 있는 득령, 득지, 득세를 파악한 후에 구분한다.

(1) 득령(得令) 여부를 파악

월지(卯)가 일간(甲)과 같은 오행이거나 일간을 생(生)해 주는 오행일 때 월령(月令)을 얻었다는 의미로 득령했다고 한다.

월지의 힘은 팔자의 다른 글자들 보다 약 3 배로 크다고 추정할 정도로 영향력이 크다.

시	(일)	월	년
목	목	화	수
甲	甲	丁	壬
戌	申	卯	寅
토	금	목	목
(지장간) (辛丁戊)	(戊壬庚)	(甲乙)	(戊丙甲)

득령 : ① 월지(卯)가 일간(甲)과 같은 오행(비겁) 이거나 ② 일간을
        생해주는 오행(인성)일 때

일 간	월지(득령)
甲 乙	寅 卯 · 亥 子
丙 丁	巳 午 · 寅 卯
戊 己	辰 戌 丑 未 · 巳 午
庚 辛	申 酉 · 辰 戌 丑 未
壬 癸	亥 子 · 申 酉

(2) 득지(得地) 여부를 파악

  천간이 지지의 지장간에 같은 오행이 있을 때 뿌리를 내렸다, 뿌리에 통했다는 뜻으로 통근(通根) 하였다고 하며, 일지의 기운을 얻었다는 의미의 득지는 ① 일간이 일지에 통근하거나 ② 일간과 일지가 같은 오행이거나 ③ 일간이 일지의 생(生)을 받는 것을 말한다.

시	(일)	월	연
목	토	토	금
甲갑	己기	戊술	庚경
子자	巳사	子자	午오
수	화	수	화
(지장간) (壬癸)	(戊庚丙)	(壬癸)	(丙己丁),

득지 : 일간(己)이 일지(巳)의 생(生)을 받은 득지이다

일 간	일지(득지)		
	비겁 - 같은 오행	인성 - 생하는 오행	통근 - 지장간
甲乙	寅 卯	亥 子	辰 未
丙丁	巳 午	寅 卯	未 戌
戊己	辰 戌 丑 未	巳 午	寅 申 亥
庚辛	申 酉	辰 戌 丑 未	巳
壬癸	亥 子	申 酉	丑 辰

(3) 득세(得勢) 여부를 파악

일간이 월지와 일지를 제외한 5 글자(연간, 연지, 월간, 시간, 시지) 중에서 일간과 같거나(비겁) 일간을 도와주는 오행(인성)으로 세력을 얻은 것을 득세라고 하며, 비겁과 인성이 3 개 이상 있을 때 득세한 사주라고 판단한다.

(지장간)　(丙己丁)　(戊壬庚)　(庚辛) (丙己丁)

일간이 월지(酉)와 일지(申)를 제외한 5 개가 비겁과 인성으로 일간을 생조하므로 득세한 사주이다.

일간	득세(천간. 지지)
甲 乙	甲乙壬癸. 寅卯亥子辰未
丙 丁	丙丁甲乙. 巳午寅卯未戌
戊 己	戊己丙丁. 辰戌丑未 巳午寅申亥
庚 辛	庚辛戊己. 申酉 辰戌丑未 巳
壬 癸	壬癸庚辛. 亥子 申酉 丑辰

2) 억부용신 사례

■ 득령 : 일간이 월지를 얻은 것
□ 득지 : 일간이 일지를 얻은 것
◎ 득세 : 월지와 일지를 제외하고, 일간과 같거나(비겁) 일간을 도와주는 오행(인성)으로 세력을 얻은 것을 말하고, 사주팔자에 비겁과 인성이 3개 이상 있을 때 득세한 사주라고 판단한다.

(1) 신강사주 : ① 득령 + 득지　　② 득령 + (비겁, 인성) 1~2개
　　　　　　　③ 득지 + 득세

(2) 신약사주 : ① ② ③ 이 아닌 경우

(3) 강약이 확실하게 구분되지 않는 사주 : 조후, 생극, 합충 등을 살펴서 결정한다.

　신강, 신약을 구분하여 용신을 찾아내는 데 있어서, 간단하면서도 완벽한 방법이나 특별한 비법은 없습니다.
　사주팔자를 두루 살펴보고 학습을 통하여 실력이 깊어지면서 조금씩 해결되는 일이지요.

(1) 신강사주의 용신분석

① 비겁이 강한 신강사주 - **관성용신**

② 비겁이 강한 신강사주 - **식상용신**

③ 비겁이 강한 신강사주 - **재성용신**

④ 인성이 강한 신강사주 - **재성용신**

⑤ 인성이 강한 신강사주 - **식상용신**

⑥ 인성이 강한 신강사주 - **관성용신**

① **비겁이 강한** 신강사주 **- 관성용신 사례** – 원국 출처 "적천수천미"

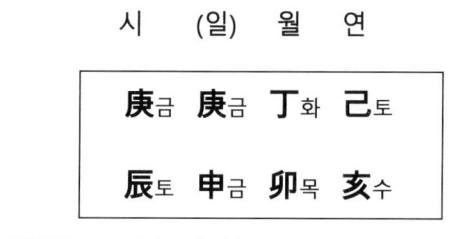

경금(庚金) 일간이 월지(卯)에 득령하지 못하였으나 일지(申)에 득지하고, 庚己辰으로 득세(비겁+인성 3개 이상)하여 신강사주이므로 식상 재성 관성에서 용신을 찾는다.

| 용신 : 정화(丁火) | 희신 : 묘목(卯木) |

卯(묘)월에 태어난 庚금 일간이 지지에 록왕(祿旺)을 깔고 시(時)에 비겁과 인수를 두고 있어 비겁으로 강하다.

연지의 식상 亥(해)수는 일간으로부터 멀리 떨어져 고립되어 있으면서 연간의 인성 己(기)토의 극(剋)을 받고, 월지 卯와 亥卯 목국(木局)으로 묶여 있어 용신으로 적합하지 않다.

亥수의 생조를 받는 월지의 재성 卯목이 丁(정)화를 싣고 생(生)하고 있으므로, 일간 가까이(월간, 시간, 일지) 있으면서 힘있는 오행 丁화 관성을 용신으로 하고, 卯목 재성을 희신으로 한다.

② **비겁이 강한** 신강사주 **- 식상용신 사례** – 원국 출처 "적천수천미"

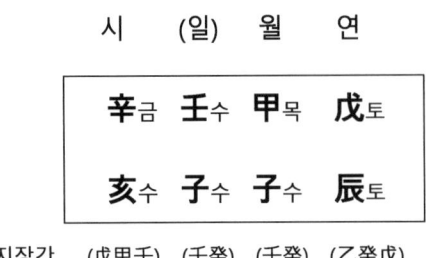

지장간　(戊甲壬)　(壬癸)　(壬癸)　(乙癸戊)

임수(壬水) 일간이 월지(子)에 득령하고, 일지(子)에 득지하여 신왕사주이다. 일간이 비겁으로 신왕하면 극설(剋洩)하는 방법으로 용신을 찾는다.

| 용신 : 갑목(甲木) | 희신 : 화(火) |

비겁으로 신왕한 일간을 극(剋)으로 다스리는 관살 무진(戊辰)토가 멀리 떨어져 있으면서 연간 戊토는 甲목의 극(剋)을 받으며, 연지의 辰토는 자진(子辰) 수국(水局)을 이루면서 戊토의 뿌리가 흔들리고 있다.

관살 무토(戊土)는 지지에 녹왕(祿旺)을 셋이나 두고 있는 태왕(太旺)한 임수(壬水)에게 순(順)할 수 있으나 역(逆)할 수 없다. 그러므로 수(水)를 설(洩)하는 식상 갑목을 용신으로 쓰고, 용신을 돕고 보호하는 재성 화(火)를 희신으로 한다.

③ **비겁이 강한** 신강사주 **- 재성용신 사례** – 원국 출처 "적천수천미"

	시	(일)	월	연
	丙화	甲목	丙화	癸수
	寅목	辰토	辰토	卯목
지장간	(戊丙甲)	(乙癸戊)	(乙癸戊)	(甲乙)

(일간)

비겁	寅 (甲) 卯	
인성 癸	식상 丙丙
관성	재성 辰辰

갑목(甲木) 일간이 월지(辰)에 득령하지 못하였으나 일지(辰)에 득지하고 癸卯寅으로 득세하였으며 甲목 일간이 지지 네 곳에 모두 뿌리를 내리고, 인묘진(寅卯辰) 목국(木局) 방합(方合)을 이루어 일간이 매우 신왕(身旺)하다.

| 용신 : 진토(辰土) | 희신 : 병화(丙火) |

월령(月令)이 재왕(財旺)이면 財로 용신을 삼거나, 관살이 재성의 생조를 얻고 있다면 관성(官星)으로 용신을 삼아야 하는데 이 사주는 관성 금(金)오행이 없다.

그러므로 甲목 일간의 辰토 월령(月令)이 재왕이고, 식상 병화(丙火)가 재성 辰토를 생조하고 있어 힘있는 재성을 용신으로 삼는 신왕용재(身旺用財) 사주이므로, 월지 辰토가 용신이고 월간 丙화가 희신이다.

④ **인성이 강한** 신강사주 **- 재성용신 사례** – 원국 출처 "적천수천미"

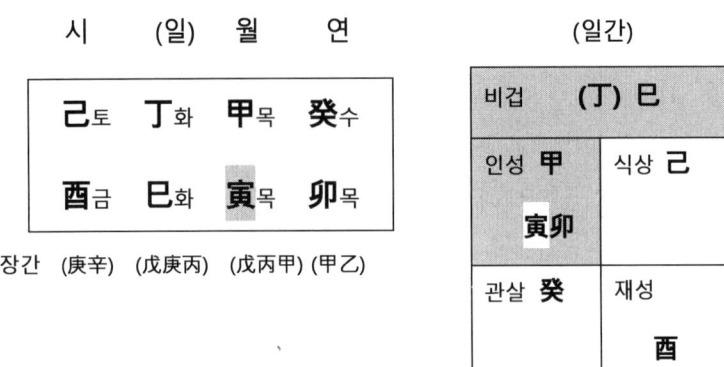

정화(丁火) 일간이 월지(寅)에 득령하고, 일지(巳)에 득지하여 신강사주이다.

| 용신 : 유금(酉金) | 희신 : 기토(己土) |

연간 癸수 관살은 지지에 뿌리가 없고 강력한 인성(甲寅卯)에게 둘러싸여 완전히 설(洩)되고 있는바, 인성이 태왕(太旺)한데 관살이 부족하고 설기되면 용신으로 재성이 마땅하다.

인성이 많고 강한 사주일 때 재성 – 용신으로 하는 인다용재(印多用財) 사주이며, 酉금 재성이 용신이면 도와주는 己토 식상이 희신이다.

⑤ **인성이 강한** 신강사주 **- 식상용신 사례** – 원국 출처 "적천수천미"

	시	(일)	월	연
	甲목	丙화	戊토	乙목
	午화	子수	寅목	亥수

지장간   (丙己丁) (壬癸) (戊丙甲) (戊甲壬)

(일간)

비겁	(丙) 午	
인성 甲乙 寅		식상 戊
관성 亥 子		재성

　병화(丙火) 일간이 월지(寅)에 득령하고, 일지(子)에 득지하지 못하였으나 甲乙午로 득세하여 신강사주이다.

　득세란 월지와 일지를 제외하고, 일간과 같거나(비겁) 일간을 도와주는 오행(인성)으로 세력을 얻은 것을 말하고 사주팔자에 비겁과 인성이 3 개 이상 있을 때 득세한 사주라고 판단한다.

용신 : 戊土(무토)	희신 : 金(금)

　사주에 재성 금(金)이 없고, 연지의 관살 亥(해)수는 월지와 인해(寅亥) 합(合)하여 목(木)으로 화(化)하고 일지의 관살 子(자)수는 시지와 子午(자오) 충(冲) 되어 亥子수 관성을 쓸 수가 없으므로, 식상 무토(戊土)를 용신으로 하고 재성 금(金)을 희신으로 한다.

⑥ 인성이 강한 신강사주 - 관성용신 사례 – 원국 출처 "적천수천미"

시	(일)	월	연
丁화	庚금	乙목	辛금
亥수	辰토	未토	未토

지장간 (戊甲壬) (乙癸戊) (丁乙己) (丁乙己)

(일간)

비겁 辛 (庚)	
인성 辰未未	식상 亥
관성 丁	재성 乙

경금(庚金) 일간이 미(未)월에 태어나 득령하고, 일지(辰)에 득지하여 신강사주이다.

용신 : 정화(丁火) 희신 : 을목(乙木)

월지 미토(未土)의 지장간 여기(餘氣) 관성 丁화가 투출하고, 일지 진토(辰土)의 여기 재성 乙목이 투출하여 재관(財官)이 모두 뿌리를 두었다.

未토 월령의 丁화가 사령해 원신(元神)이 발로(發露)하니, 관성 丁화를 용신으로 하고, 희신은 재성 乙목으로 한다.

(2) 신약사주의 용신분석

① 식상이 강한 신약사주 – **인성용신**

② 식상이 강한 신약사주 – **비겁용신**

③ 재성이 강한 신약사주 – **비겁용신**

④ 재성이 강한 신약사주 – **인성용신**

⑤ 관성이 강한 신약사주 – **인성용신**

⑥ 관성이 강한 신약사주 – **비겁용신**

① **식상이 강한** 신약사주 **- 인성용신** 사례 - 원국 출처 "적천수천미"

시	(일)	월	연
丙화	甲목	壬수	庚금
寅목	午화	午화	辰토

지장간　(戊丙甲) (丙己丁) (丙己丁) (乙癸戊)

(일간)

비겁	(甲) 寅	
인성 壬	식상	丙
		午 午
관성 庚	재성	
	辰	

갑목(甲木) 일간이 월지(午) 일지(午)에 득령 득지 하지 못하여 신약 사주이므로, 신약한 갑목 일간을 생(生)해주는 인성 壬수가 용신이고 庚금이 희신이다.

용신 : 임수(壬水)	희신 : 경금(庚金)

월령의 丙(병)화가 투출하고 지지에 인오(寅午) 화국(火局)으로 가득찬 화기(火氣)를 습토(濕土)인 진(辰)토가 설기(洩氣)하고 있다.

壬수는 庚금의 생(生)이 없으면 식상 丙화를 극(剋)하는 것으로 쓰이지 못하고, 庚금은 辰토가 없으면 역시 수(水)를 생(生)할 수 없다.

월간에 투출한 인성 壬수가 식상 丙화를 제(濟)할 수 있는 것은 오로지 辰토에 힘입은 것으로, 壬수를 억부와 조후용신으로 겸하여 쓰일 수 있게 하고 사주의 중화(中和)를 얻게 하였다.

② **식상이 강한** 신약사주 – **비겁용신** 사례 – 원국 출처 "적천수천미"

시	(일)	월	연
庚금	戊토	癸수	己토
申금	戌토	酉금	未토

지장간 (戊壬庚) (辛丁戊) (庚辛) (丁乙己)

(일간)

비겁	己 (戊) 戌 未
인성	식상 庚 申 酉
관성	재성 癸

무토(戊土) 일간이 사주팔자의 다른 글자보다 약 3배의 힘과 영향력을 가진 월지(酉)에 득령하지 못하고, 일지(戌)에 득지하였으나 득세하지 못하여 신약사주이다.

용신 : 기토(己土)   희신 : 未 중 丁화

지지가 신유술(申酉戌) 서방 금국(金局) 방합을 이루어 금기(金氣) 식상이 매우 강력하고 인성과 관성은 보이지 않기 때문에 戊토 일간은 비겁에 의지해야 하므로 겁재 己토를 용신으로 하고 未토의 지장간 丁화를 희신으로 한다.

③ **재성이 강한** 신약사주 **- 비겁용신** 사례 – 원국 출처 "적천수천미"

	시	(일)	월	연
	壬수	庚금	乙목	乙목
	午화	寅목	酉금	卯목

지장간 (丙己丁) (戊丙甲) (庚辛) (甲乙)

	(일간)	
비겁	**(庚) 酉**	
인성		壬 식상
관성		재성 乙乙
	午	寅卯

경금(庚金) 일간이 월지(酉)에 득령하였으나, 득지 득세하지 못하여 신약사주이다.

용신 : 유금(酉金)	희신 : 토(土)

일간을 생(生)해줄 인성 토(土)가 나타나지 않았으며, 재성이 왕(旺)하고 관성이 인오(寅午) 반합으로 화국(火局)을 이루어 목화(木火) 세력이 강하다.

庚금 일간이 木火 재관(財官)을 감당하기 어려워서 비겁의 도움에 의지해야 하므로 겁재 酉금을 용신으로 하고, 인성 토(土)를 희신으로 한다.

④ **재성이 강한** 신약사주 **- 인성용신** 사례 – 원국 출처 "적천수천미"

시	(일)	월	연
甲목	乙목	壬수	己토
申금	未토	申금	未토

지장간 (戊壬庚) (丁乙己) (戊壬庚) (丁乙己)

(일간)

비겁 甲 (乙)	
壬 인성	식상
관성 申 申	재성 己 未 未

을목(乙木) 일간이 일지 未토에 뿌리를 내리고 비겁 甲목이 힘을 보태며 壬수의 생(生)을 받고 있으나 월지(申)에 득령하지 못하고, 득세가 없어 신약사주이다.

| 용신 : 임수(壬水) | 희신 : 신금(申金) |

연간의 재성 己(기)토는 관성 申(신)금을 생하는데, 申금의 지장간 壬수가 월간에 투출하여 乙목일간을 생(生)하고 있다.

그러므로 인성 壬수가 용신이고, 용신을 생(生)하는 월지의 관성 申금이 희신이다.

⑤ **관성이 강한** 신약사주 **- 인성용신** 사례 – 출처 "적천수천미"

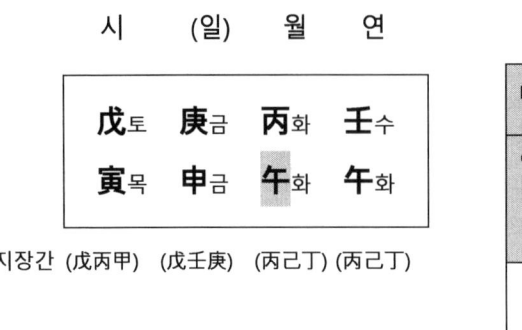

지장간 (戊丙甲) (戊壬庚) (丙己丁) (丙己丁)

경금(庚金) 일간이 월지(午)에 득령하지 못하였으므로, 일지(申)에 득지하였으나 득세하지 못하여 신약사주이다.

천간에 丙화가 투출하고 지지에 인오(寅午) 반합으로 화국(火局)을 이루어 관살이 태왕(太旺)하므로 화기(火氣)를 설기(洩氣)하여 일간을 도와주어야한다.

용신 : 무토(戊土)	희신 : 병화(丙火)

관살이 왕(旺)하여 신약사주일때 인성으로 살인 상생하는 것이므로 인성 戊토가 용신이고 관살 丙화가 희신이다.

⑥ 관성이 강한 신약사주 - 비겁용신 사례 – 원국 출처 "적천수천미"

```
    시  (일)  월   연              (일간)
   ┌──────────────────┐   ┌──────────────┐
   │ 壬수 丙화 壬수 庚금 │   │ 비겁  (丙) 午 │
   │ 辰토 子수 午화 戌토 │   ├──────┬───────┤
   └──────────────────┘   │ 인성 │ 식상  │
 지장간 (乙癸戊)(壬癸)(丙己丁)(辛丁戊)  │      │ 辰 戌 │
                          ├──────┼───────┤
                          │관살壬壬│재성 庚│
                          │    子 │       │
                          └──────┴───────┘
```

병화(丙火) 일간이 월지(午)에 득령하였으나, 일지(子)에 득지하지 못하고, 득세하지 못하여 신약한 사주이다.

┌─────────────────────────────────────┐
│ 용신 : 오화(午火)   희신 : 辰 중 乙목 │
└─────────────────────────────────────┘

천간에 壬수가 투출하고 지지에 자진(子辰) 수국(水局)을 이루고, 오술(午戌) 반합으로 화국(火局)을 이루었다.

관살이 왕(旺)하므로 수(水)를 목(木)으로 설(洩)하여 화(火) 일간을 도와주어야 하는데, 사주에 목(木)이 없어서 수기(水氣)를 설기(洩氣)하여 일간 丙화를 생(生)할 수 없다.

인성 목(木)이 없는 丙화 일간은 비겁을 의지하는데, 사주팔자의 다른 글자보다 약 3배의 힘과 영향력을 가지는 월지의 겁재 午화를 살펴보면 오술(午戌) 반합(半合)으로 화국(火局)을 이루어 도와주니 丙화 일간에게 큰 힘이 되고 있다.

그러므로 午화가 용신이고, 辰토의 지장간 乙목이 희신이다.

4. 조후용신

　조후(調喉)란 기후의 조화를 위하여 출생월을 기준으로 기후를 고르게 하여 균형을 이루게 하는 것으로 세상만물이 소멸하지 않고 생장하기 위해서는 계절에 따른 조화가 필요한 것이다.
　세상만물이 기후의 조화에 의하여 이루어지듯이 사주의 차가운 것은 따뜻하게, 무더운 것은 시원하게 조후하는 오행이 용신이 된다.

　사주팔자의 월지에 담겨있는 한난조습의 계절환경은 온도와 습도를 말하는 것이며, 음양의 구체적인 모습이 자연현상의 사계절을 통하여 인간의 생활 속에 드러난 것을 구분하여 표현한 것이 한난조습이다.
　습(축축할 습濕)은 탄생하게 하고, 난(따뜻할 난暖)은 성장시키며, 조(마를 조燥)는 결실하게 하고, 한(찰 한寒)은 죽음으로 새로운 생명의 탄생을 준비함으로써 자연계의 순환은 끊임없이 이어지고 있는 것이다.

1] 조후와 방합

　합(合)이란 여럿이 한데 모여서, 새로운 일과 판단을 할 수 있는 기능이 구성되도록 동일한 오행 기운끼리 결합되어진 것으로 다음의 세 종류가 있다.

(1) 육합(六合) - 서로 좋은 감정으로 결합하여 도움을 주고받는 개인간의 합
　　　　　　『子丑』『寅亥』『卯戌』『辰酉』『巳申』『午未』
(2) 삼합(三合) - 하나의 일을 여럿이 분담하는 사회활동 목적의 합
　　　　　　『亥卯未』　『寅午戌』　『巳酉丑』　『申子辰』
(3) 방합(方合) - 하나의 일을 여럿이 모여서 같이하는 가족, 친구, 이웃들의 합
　　　　　　『寅卯辰』　『巳午未』　『申酉戌』　『亥子丑』

방합이란 방위가 같은 지지끼리 모이는 계절의 합으로 – 동쪽방향의 인묘진이 모여서 목(木)의 세력 봄을 만들고, 남쪽방향의 사오미가 모여서 화(火)의 세력 여름을 만들고, 서쪽 방향의 신유술이 모여서 금(金)의 세력 가을을 만들고, 북쪽 방향에서 해자축이 모여서 수(水)의 세력 겨울을 만들어 낸다.

(4) 방합과 월지(辰戌丑未) 토(土) 오행

오행	목(木) 봄	화(火) 여름	토(土) 간절기	금(金) 가을	수(水) 겨울
지지	양, 음 寅 卯 인, 묘	양, 음 巳 午 사, 오	양, 음 辰戌, 丑未 진술, 축미	양, 음 申 酉 신, 유	양, 음 亥 子 해, 자

12지지	寅 卯 辰	巳 午 未	申 酉 戌	亥 子 丑
음력(月)	1, 2, 3	4, 5, 6	7, 8, 9	10, 11, 12
절기	입춘, 경칩, 청명	입하, 망종, 소서	입추, 백로, 한로	입동, 대한, 소한
오행. 계절	목(木) 봄	화(火) 여름	금(金) 가을	수(水) 겨울

방합 : 寅卯 **辰(목토)** · 巳午 **未(화토)** · 申酉 **戌(금토)** · 亥子 **丑(수토)**

진(辰)의 지장간(**乙**癸戊) 餘氣 乙은 목(木)으로 음력 3월 봄, **목토**(木土)이고
미(未)의 지장간(**丁**乙己) 여기 丁은 화(火)로 음력 6월 여름, **화토**(火土)이며
술(戌)의 지장간(**辛**丁戊) 여기 辛은 금(金)으로 음력 9월 가을, **금토**(金土)이고
축(丑)의 지장간(**癸**辛己) 여기 癸는 수(水)로 음력 12월 겨울, **수토**(水土)이다

2) 조후 적용을 우선검토 해야 할 사주

(1) 수(水) 일간의 월지 사오미(巳午未)와 화(火) 일간의 월지 해자축(亥子丑)의 사주팔자는 조후 적용을 우선검토 해야 할 사주에서 제외하고 목토금(木土金) 일간을 우선검토 대상으로 하여 살펴본다.

(2) 사주팔자가 월지 사오미(巳午未)를 포함하여 화(火) + 목(木) 오행이 4 개 이상이면 팔자가 조열하여 음(陰)의 기운이 필요하므로 사주의 수(水)를 용신으로 하고 생(生) 해주는 금(金)을 희신으로 한다.

특히 월지가 미(未)일 때 토(土)로 해석하지 않고 음력 6월 여름의 달, 화(火)로 한다.

(3) 사주팔자가 월지 해자축(亥子丑)을 포함하여 수(水) + 금(金) 오행이 4 개 이상이면 팔자가 한습하여 양(陽)의 기운인 화(火)가 필요하므로 원국의 화(火)를 용신으로 하고, 희신으로 사용할 목(木)이 반드시 있어야 한다.

월지가 축(丑)일 때 토(土)로 해석하지 말고 음력 12월 겨울의 달, 수(水) 오행으로 해석한다.

3) 조후용신 사례

(1) 조후 사례 - 월지 巳(사)

(2) 조후 사례 – 월지 午(오)

(3) 조후 사례 – 월지 未(미)

(4) 조후 사례 – 월지 亥(해)

(5) 조후 사례 – 월지 子(자)

(6) 조후 사례 – 월지 丑(축)

(1) 조후 사례 – 월지 巳(사)   원국 출처 "적천수천미"

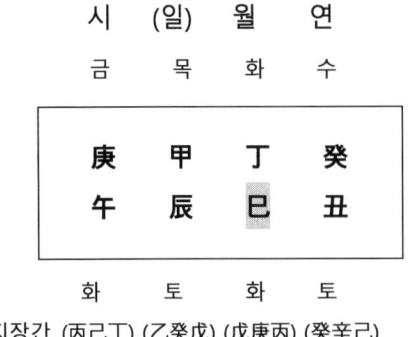

사오미(巳午未)월 여름철에는 물(水)을 용신으로 사용하므로 壬癸亥子수가 가장 필요하며, 甲(갑)목이 열매를 맺거나 재목감이 되려면 나무를 더욱 성장시키기 위한 햇볕이 있어야 하고, 지지에 습토(濕土)인 辰토에 뿌리를 내리면 잘 자랄 수 있는 환경이 조성되는 것이다.

| 용신 : 계수(癸水) | 희신 : 경금(庚金) |

"巳월의 甲목은 목기(木氣)가 물러나고, 병화(丙火)가 권리를 잡으니 먼저 계(癸)수를 쓰고 다음으로 정화(丁火)를 쓴다"고 하였으므로 癸수, 丁화, 庚금이 있어야 하고 임계(壬癸)수를 용신으로 삼아 조후해야 한다.

천간에 정(丁)화가 투출하고 지지에 화기(火氣)가 강렬하여 먼저 계(癸)수를 용신으로 쓰면 원국의 기운이 윤택해지고, 경(庚)금을 희신으로 쓰면 용신의 근원이 되므로 길(吉)하다.

(2) 조후 사례 - 월지 午(오)

```
 시   (일)   월    연
┌─────────────────────┐
│ 丙화  乙목  壬수  庚금 │
│ 戌토  巳화  午화  辰토 │
└─────────────────────┘
```
지장간 (辛丁戊) (戊庚丙) (丙己丁) (乙癸戊)

巳午未월 여름태생의 사주가 양(陽)의 목화(木火) 기운이 강할 때는 조열(燥熱) 하므로 음양 균형상 음(陰)의 금수(金水) 기운이 필요하다.

"오(午)월 을(乙)목은 하지(夏至) 전에는 계수(癸水)를 우선 취용하고, 하지 후에는 병계(丙癸)가 모두 존신(尊神)이 된다"고 하였다.

┌─────────────────────────────────────┐
│ 용신 : 임수(壬水)   희신 : 경금(庚金) │
└─────────────────────────────────────┘

천간에 丙화가 투출하고 지지에 오술(午戌) 반합(半合)으로 화국(火局)을 이루어 뜨거운 열기가 가득하다.

午월의 乙목은 여름철의 화초인 장미와 백합, 해바라기에 해당하는 꽃이라 생존을 위하여 지지에 수기(水氣) 亥子수 또는 辰토의 지장간 癸수가 반드시 있어야 하고, 하늘에는 태양 병(丙)화를 보아야 활짝 피어날 수 있다.

乙목 일간이 습토(濕土)인 辰토에 뿌리를 내리고 丙화로 성장할 수 있도록 천간의 壬수를 용신으로 하고, 용신을 생(生) 해주는 庚금을 희신으로 한다.

(3) 조후 사례 – 월지 未(미)

시	(일)	월	연
화	토	금	목
丙	己	辛	甲
寅	巳	未	子
목	화	토	수

지장간 　(戊丙甲) (戊庚丙) (丁乙己) (壬癸)

	(일간)
	(己) 未
丙巳	辛
甲寅	子

♣ 조후용신

미(未)는 지장간(丁乙己)이 화기(火氣)로 가득한 음력 6월 여름, 화토(火土)이므로 월지가 미(未)일 때 토(土) 오행으로 하지 않고, 화(火) 오행으로 해석한다.

용신 : 자수(子水)	희신 : 신금(辛金)

일간 기토(己土)는 논, 밭, 과수원에 해당하고 월지 미토(未土)는 무더운 한여름의 조열토(燥熱土)로서 햇볕(丙火)은 뜨겁고 흙(未土)은 메말랐으니 반드시 강물, 빗물, 저수지, 지하수인 壬癸亥子수로 적셔 주어 논, 밭, 과수원을 옥토(沃土)로 만든 후에 농사를 지을 수 있도록 환경이 조성되어야 한다.

바라는 바는 하늘에서 임계(壬癸)수의 물이 내려져 메마른 땅(未토)을 적셔 주고 윤택하게 하는 것이다.

사주의 자수를 용신으로 하고, 용신을 생(生) 해주는 신금을 희신으로 한다.

(4) 조후 사례 – 월지 亥 - 원국 출처 "궁통보감"

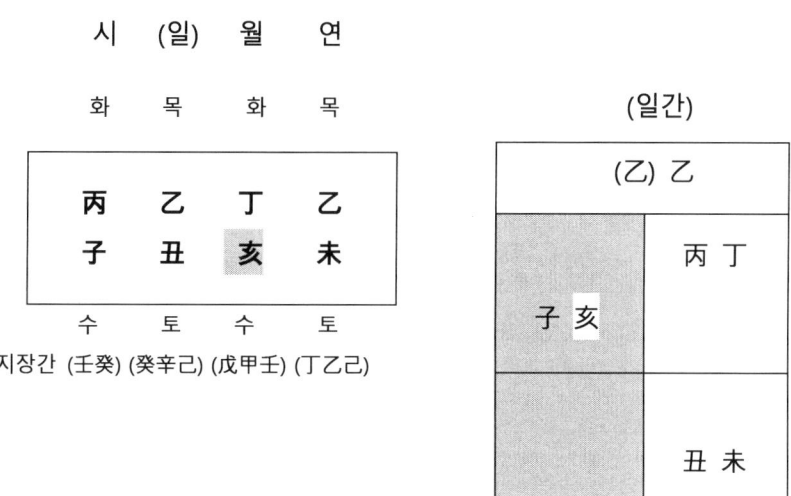

겨울철의 갑목(甲木)은 기(氣)가 있는 양목(陽木)이고, 을목(乙木)은 질(質)만 되는 음목(陰木)이니 亥월의 氣는 이미 음직였으나 수기(受氣)를 못한 乙木이 향양(向陽) 하려면 반드시 병화(丙火)를 취하여 용신으로 삼는다.

| 용신 : 병화(丙火) | 희신 : 을목(乙木) |

지지가 해자축(亥子丑) 북방 수국(水局)으로 방합하여 땅이 온통 꽁꽁 얼어 붙었다. 천간 병정(丙丁)화의 따뜻한 열기와 지지 未土의 지장간 丁화의 온기로 乙木 일간을 보호해야한다.

해(亥)월은 임(壬)수가 왕성한 때이므로 먼저 丙화를 용신으로 삼아 乙木을 따뜻하게 해야 하며, 丙화 용신을 생(生)하는 연간의 비견 乙木을 희신으로 한다.

丙화는 亥월에 절지(絶地)가 되어 무력(無力) 하므로 무토(戊土)를 써서 임수(壬水)를 억제하면 화(火)는 더욱 빛나고 존귀해진다.

(5) 조후 사례 – 월지 子(자) - 원국 출처 "적천수천미"

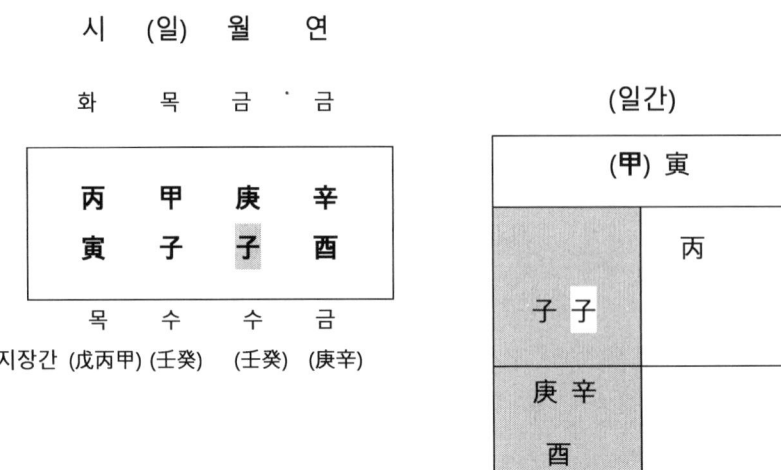

사목(死木)은 해자축(亥子丑)월 甲목으로 지지에 木의 뿌리 인묘진(寅卯辰)이 없는 경우로서, 사목(死木)인 甲목은 불(火)을 생성하는 재료가 되어 丁화로 庚금을 제련해서 기물을 만드는 용도의 구조가 길(吉)하다.

| 용신 : 병화(丙火) | 희신 : 인목(寅木) |

갑(甲)목 일간의 지지에 寅卯辰이 있는 亥子丑월의 생목(生木)은 따뜻한 햇볕이 필요한 한목향양(寒木向陽)의 봄을 기다리는 겨울 나무이므로 丙화를 용신으로 하고, 용신을 생(生) 해주는 寅목을 희신으로 한다

子월 甲목은 한기(寒氣)가 있으므로 병정(丙丁)화를 용신으로 삼는 인용식상격(印用食傷格)이 귀국(貴局)이며 火오행을 용신으로 사용할 때는 일간이 강하고, 목화(木火)가 반드시 함께 있어야 한다.

(6) 조후 사례 – 월지 丑(축) – 원국 출처 "적천수천미"

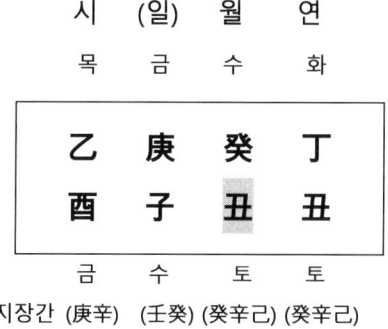

시	(일)	월	연
목	금	수	화
乙	庚	癸	丁
酉	子	丑	丑
금	수	토	토
지장간 (庚辛)	(壬癸)	(癸辛己)	(癸辛己)

축(丑)월은 먼저 정화(丁火)를 취하고 그다음 병화(丙火)의 따뜻함을 취한다. 금수(金水)가 왕성하면 따뜻해지지 못하니, 천간에는 丙丁이 있으면서 지지에는 火를 돕는 寅巳午未戌 등이 임(臨)해야 火로서의 기능을 다하는 것이다.

| 용신 : 정화(丁火) | 희신 : 을목(乙木) |

축(丑)은 지장간(癸辛己)이 수기(水氣)로 가득찬 음력 12월 겨울, 수토(水土)이므로 월지가 축(丑)일 때 토(土)로 해석하지 말고 음력 12월 겨울의 달, 수(水) 오행으로 해석한다.

庚금이 시지에 유금(酉金) 양인을 두었고 인수 축토(丑土)가 당권하니, 화(火)를 써서 한기(寒氣)를 대적할 수 있다.

庚금 일간이 엄동설한의 丑월에 태어나, 하늘은 차고 눈보라(癸) 치며 땅은 꽁꽁 얼어(子丑)붙었다. 한금(寒金)이 火를 기뻐하므로 丁화를 용신으로 하여 추위를 풀어주고, 도와주는 乙목을 희신으로 한다.

5장

정통작명법으로
이름 짓기

1. 발음오행
2. 자원오행
3. 수리오행

■ 정통작명법으로 이름 짓기에서 첫번째 할 일은 — 사주를 세우고, 분석하여, 일간에게 가장 필요한 오행(용신)을 찾아내는 일이다.

(사례) 출생일. 양력 2022. 2. 13 오전 7 시 30 분   여자. 경주 김(金)씨

☞ **만세력이나, 작명 앱**(원광 만세력)**으로 사주를 세운다**

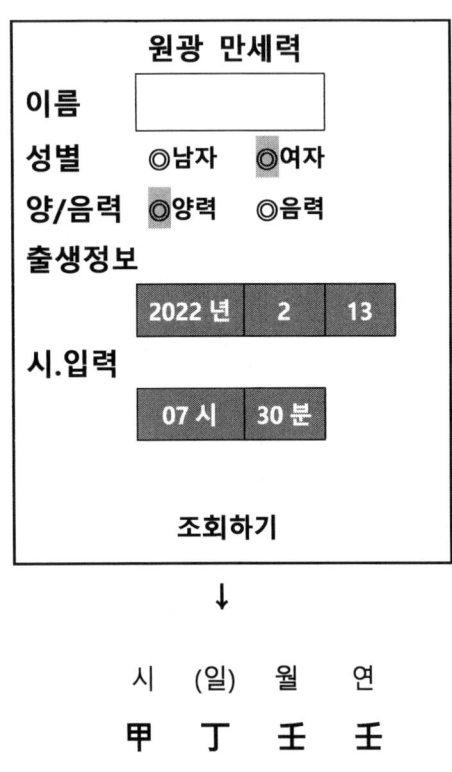

☞ **사주를 분석하여 용신을 찾는다**

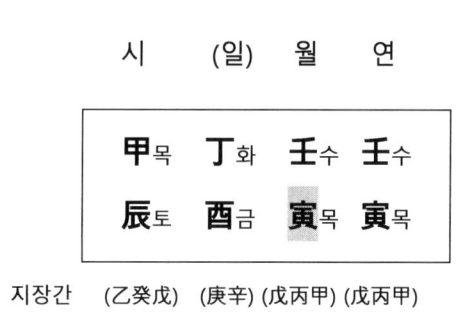

정화(丁火) 일간이 팔자의 다른 글자보다 약 3 배의 힘과 영향력을 가지는 월지(寅)에 득령하고, 일지(酉)에 득지하지 못하였으나, 시간의 甲목과 연지의 寅목의 지원을 받아 신강사주이다.

용신 : 유금(酉金)	희신 : 진토(辰土)

인성이 왕(旺)하여 신강한 사주일 때 재성을 우선하여 용신으로 정하므로 酉금을 용신으로 사용하고, 재성 용신을 생(生) 해주는 식상 辰토를 희신으로 한다.

다수설에 의한 정통작명법으로 이름 짓기

작명소, 작명가의 대다수가 사용하고 있는 용신성명학 또는 오행성명학으로 이름 짓는 것을 일반적으로 정통작명법에 의한 작명이라고 한다

■ 오행성명학(五行姓名學)

소리와 글자와 뜻으로 구성되어 있는 성명의 오행을 구분할 때 글자의 소리로 구분하는 것을 발음오행이라고 하고, 글자의 뜻을 가지고 구분하는 것을 자원오행이라고 하며, 글자의 획수로 구분하는 것을 수리오행이라고 한다.

『발음오행』
한글자음의 발음을 오행으로 구분하여 성씨와 이름이 순서대로 상생(相生)되도록 한 것으로, 사주와 상관없이 한글자음에 따른 발음으로 상생하는 이름이 좋고 상극을 피해야 한다는 것으로 소리오행, 음령오행이라고도 한다.

『자원오행』
글자 자체가 지니고 있는 고유의 오행으로, 한자(字)의 근원(源)을 뜻과 부수(部首)로 오행을 구분하여 사주에 필요한 오행을 이름으로 보완할 때 적용하도록 성명학에 도입된 것이다.

『수리오행』
수리가 지니고 있는 오행의 기운을 이름에 적용한 것으로, 성명 각각의 글자 획수에서 원격, 형격, 이격, 정격의 사격 수리를 산출한 후, 그 획수의 수리가 담고 있는 의미를 해설한 81 수리를 가지고 길흉을 판단하는 것이다

1. 발음오행

오행성명학의 발음오행은 한글자음의 발음(소리)을 오행(木·火·土·金·水)으로 구분한 것을 가지고 성(姓)과 명(命)을 연결하여 세 글자의 오행이 순서대로 상생(相生) 되는 것을 길한 배치로 여기고, 상극되지 않도록 한다.

발음오행 운해본 (다수설)	한글(자음)	소리		훈민정음 해례본 (소수설)
목 (木)	ㄱ ㅋ	어금닛소리	아음 牙音	木
화 (火)	ㄴ ㄷ ㄹ ㅌ	혓소리	설음 舌音	火
토 (土)	ㅇ ㅎ	목구멍소리	후음 喉音	水
금 (金)	ㅅ ㅈ ㅊ	잇소리	치음 齒音	金
수 (水)	ㅁ ㅂ ㅍ	입술소리	순음 脣音	土

한글자음의 ①초성으로 상생 배치하는 방법으로만 하거나, ② **초성과 종성**을 연결하여 상생되도록 하는 방법을 사용하기도 한다.

②김	ㄱ	목木	첫소리	초성
	ㅣ		가운데 소리	중성
	ㅁ	수水	끝소리	**종성**
지	ㅈ	금金		초성
현	ㅎ	토土		초성

1) 상생상극(相生相剋) - 발음오행(자음)

오행	자음		상생	상극
목 (木)	ㄱ, ㅋ	木은	**火**를 **생**	土를 극
화 (火)	ㄴ, ㄷ, ㄹ, ㅌ	火는	**土**를 **생**	金을 극
토 (土)	ㅇ, ㅎ	土는	**金**을 **생**	水를 극
금 (金)	ㅅ, ㅈ, ㅊ	金은	**水**를 **생**	木을 극
수 (水)	ㅁ, ㅂ, ㅍ	水는	**木**을 **생**	火를 극

오행의 상생상극도(相生相剋圖)

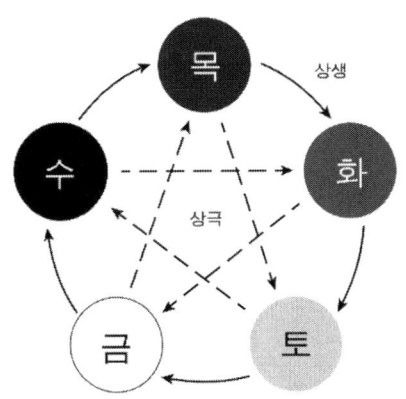

木은 **火**를 **생**하고, 土를 극　**(목생화** / 목극토)
火는 **土**를 **생**하고, 金을 극　**(화생토** / 화극금)
土는 **金**을 **생**하고, 水를 극　**(토생금** / 토극수)
金은 **水**를 **생**하고, 木을 극　**(금생수** / 금극목)
水는 **木**을 **생**하고, 火를 극　**(수생목** / 수극화)

오행의 상생(相生)

　서로 상(相), 낳을, 도울 생(生)의 상생(相生)은 서로 도와 이익이 되는 것으로 베풀고 상부상조하는 것이다.

목(木)	나무가 타서 불이 되고	木生火
화(火)	뜨거운 태양이 땅에 열기를 뿌리면	火生土
토(土)	땅속의 작물이 결실(열매)을 맺으며	土生金
금(金)	열매를 짜면 수액이 나오고	金生水
수(水)	물을 먹고 나무가 자란다	水生木

발음오행의 상생(相生)

오행 (자음)	生	오행 (자음)	
木 (ㄱ, ㅋ)	생	火 (ㄴ, ㄷ, ㄹ, ㅌ)	목생화
火 (ㄴ, ㄷ, ㄹ, ㅌ)	생	土 (ㅇ, ㅎ)	화생토
土 (ㅇ, ㅎ)	생	金 (ㅅ, ㅈ, ㅊ)	토생금
金 (ㅅ, ㅈ, ㅊ)	생	水 (ㅁ, ㅂ, ㅍ)	금생수
水 (ㅁ, ㅂ, ㅍ)	생	木 (ㄱ, ㅋ)	수생목

오행의 상극(相剋)

서로 상(相), 이길 극(剋)의 상극(相剋)은 이기려고 공격하는 것으로 극하는 오행이 통제한다, 취하다, 발전한다는 의미가 된다.

목극토 (木剋土) – 나무가 생존과 성장을 위해 흙에 뿌리를 내리는 것

토극수 (土剋水) – 만물을 낳고 키우기 위해 흙이 물을 머금는 것

수극화 (水剋火) – 온난한 기운에 물이 나무줄기를 타고 올라 성장을 돕다
　　　　　　　수(水)가 발산하여 흩어지려는 불(火)을 제어하여 유지시키는 것

화극금 (火剋金) – 만물을 거두어 들이는 결실작용을 하는 것
　　　　　　　용광로(火)에서 쇠(金)를 녹여 생필품을 만드는 것

금극목 (金剋木) – 펼쳐진 기운을 안으로 모으는 수렴작용을 하는 것
　　　　　　　쇠(金)로 만든 도구로 초목(木)을 잘라서 재료나 재목으로 사용하는 것

발음오행의 상극(相剋)

오행 (자음)	剋	오행 (자음)	
木 (ㄱ, ㅋ)	극	土 (ㅇ, ㅎ)	목극토
土 (ㅇ, ㅎ)	극	水 (ㅁ, ㅂ, ㅍ)	토극수
水 (ㅁ, ㅂ, ㅍ)	극	火 (ㄴ, ㄷ, ㄹ, ㅌ)	수극화
火 (ㄴ, ㄷ, ㄹ, ㅌ)	극	金 (ㅅ, ㅈ, ㅊ)	화극금
金 (ㅅ, ㅈ, ㅊ)	극	木 (ㄱ, ㅋ)	금극목

발음오행(자음)의 상생 배열 - 오행의 배합이 좋은 이름 사례

木	火	土	金	水
木木火	火火土	土土金	金金水	水水木
木火火	火土土	土金金	金水水	水木木
木火木	火土金	土金水	金水木	水木火
木火土	火木水	土火木	金土火	水木水
木水金	火木木	土火火	金土土	水金金
木水水	火火木	土土火	金金土	水水金
木木水	火土火	土金土	金土金	水金水
木水木	火木火	土火土	金水金	水金土

김기태	나도향	이호철	서정민	박문규
木木火	火火土	土土金	金金水	水水木
김대림	나훈아	이재석	서민지	박가겸
木火火	火土土	土金金	金水水	水木木
김나경	나호준	이시민	조병길	박간덕
木火木	火土金	土金水	金水木	水木火
김대현	나균필	이대건	조현대	박건표
木火土	火木水	土火木	金土火	水木水
김민정	태갑경	한동리	차인영	박재섭
木水金	火木木	土火火	金土土	水金金

| 김보미 | 나현건 | 한인대 | 차중훈 | 마보석 |
| 木水水 | 火火木 | 土土火 | 金金土 | 水水金 |

| 김건모 | 태호령 | 한정현 | 정윤철 | 마재병 |
| 木木水 | 火土火 | 土金土 | 金土金 | 水金水 |

| 김명곤 | 태건아 | 한태인 | 정민준 | 마정석 |
| 木水木 | 火木火 | 土火土 | 金水金 | 水金土 |

발음오행(자음)의 상극 배열 - 오행의 배합이 좋지 않은 사례

木	火	土	金	水
木木土	火火金	土土水	金金木	水水火
木土水	火金木	土水火	金木土	水火金
木金火	火水土	土木金	金火水	水土木
木土土	火金金	土水水	金木木	水火火
木金金	火水水	土木木	金火火	水土土
木木金	火火水	土土水	金金火	水水土
木土木	火金火	土水土	金木金	水火水
木金木	火水火	土木土	金火金	水土水

오행의 상비(相比)

같은 오행을 만나는 것을 말하는 상비는 만날 때 그 오행의 힘이 강해진다.

자원오행에서 같은 오행인 상비관계가 사주에 필요하고 부족한 오행을 이름으로 보완하여 줄 때 해당하는 오행이어서 도움이 되는 경우에 길한 관계이고, 사주의 강한 오행이거나 필요하지 않은 오행과의 상비관계는 흉한 관계라고 할 것이므로 한자이름을 자원오행으로 작명을 할 때에는 사주에 필요한 오행인지를 살펴서 사용여부를 판단해야 한다.

목(木)이 목(木)을 만나면 상비이다

화(火)가 화(火)를　　〃

토(土)가 토(土)를　　〃

금(金)이 금(金)을　　〃

수(水)가 수(水)를　　〃

2] 발음오행 사례

| 한글 이름자 | 김지현 |

(1) 한글자음의 초성으로만 상생 배치하는 방법 – 김동연
(2) 초성과 종성을 연결하여 상생 배치하는 방법 – 김지현
　　(1) 또는 (2)의 방법을 함께 사용하기도 한다.

1)

김	ㄱ	목木	초성
동	ㄷ	화火	초성
연	ㅇ	토土	초성

2)
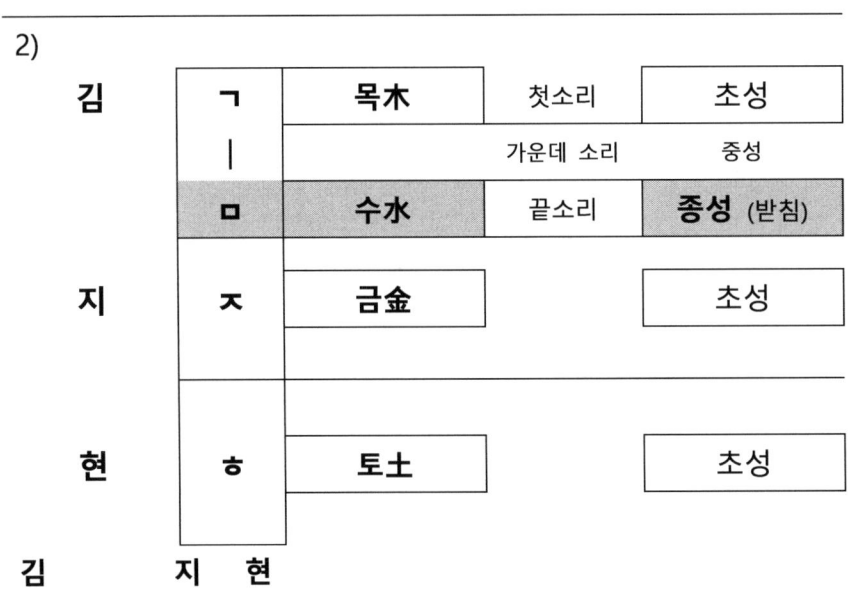

木 + (水) + 金 +土

(1) 초성(첫소리)만 적용하는 경우

木 + 金 + 土

목 + 금 상극되어 - 발음오행이 맞지 않는다.

(2) 초성과 종성(끝소리. 받침)을 연결하여 함께 적용하는 경우

목 + (수) + 금 + 토

상생되어 - 김지현 발음오행이 맞는 이름이다.

3) 성씨별 한글이름 사전

 필자가 정리한, 발음오행이 상생되는 『성씨별 한글이름 사전』으로 아빠 성씨에 따른 발음오행이 상생되는 한글이름을 지을 때 참고하시기 바랍니다.

목 (木) 오행. 성씨   ㄱ ㅋ
김 길 기 권 국 구 곽 공 고 계 경 광 씨(氏)등

화 (火) 오행. 성씨   ㄴ ㄷ ㄹ ㅌ
노 나 남 도 담 두 돈 대 류 태 탁 탄

토 (土) 오행. 성씨   ㅇ ㅎ
이 오 염 윤 양 임 안 유 한 허 홍 황

금 (金) 오행. 성씨   ㅅ ㅈ ㅊ
서 신 송 선 석 성 전 장 정 최 차 천

수 (水) 오행. 성씨   ㅁ ㅂ ㅍ
문 민 마 목 맹 박 백 변 방 피 편 표

발음오행(자음)의 상생 배열 - 오행의 배합이 좋은 이름 사례

木	火	土	金	水
木木火	火火土	土土金	金金水	水水木
木火火	火土土	土金金	金水水	水木木
木火木	火土金	土金水	金水木	水木火
木火土	火木水	土火木	金土火	水木水
木水金	火木木	土火火	金土土	水金金
木水水	火火木	土土火	金金土	水水金
木木水	火土火	土金土	金土金	水金水
木水木	火木火	土火土	金水金	水金土

발음오행이 상생되는
성씨별 한글이름 사전

[남자] 이름

> [목木 오행] 성씨   ㄱ ㅋ
> 김 길 기 권 국 구 곽 공 고 계 경 강 씨(氏)

성씨별 발음오행이 상생되는 한글이름

[남자]

낙결 낙겸 낙경 낙구 낙권 낙규 낙균 낙길 낙연 낙운 낙훈 낙한 낙호 낙현
남규 남길 남영 남은 남이 남일 남현 남호

다교 다원 다율 다헌 다형 다환 다훈 다현 다혁

대건 대경 대곤 대관 대광 대국 대권 대규 대균 대극 대근 대기 대길 대농 대능 대덕 대돈
대동 대두 대둔 대득 대등 대락 대람 대래 대려 대련 대렬 대령 대록 대률 대륭 대린 대림
대아 대안 대암 대양 대언 대연 대열 대엽 대영 대오 대옥 대완 대용 대우 대욱 대운 대웅
대원 대윤 대율 대웅 대응 대익 대인 대은 대일 대임 대하 대한 대헌 대현 대협 대형 대호
대화 대후
대흥 대환 대훈 대희
덕겸 덕경 덕곤 덕관 덕광 덕교 덕구 덕권 덕규 덕균 덕근 덕금 덕기 덕길 덕남 덕녕 덕룡
덕률 덕림 덕여 덕열 덕윤 덕일 덕토 덕하 덕현 덕형 덕호 덕화 덕훈

도건 도겸 도곡 도곤 도국 도권 도규 도균 도근 도길 도경 도림 도람 도안 도암 도언 도연
도엽 도영 도완 도욱 도운 도웅 도윤 도율 도은 도익 도일 도한 도행 도홍 도헌 도현 도협
도환 도훈
동건 동겸 동경 동곤 동규 동근 동기 동덕 동래 동렬 동령 동률 동림 동암 동양 동언 동연
동열 동엽 동영 동오 동옥 동이 동완 동우 동욱 동운 동원 동윤 동율 동은 동의 동익 동인
동일 동태 동해 동하 동학 동한 동헌 동혁 동현 동형 동호 동화 동후 동훈 동흠 동희

두근 두람 두련 두리 두안 두언 두연 두열 두영 두오 두완 두용 두운 두원 두윤 두율
두익 두일 두한 두해 두헌 두혁 두현 두형 두호 두화 두환 두훈

래건 래경 래광 래교 래군 래권 래균 래근 래길 래람 래름 래안 래언 래연 래열 래영 래완 래용 래욱 래원 래윤 래은 래익 래일 래혁 래헌 래현 래형 래화 래환 래훈

라윤 라율 라인 라일 라해 라현 라훈
린건 린교 린도 린용 린융 린태 린택 린하 린흠 린홍

태건 태겸 태경 태곤 태관 태국 태권 태규 태균 태근 태길 태동 태령 태랑 태령 태룡 태림 태안 태양 태언 태연 태열 태영 태온 태완 태용 태우 태욱 태웅 태원 태윤 태율 태융 태은 태익 태인 태일 태임 태후 태헌 태혁 태현 태협 태형 태호 태화 태환 태훈 태흥 태희

탁환 탁현
택건 택겸 택곤 택규 택균 택기 택길 택녕 택동 택림 택연 택현
민건 민겸 민경 민관 민교 민국 민규 민기 민근 민별 민상 민서 민석 민선 민설 민성 민세 민솔 민수 민승 민재 민정 민종 민주 민준 민중 민지 민진 민찬 민창 민철 민채

몽주 몽준 몽천 몽찬
문갑 문관 문균 문기 문모 문복 문석 문섭 문성 문순 문심 문재 문종 문정 문준 문철

마건 마겸 마경 마곤 마관 마교 마국 마권 마균 마근 마금 마길 마베 마범 마병 마보 마복 마빈 마산 마상 마산 마섭 마성 마손 마송 마숙 마재 마정 마찬 마청 마총 마편 마포

미건 미겸 미청 미경 미곤 미지 미교 미권 미균 미근 미총 미중 미금 미명 미명 미몽 미범 미복 미빈 미상 미생 미서 미석 미선 미진 미설 미성 미소 미손 미솔 미송 미충 미승 미정 미종 미주
모건 모겸 모균 모근 모길 모상 모석 모선 모섬 모섭 모성 모송 모존 모준 모총 모춘

무간 무건 무결 무겸 무경 무곤 무공 무광 무교 무국 무권 무근 무금 무길 무벽 무봉 무빈 무성 무상 무석 무선 무섭 무송 무신 무재 무제 무존 무주 무중 무진 무찬 무철 무표 무필

문갑 문관 문균 문기 문모 문복 문석 문성 문순 문심 문재 문정 문종 문준 문철

병건 병관 병광 병구 병규 병기 병무 병묵 병문 병민 병복 병서 병세 병재 병종 병주 병준 병지 병직 병진 병찬 병창 병천 병철
박건 박걸 박겸 박경 박곤 박균 박근 박명 박민 박범 박빈 박표 박풍

배건 배겸 배곤 배권 배근 배금 배명 배목 배문 배민 배범 배복 배봉 배표 배상 배석 배섬 배섭 배성 배손 배식 배재 배제 배주 배준 배중 배진 배찬 배철

보건 보겸 보경 보곤 보국 보권 보규 보근 보금 보길 보생 보석 보선 보섭 보성 보승 보생 보정 보종 보명 보문 보민 보범 보병 보봉 보빈 보필
복건 복걸 복규 복균 복근 복기 복길 복모 복무 복민 복만 복배 복범 복봉 복솔 복재 복주 복진 복찬 복필
부건 부걸 부겸 부경 부곤 부관 부국 부권 부균 부근 부금 부길 부마 부명 부빈 부산 부상 부석 부선 부섬 부섭 부성 부식 부존 부찬 부천 부촌 부총 부표 부필

배건 배겸 배곤 배권 배근 배금 배명 배목 배문 배민 배범 배복 배봉 배표 배상 배석 배섬 배섭 배성 배손 배식 배재 배제 배주 배준 배중 배진 배찬 배철

범건 범걸 범경 범곤 범관 범교 범국 범권 범규 범균 범근 범기 범길 범모 범문 범빈 범상 범서 범섭 범성 범세 범손 범수 범신 범존 범제 범재 범주 범준 범중 범진 범찬 범창 범표 범필
비건 비겸 비경 비곤 비근 비상 비성 비송 비식 비준 비철 비묵 비민 비범 비벽 비본 비봉 비빈 비주
표건 표겸 표곤 표군 표균 표근 표명 표목 표문 표민 표배 표복 표봉 표석 표섭 표성 표식 표준 표진 표찬 표필
판수 판석
가덕 가렬 가록 가룡 가림 가레 가률 가람 가명 가목 가묵 가문 가민 가배 가범 가본 가빈 가태 가택 가표 가필
갑렬 갑배 간덕 간득 간렬
건돈 건득 건렬 건립 건록 건룡 건률 건륭 건립 건만 건모 건묵 건문 건민 건백 건범 건병 건보 건빈 건태 건택 건표 건필

경남 경덕 경래 경락 경록 경만 경명 경목 경묵 경민 경탁 경태 경표

계돈 계룡 계률 계림 계면 계문 계백 계범

고덕 고돈 고득 고려 고렬 고률 고택 고면 고명 고무 고번 고범 고벽 고북

교대 교득 교림 교택 교명 교모 교무 교묵 교문 교민 교범 교벽 교보 교빈

구례 구룡 구륭 구름 구립 구택 구라 구모 구몽 구민 구배 구범 구복 구본 구빈 구필

국둔 국림 국택 국명 국목 국무 국민 국배 국본 국빈 국빙
근도 근돈 근렬 근록 근룡 근률 근면 근탁 근택 근태

권면 권명 권모 권무 권민 권배 권범 권병 권복 권빈 권표 권필

규남 규도 규대 규덕 규렬 규록 규림 규만 규면 규명 규모 규목 규묵 규문 규민 규병 규배
규범 규보 규본 규빈 규태 규택 규표 규필

금동 금모 금묵 금배 금범 금병 금보 금복 금북 금비 금빈 금표 금필

기남 기대 기동 기리 기룡 기륭 기림 기만 기명 기문 기민 기보 기배 기범 기복 기빈 기탁
기태 기택 기평 기표 기필 기덕 기례 기라 기란 기령 기리 기민 기빈

구례 구룡 구륭 구름 구립 구택 구라 구모 구몽 구민 구배 구범 구복 구본 구빈 구필

국둔 국림 국택 국명 국목 국무 국민 국배 국본 국빈 국빙

근도 근돈 근렬 근록 근룡 근률 근면 근탁 근택 근태

권면 권명 권모 권무 권민 권배 권범 권병 권복 권빈 권표 권필

[목木 오행] 성씨 ㄱ ㅋ	
김 氏	ㄱ 초성 . 목(木) + ㅁ 종성 . 수(水)

초성과 종성을 함께 사용하여 상생되도록 하는데 있어서 성씨에 따라 함께 사용 가능한 성씨와 사용할 수 없는 성씨가 있습니다.

김 - 성씨별 발음오행이 상생되는한글이름

[남자]   [초성과 종성을 연결하여 상생 배치하는 방법]

삼범 삼보 삼부 삼성 삼수 삼정 삼주 삼중 삼표
상수 상안 상언 상연 상열 상영 상오 상완 상용 상우 상웅 상원 상윤 상율 상용 상은 상인 상일 상조 상종
성섭 성수 성안 성언 성연 성열 성영 성완 성용 성우 성웅 성원 성윤 성율 성은 성일 성재 성제 성조 성주 성탁 성태 성택 성하 성형 성호 성환 성효 성후 성훈 성휘

세모 세무 세묵 세범 세보 세양 세언 세연 세열 세영 세완 세용 세운 세웅 세원 세윤 세융 세인 세일 세종 세창 세한 세헌 세현 세형 세호 세환 세훈 세휘

소목 소묵 소보 소양 소열 소율 소하 소훈
송대 송덕 송득 송락 송렬 송룡 송섭 송수 송언 송연 송열 송완 송용 송원 송윤 송인 송일 송재 송정 송주 송택 송헌 송현 송대 송덕
승락 승렬 승률 승삼 승소 승수 승안 승언 승연 승열 승영 승완 승용 승우 승운 승원 승윤 승은 승일 승재 승조 승종 승조 승지 승창 승채 승한 승헌 승현 승호 승환 승후 승훈

시백 시범 시복 시안 시언 시연 시열 시영 시온 시완 시용 시우 시웅 시원 시윤 시율 시은 시재 시종 시한 시헌 시현 시호 시환 시후 시훈

자모 자묵 자복 자양 자연 자열 자용 자웅 자원 자운 자인 자일 자한 자헌 자현 자형 자환 자훈
장덕 장도 장득 장락 장렬 장록 장룡 장률 장린 장삼 장상 장섭 장수 장언 장연 장열 장영 장완 장용 장우 장운 장웅 장원 장유 장윤 장율 장은 장인 장일 장재 장제 장주 장한 장헌 장현 장형 장호 장훈 장휘 장희

재모 재무 재박 재범 재복 재상 재서 재섭 재성 재수 재승 재양 재언 재연 재열 재영 재오 재완 재용 재우 재운 재웅 재원 재유 재윤 재율 재은 재응 재이 재인 재일 재정 재종 재주
점관 점규 점근 점기 점길 점복 점섭 점수 점종
정대 정덕 정동 정득 정락 정렬 정록 정룡 정상 정서 정수 정안 정양 정연 정열 정영 정온 정완 정용 정우 정운 정웅 정원 정유 정율 정은 정인 정일 정하 정한 정해 정헌 정현 정형 정호 정환 정후 정휘 정희
제모 제범 제상 제섭 제성 제수 제언 제연 제열 제영 제완 제용 제우 제운 제웅 제원 제윤 제은 제인 제정 제종 제주 제창 제헌 제현 제홍 제화 제환 제효 제후 제훈
조범 조북 조상 조성 조승 조양 조언 조연 조열 조완 조운 조웅 조원 조윤 조일 조종 조헌 조현 조형 조환 조훈
종삼 종상 종서 종섭 종성 종수 종안 종언 종연 종열 종영 종완 종용 종우 종원 종윤 종은 종인 종일 종재 종주 종하 종한 종헌 종현 종호 종환 종후 종훈 종홍 종희

주백 주범 주상 주섭 주성 주송 주승 주양 주열 주영 주오 주완 주용 주원 주윤 주일 주종 주청 주표 주하 주한 주헌 주현 주형 주호 주환 주훈 주휘

중락 중렬 중록 중룡 중섭 중성 중수 중언 중연 중열 중원 중윤 중은 중재 중종 중탁 중현 중형 중호 중화 중훈
지목 지묵 지범 지복 지상 지섭 지성 지송 지수 지안 지양 지언 지열 지완 지용 지우 지운 지웅 지원 지유 지율 지용 지일 지창 지표 지혁 지한 지헌 지현 지형 지호 지홍 지환 지황 지효 지후 지훈

창녕 창대 창덕 창도 창둔 창득 창락 창렬 창록 창룡 창률 창서 창섭 창수 창언 창연 창열 창영 창완 창용 창우 창웅 창원 창윤 창은 창인 창일 창재 창정 창제 창조 창주 창택 창하 창한 창헌 창현 창형 창호 창화 창환 창효 창훈 창희

채모 채무 채묵 채범 채수 채승 채열 채오 채완 채용 채우 채원 채윤 채인 채일 채한 채헌 채현 채형 채호 채화 채환 채효 채훈 채휘
청도 청락 청록 청룡 청률 청연 청열 청우 청원 청윤 정의 청인 청일 청하 청헌 청현 청호 청환 청훈
총덕 총독 총락 총록 총룡 총률 총성 총수 총연 총용 총우 총재 총제 총희
충득 충락 충령 충룡 충상 충수 충언 충열 충영 충완 충우 충원 충은 충일 충재 충정 충제 충종 충주 충헌 충현 충형 충호 충환 충훈 충희

치범 치성 치언 치연 치열 치영 치완 치용 치우 치원 치윤 치인 치일 치헌 치현 치형 치호 치홍 치환 치훈
창녕 창대 창덕 창도 창둔 창득 창락 창렬 창록 창룡 창률 창서 창섭 창수 창언 창연 창열 창영 창완 창용 창우 창웅 창원 창윤 창은 창인 창일 창재 창정 창제 창조 창주 창택 창하 창한 창헌 창현 창형 창호 창화 창환 창효 창훈 창희

채모 채무 채묵 채범 채수 채승 채열 채오 채완 채용 채우 채원 채윤 채인 채일 채한 채헌 채현 채형 채호 채화 채환 채효 채훈 채휘
청도 청락 청록 청룡 청률 청연 청열 청우 청원 청윤 정의 청인 청일 청하 청헌 청현 청호 청환 청훈
총덕 총독 총락 총록 총룡 총률 총성 총수 총연 총용 총우 총재 총제 총희
충득 충락 충령 충룡 충상 충수 충언 충열 충영 충완 충우 충원 충은 충일 충재 충정 충제 충종 충주 충헌 충현 충형 충호 충환 충훈 충희

치범 치성 치언 치연 치열 치영 치완 치용 치우 치원 치윤 치인 치일 치헌 치현 치형 치호 치홍 치환 치훈

[화火 오행] 성씨　ㄴㄷㄹㅌ
노 나 남 도 담 두 돈 대 류 태 탁 탄 씨(氏)

발음오행이 상생되는 한글이름

[남자]

아덕 아돈 아득 아람 아련 아록 아룡 아률 아림 아태 아택 아언 아연 아열 아엽 아완 아용 아욱 아원 아윤 아융 아일 아학 아헌 아형 아훈 아흠 아환 아산 아석 아선 아섭 아성 아세 아송 아식 아존 아종 아주 아준 아중 아진 아찬 아천 아촌 아총

예도 예루 예룬 예언 예온 예완 예용 예운 예율 예익 예하 예한 예헌 예호 예환 예후 예훈 예휘 예훤 예선 예섭 예성 예손 예송 예승 예신 예종 예준 예찬 예철 예춘

안덕 안동 안득 안렬 안록 안룡 안률 안탁 안택 안열 안엽 안옥 안용 안욱 안웅 안원 안윤 안은 안익 안일 안헌 안혁 안현 안협 안형 안훈 안흠 안선 안섭 안식 안제

양덕 양도 양득 양락 양렬 양록 양룡 양률 양림 양석 양선 양섭 양수 양승 양식 양언 양엽 양용 양우 양욱 양원 양윤 양익 양인 양일 양재 양종 양준 양중 양진 양찬 양천 양철 양춘 양탁 양택 양한 양헌 양혁 양현 양협 양형 양호 양훈

언덕 언동 언득 언렬 언록 언룡 언률 언성 언심 언염 언엽 언옥 언용 언욱 언웅 언원 언윤 언익 언탁 언태 언택 언헌 언혁 언현 언협 언형 언훈 언흠

연덕 연동 연득 연룡 연륵 연서 연석 연섭 연성 연세 연수 연엽 연용 연우 연욱 연웅 연익 연일 연재 연제 연준 연진 연철 연탁 연태 연택 연헌 연현 연협 연형 연호 연홍 연후 연훈 연휘 연흠

영낙 영남 영대 영덕 영돈 영동 영두 영돈 영득 영락 영래 영력 영렬 영록 영룡 영륜 영률 영삼 영상 영서 영석 영선 영섭 영성 영세 영수 영승 영식 영신 영오 영안 영언 영엽 영완 영우 영욱 영운 영웅 영원 영월 영유 영윤 영익 영인 영일 영의 영재 영전 영제 영지 영종 영주 영준 영진 영찬 영창 영천 영채 영초 영춘 영친 영철 영탁 영태 영택 영학 영한 영헌 영혁 영현 영협 영호 영화 영환 영효 영훈 영하

오덕 오렬 오룡 오상 오석 오섭 오성 오수 오식 오억 오연 오엽 오영 오용 오욱 오원 오윤 오익 오인 오일 오장 오준 오진 오찬 오참 오창 오총 오춘 오택 오학 오한 오헌 오혁 오현 오형 오환 오훈

완덕 완도 완돈 완득 완락 완렬 완록 완룡 완률 완상 완세 완수 완선 완열 완엽 완용 완우 완욱 완웅 완익 완인 완일 완종 완탁 완태 완택 완혁 완헌 완현 완협 완형 완환 완훈 완휘

왕덕 왕돈 왕득 왕락 왕렬 왕렵 왕룡 왕률 왕림 왕삼 왕석 왕섭 왕식 왕연 왕열 왕엽 왕욱 왕준 왕진 왕춘 왕탁 왕택 왕희

용도 용대 용덕 용득 용락 용렬 용록 용률 용림 용래 용삼 용상 용석 용섭 용성 용수 용식 용안 용연 용열 용엽 용완 용우 용욱 용은 용익 용인 용운 용일 용재 용제 용조 용종 용주 용준 용직 용진 용착 용찬 용창 용재 용천 용철 용춘 용채 용탁 용태 용택 용하 용한 용헌 용혁 용현 용형 용호 용화 용훈 용환 용희 용후

우덕 우락 우람 우렬 우록 우룡 우리 우상 우석 우섭 우성 우수 우승 우식 우언 우연 우열 우엽 우영 우용 우원 우익 우일 우재 우정 우제 우종 우주 우준 우중 우직 우진 우창 우천 우춘 우탁 우택 우학 우한 우헌 우혁 우현 우형 우호 우환 우훈

운덕 운득 운렬 운록 운룡 운열 운엽 운용 운일 운조 운종 운중 운지 운찬 운탁 운태 운택 운혁 운형 운호 운환

웅덕 웅돈 웅렬 웅록 웅림 웅석 웅선 웅섭 웅성 웅수 웅식 웅열 웅엽 웅욱 웅원 웅익 웅일
웅재 웅제 웅주 웅준 웅진 웅찬 웅채 웅춘 웅탁 웅택 웅학 웅헌 웅혁 웅현 웅호 웅훈 웅희

유덕 유돈 유득 유동 유락 유렬 유록 유룡 유상 유섭 유상 유솔 유수 유승 유식 유억 유열
유엽 유오 유온 유완 유원 유의 유익 유일 유재 유준 유진 유찬 유창 유철 유탁 유택 유한
유헌 유혁 유현 유협 유형 유호 유환 유훈
윤대 윤덕 윤도 윤돈 윤돌 윤련 윤렬 윤령 윤록 윤산 윤삼 윤상 윤서 윤석 윤섭 윤성 윤세
윤수 윤식 윤언 윤열 윤엽 윤오 윤완 윤용 윤욱 윤예 윤영 윤원 윤은 윤익 윤인 윤일 윤재
윤제 윤조 윤종 윤준 윤직 윤진 윤찬 윤철 윤탁 윤태 윤택 윤하 윤학 윤한 윤해 윤헌 윤혁
윤현 윤형 윤홍 윤황 윤후 윤훈 윤휘 윤호 윤환

은내 은대 은덕 은도 은래 은렬 은린 은림 은산 은성 은서 은석 은섭 은성 은세 은솔 은송
은승 은연 은열 은엽 은오 은용 은우 은욱 은웅 은율 은익 은일 은재 은제 은준 은진 은채
의철 은탁 은태 은택 은학 은헌 은혁 은현 은형 은호 은화 은환 은하 은후 은휘 은훈

응두 응성 응용 응원 응찬 응천 응한 응함
의덕 의동 의득 의렬 의록 의룡 의률 의림 의상 의석 의선 의성 의송 의수 의승 의열 의영
의왕 의욱 의윤 의익 의인 의일 의재 의제 의정 의종 의조 의주 의준 의진 의찬 의창 의채
의철 의태 의택 의한 의헌 의혁 의현 의형 의화 의환 의훈

이남 이대 이두 이득 이락 이렬 이룡 이루 이률 이석 이섭 이수 이순 이식 이상 이안 이연
이열 이엽 이용 이욱 이윤 이일 이정 이준 이진 이찬 이천 이춘 이택 이한 이헌 이혁 이현
이협 이형 이호 이환 이훈
원삼 원상 원석 원섭 원식 원영 원오 원우 원유 원일 원임 원웅 원엽 원준 원진 원조 원찬
원철 원춘 원태 원택 원혁 원현 원호 원화 원훈 원홍 원형

인덕 인득 인락 인래 인렬 인록 인룡 인률 인상 인서 인석 인섭 인솔 인성 인세 인송 인수
인식 인열 인엽 인영 인오 인완 인용 인우 인욱 인웅 인원 인윤 인율 인의 인이 인익 인일
인재 인정 인제 인조 인종 인주 인준 인차 인찬 인창 인채 인철 인춘 인탁 인태 인택 인하
인학 인한 인해 인행 인헌 인혁 인현 인협 인형 인호 인홍 인환 인희 인효 인후 인훈 인휘

일덕 일득 일랑 일련 일렵 일록 일룡 일열 일엽 일용 일우 일윤 일정 일재 일제 일집 일탁 일한 일해 일헌 일혁 일현 일형 일호 일환 일훈

하나 하남 하덕 하동 하록 하룡 하림 하상 하석 하섭 하성 하손 하솔 하수 하승 하송 하식 하신 하연 하엽 하완 하용 하욱 하운 하웅 하웅 하원 하윤 하은 하익 하인 하일 하율 하영 하재 하정 하제 하종 하중 하준 하진 하태 하택 하헌 하혁 하현 하형 하호 하환 하훈
학선 학성 학송 학수 학열 학영 학용 학우 학윤 학인 학재 학제 학정 학주
학준 학철
한덕 한독 한래 한렬 한록 한룡 한률 한린 한림 한상 한서 한세 한소 한석 한식 한선 한섭 한성 한세 한열 한엽 한영 한위 한오 한용 한욱 한웅 한윤 한율 한유 한융 한음 한익 한인 한은 한일 한준 한진 한탁 한태 한택 한헌 한혁 한현 한협 한형 한호 한훈 한흠

해덕 해득 해렬 해록 해룡 해률 해림 해석 해섭 해승 해식 해성 해옥 해원 해연 해열 해엽 해용 해욱 해웅 해익 해일 해진 해조 해종 해준 해찬 해춘 해철 해택 해형 해훈 해헌 해혁 해현 해협
혁재 혁주 혁준 혁지 혁진 혁찬 혁천 혁철 혁환

허난 허담 허돈 허득 허란 허련 허렬 허룡 허률 허석 허섭 허성 허수 허승 허식 허연 허열 허엽 허욱 허웅 허익 허인 허일 허재 허제 허주 허준 허진 허창 허탁 허태 허택 허현 허형 허훈
헌덕 헌도 헌동 헌두 헌락 헌렬 헌록 헌룡 헌률 헌식 헌열 헌엽 헌용 헌우 헌욱 헌웅 헌융 헌익 헌일 헌영 헌탁 헌태 헌택 헌협 헌호

현돈 현대 현덕 현률 현서 현석 현섭 현성 현세 현식 현수 현산 현삼 현승 현송 현암 현유 현윤 현옥 현열 현엽 현영 현오 현용 현우 현욱 현웅 현익 현인 현일 형정 현재 현제 현준 현진 현찬 현채 형추 형춘 형충 현철 현탁 현태 현택 현형 현호 현후 현훈 현휘 현확

형낙 형도 형돈 형두 형래 형렬 형록 형률 형석 형섭 형성 형수 형승 형식 형조 형언 형열 형우 형원 형욱 형웅 형은 형익 형인 형일 형오 형유 형윤 형율 형주 형준 형중 형지 형진 형천 형찬 형창 형추 형춘 형철 형태 형탁 형택 형한 형헌 형혁 형현 형협 형하 형훈 형환

호덕 호득 호렬 호룡 호률 호림 호상 호석 호섭 호성 호세 호승 호식 호수 호일 호언 호연 호열 호엽 호영 호용 호우 호욱 호웅 호원 호윤 호율 호익 호인 호정 호중 호재 호제 호준 호진 호천 호찬 호창 호철 호태 호택 호탁 호혁 호현 호헌 호훈

홍낙 홍남 홍대 홍덕 홍득 홍력 홍렬 홍록 홍룡 홍률 홍림 홍상 홍서 홍승 홍섭 홍성 홍식 홍안 홍연 홍엽 홍완 홍용 홍우 홍욱 홍운 홍웅 홍은 홍익 홍인 홍일 홍유 홍윤 홍율 홍재 홍제 홍주 홍준 홍지 홍진 홍찬 홍태 홍택 홍학 홍헌 홍혁 홍현 홍협 홍훈 홍희 홍철 홍탁

화동 화렵 화록 화룡 화률 화림 화섭 화수 화승 화식 화언 화열 화엽 화완 화용 화욱 화윤 화익 화인 화일 화종 화주 화준 화진 화찬 화춘 화탁 화태 화택 화헌 화혁 화현 화협 화훈

환대 환덕 환도 환득 환렬 환록 환룡 환림 환석 환영 환열 환엽 환오 환용 환욱 환웅 환익 환의 환인 환일 환주 환탁 환태 환택 환혁 환호 환희

희덕 희돈 희동 희득 희락 희록 희룡 희률 희림 희상 희석 희섭 희성 희송 희수 희성 희승 희식 희양 희언 희연 희열 희용 희원 희익 희일 희종 희준 희진 희중 희재 희찬 희춘 희천 희창 희철 희탁 희택 희태 희혁 희훈

효녕 효렬 효룡 효률 효림 효상 효석 효섭 효성 효승 효식 효영 효재 효제 효종 효주 효준 효찬 효철 효탁

후남 후덕 후득 후락 후록 후룡 후림 후상 후석 후섭 후성 후안 후연 후인 후재 후준 후진 후청 후탁 후택 후혁 후형

훈덕 훈동 훈득 훈렬 훈록 훈률 훈섭 훈성 훈서 훈식 훈상 훈열 훈용 훈익 훈일 훈재 훈철 훈태 훈택 훈헌 훈호

휘덕 휘도 휘동 휘득 휘락 휘렬 휘록 휘룡 휘률 휘삼 휘석 휘섭 휘성 휘수 휘승 휘식 휘양 휘연 휘엽 휘영 휘오 휘용 휘욱 휘익 휘인 휘재 휘제 휘종 휘주 휘준 휘진 휘찬 휘탁 휘태 휘택 휘혁 휘호 휘훈

가건 가겸 가곤 가교 가국 가규 가균 가근 가금 가길 가덕 가람 가렬 가록 가룡 가률
가림 가명 가목 가묵 가문 가민 가배 가범 가본 가봉 가빈 가태 가택 가표 가필
간국 간규 간균 간금 간덕 간득 간렬 간룡
갑교 갑국 갑규 갑근 갑배

건곤 건관 건교 건구 건국 건군 건규 건근 건길 건녕 건돈 건동 건득 건렬 건렵 건록
건룡 건률 건륭 건린 건만 건모 건묵 건문 건민 건명 건백 건범 건병 건보 건봉 건빈
건태 건택 건표 건필

겸곤 겸관 겸국 겸교 겸규 겸길
경곤 경구 경근 경남 경덕 경대 경동 경리 경락 경래 경록 경만 경명 경목 경묵 경민
경모 경배 경표

계건 계관 계광 계근 계돈 계동 계룡 계률 계림 계면 계문 계백 계범

고강 고갱 고건 고겸 고경 고관 고광 고국 고권 고균 고근 고금 고길 고남 고덕 고돈
고득 고려 고렬 고률 고면 고명 고무 고번 고범 고벽 고북 고빈 고택

곤강 곤국 곤군 곤길 곤룡 곤택
관건 관국 관규 관길 관녕 관득 관록 관룡 관림 관택

교경 교길 교대 교득 교림 교명 교모 교무 교묵 교문 교민 교번 교범 교벽 교보 교택

구권 구균 구근 구길 구례 구룡 구륭 구름 구림 구모 구몽 구민 구배 구범 구복 구본
구봉 구붕 구빈 구태 구택 구필

국감 국강 국건 국경 국곤 국권 국길 국둔 국림 국명 국목 국무 국민 국배 국본 국봉
국빈 국빙 국택
근계 근광 근국 근규 근길 근녕 근도 근돈 근렬 근록 근룡 근률 근탁 근택

권감 권경 권규 권기 권길 권면 권명 권모 권무 권민 권배 권범 권병 권복 권봉 권빈
권표 권필
규간 규갑 규강 규건 규경 규관 규군 규금 규길 규남 규대 규덕 규도 규동 규렬 규록
규림 규만 규면 규명 규모 규목 규묵 규문 규민 규배 규범 규병 규보 규본 규봉 규붕
규빈 규태 규택 규표 규필

금강 금경 금곡 금관 금국 금길 금동 금만 금모 금묵 금배 금범 금병 금보 금복 금봉
금북 금비 금빈 금표 금필
길권 길근 길금 길룡 길륭 길탁 길태

기근 기광 기권 기남 기대 기덕 기도 기동 기룡 기류 기림 기만 기백 기명 기문 기민
기배 기범 기복 기봉 기빈 기벽 기탁 기태 기택 기평 기표 기필

균감 균강 균경 균금 균길 균돈 균렬 균룡 균탁
광득 광민 광태
낙결 낙겸 낙경 낙구 낙권 낙규 낙균 낙길 낙낙역 낙연 낙운 낙한 낙호 낙훈 낙환

다교 다원 다율 다헌 다혁 다현 다형 다환 다훈

대건 대경 대곤 대관 대광 대국 대권 대규 대균 대극 대근 대기 대길 대아 대안 대암
대양 대언 대연 대열 대엽 대영 대오 대옥 대완 대용 대우 대욱 대운 대웅 대원 대윤
대율 대융 대응 대익 대인 대일 대임 대하 대한 대헌 대현 대협 대형 대호 대화 대환
대후 대훤 대휘 대희

덕겸 덕경 덕곤 덕관 덕광 덕교 덕구 덕권 덕규 덕균 덕근 덕금 덕기 덕길 덕여 덕우
덕윤 덕인 덕엽 덕열 덕윤 덕일 덕영 덕하 덕현 덕형 덕호 덕화 덕훈

도강 도건 도겸 도곡 도곤 도국 도권 도규 도균 도근 도길 도안 도암 도언 도연 도엽
도영 도완 도용 도욱 도운 도웅 도원 도윤 도율 도은 도익 도인 도열 도우 도후 도훈
도한 도행 도혁 도헌 도현 도협 도형 도환

동건 동경 동곤 동규 동근 동기 동길 동권 동암 동양 동언 동연 동연 동운 동열 동엽 동영
동오 동완 동우 동욱 동원 동윤 동율 동은 동의 동익 동인 동일 동하 동혁 동한 동헌 동현
동형 동호 동화 동후 동훈 동흠 동휘 동희

두근 두안 두언 두연 두열 두영 두오 두완 두용 두운 두원 두윤 두율 두익 두일 두한 두해
두혁 두헌 두현 두형 두호 두화 두환 두훈

래건 래경 래광 래교 래군 래권 래균 래근 래길 래안 래언 래연 래열 래영 래완 래용 래욱
래원 래윤 래은 래익 래일 래혁 래헌 래현 해형 래화 래환 래훈

라윤 라율 라인 라일 라해 라현 라훈
린건 린교 린용 린융 린태 린택 린하 린흠 린흥

태건 태겸 태경 태곤 태관 태국 태권 태규 태균 태근 태길 태안 태양 태언 태연 태열 태영
태온 태완 태용 태우 태욱 태원 태윤 태율 태융 태은 태익 태인 태일 태한 태헌 태혁 태현
태협 태형 태호 태화 태환 태훈 태흥 태휘 태희
택건 택겸 택곤 택규 택균 택기 택길 택연 택원 택현

[토土 오행] **성씨   ㅇ ㅎ**
이 오 염 윤 양 임 안 유 한 허 홍 황 씨(氏)

성씨별 발음오행이 상생되는 한글이름

[남자]

삼명 삼문 삼범 삼보 삼본 삼봉 삼부 삼석 삼성 삼손 삼수 삼식 삼열 삼영 삼용 삼정 삼주 삼준 삼중 삼진 삼천 삼표

상무 상문 상모 상목 상민 상빈 상석 상선 상수 상식 상안 상언 상연 상열 상엽 상영 상오 상완 상용 상우 상욱 상운 상월 상웅 상원 상유 상육 상윤 상율 상융 상이 상임 상은 상익 상인 상일 상정 상조 상종 상준 상직 상진 상찬 상천 상철 상하 상학 상혁 상한 상헌 상현 상협 상형 상호 상환 상훈

서목 서묵 서문 서민 서범 서본 서봉 서빈 서별 서열 서완 서용 서우 서욱 서웅 서익 서일 서정 서종 서주 서준 서진 서필 서형 서혁 서한 서헌 서현 서환 서후 서훈

성모 성민 성범 성보 성봉 성부 성빈 성식 성섭 성수 성실 성안 성언 성연 성열 성엽 성영 성완 성용 성우 성욱 성웅 성원 성윤 성율 성은 성일 성재 성제 성조 성주 성준 성진 성찬 성하 성혁 성한 성헌 성현 성협 성형 성호 성환 성효 성후 성훈 성휘

세명 세모 세무 세묵 세민 세범 세보 세본 세봉 세빈 세양 세오 세은 세을 세언 세연 세열 세엽 세영 세완 세용 세욱 세운 세웅 세원 세윤 세융 세익 세인 세일 세준 세진 세찬 세창 세종 세철 세풍 세필 세학 세혁 세한 세헌 세현 세형 세홍 세호 세환 세훈 세휘

소망 소명 소목 소묵 소문 소민 소보 소본 소봉 소빈 소솔 소신 소양 소열 소엽 소율 소익 소준 소진 소하 소혁 소훈

송무 송민 송빈 송석 송섭 송수 송숙 송언 송연 송열 송엽 송완 송용 송욱 송원 송윤 송익 송인 송일 송재 송정 송주 송준 송진 송찬 송학 송혁 송헌 송현 송협 송형 송환 송훈

수만 수명 수묵 수문 수민 수범 수본 수봉 수빈 수상 수석 수성 수식 수안 수양 수언 수열 수엽 수영 수완 수용 수웅 수원 수인 수일 수정 수종 수준 수찬 수창 수철 수필 수혁 수한 수헌 수현 수형 수호 수오 수홍 수환 수훈
승목 승묵 승민 승범 승봉 승삼 승소 승수 승식 승안 승언 승연 승열 승엽 승영 승완 승용 승우 승욱 승운 승원 승윤 승은 승익 승일 승재 승조 승주 승준 승지 승진 승찬 승창 승채 승철 승춘 승필 승학 승혁 승한 승헌 승현 승호 승하 승환 승후 승훈 승휴 승휘

시명 시묵 시문 시민 시백 시범 시복 시본 시봉 시빈 시안 시언 시연 시열 시엽 시영 시온 시완 시용 시우 시욱 시웅 시원 시윤 시율 시은 시익 시일 시재 시종 시준 시진 시찬 시필 시혁 시한 시헌 시현 시호 시환 시후 시훈

신영 신오 신우 신욱 신유 신율 신호 신환
석만 석무 석문 석민 석빈 석영 석우 석원 석율 석재 석제 석정 석주 석준 석진 석찬 석철 석현 석헌 석훈 석형 석홍 석호 석환
선만 선묵 선필 선열 선을 선용 선우 선욱 선운 선웅 선윤 선익 선인 선정 선재 선제 선진 선주 선준 선중 선창 선채 선한 선홍 선후

순재 순창 순철 순표 순하 순호 순효
장삼 장상 장석 장선 장섭 장수 장식 장성 장수 장억 장언 장연 장열 장엽 장영 장완 장용 장우 장욱 장운 장웅 장원 장유 장윤 장율 장은 장익 장인 장일 장재 장제 장주 장준 장진 장찬 장춘 장천 장철 장채 장학 장혁 장헌 장현 장형 장호 장환 장훈 장휘 장희

재만 재미 재명 재모 재무 재면 재박 재범 재병 재복 재본 재봉 재빈 재평 재상 재서 재석 재선 재섭 재성 재수 재승 재식 재신 재실 재양 재억 재언 재연 재열 재엽 재영 재오 재옥 재완 재용 재우 재욱 재운 재웅 재원 재유 재윤 재율 재은 재응 재이 재익 재인 재일 재정 재종 재주 재준 재진 재찬 재천 재창 재춘 재하 재학 재혁 재한 재헌 재현 재협 재형 재행 재후 재호 재홍 재화 재환 재효 재훈 재휘

점민 점복 점석 점선 점섭 점수 점식 점오 점종 점필 점호

정민 정배 정범 정보 정빈 정상 정서 정석 정수 정식 정안 정양 정연 정열 정엽 정영 정온 정완 정용 정우 정욱 정운 정웅 정원 정유 정윤 정율 정은 정익 정인 정일 정재 정준 정진 정철 정찬 정춘 정하 정학 정혁 정한 정해 정환 정헌 정현 정협 정형 정호 정희 정후 정훈 정휘

제범 제병 제봉 제빈 제상 제석 제섭 제성 제수 제식 제억 제언 제연 제열 제엽 제영 제완 제용 제우 제욱 제운 제웅 제원 제윤 제은 제익 제인 제정 제종 제주 제준 제진 제찬 제창 제학 제헌 제현 제협 제호 제홍 제화 제환 제휴 제후 제훈

자면 자명 자모 자묵 자문 자민 자복 자본 자양 자연 자열 자용 자욱 자웅 자원 자익 자인 자일 자준 자혁 자한 자헌 자현 자협 자형 자환 자훈

조면 조명 조묵 조민 조범 조본 조봉 조북 조빈 조석 조성 조승 조식 조양 조언 조연 조열 조엽 조완 조욱 조운 조웅 조원 조윤 조은 조일 조종 조준 조찬 조평 조풍 조필 조혁 조헌 조현 조형 조환 조훈

종만 종명 종모 종무 종문 종민 종배 종범 종보 종부 종빈 종필 종신 종삼 종상 종서 종석 종선 종섭 종성 종솔 종수 종식 종안 종언 종연 종열 종엽 종영 종완 종용 종우 종욱 종원 종유 종윤 종율 종의 종은 종익 종인 종일 종진 종재 종주 종준 종찬 종창 종철 종표 종하 종학 종혁 종한 종헌 종현 종협 종형 종호 종화 종환 종후 종훈 종흥 종효 종휘 종희

주만 주명 주몽 주묵 주문 주민 주백 주범 주본 주봉 주빈 주상 주석 주선 주섭 주성 주송 주승 주식 주신 주양 주열 주엽 주영 주오 주완 주용 주욱 주원 주윤 주익 주일 주종 주준 주찬 주청 주표 주필 주하 주학 주혁 주한 주헌 주현 주형 주호 주화 주환 주훈 주휘

준모 준만 준면 준명 준묵 준민 준배 준범 준보 준빈 준상 준서 준석 준선 준섭 준성 준수 준식 준연 준열 준영 준오 준용 준우 준욱 준원 준이 준익 준일 준재 준철 준표 준필 준하 준학 준혁 준한 준해 준헌 준현 준형 준호 준화 준환 준휘

중석 중선 중섭 중성 중수 중식 중언 중연 중열 중엽 중욱 중원 중윤 중은 중익 중재 중종 중준 중찬 중천 중혁 중현 중협 중형 중호 중화 중후 중훈

지만 지명 지목 지몽 지묵 지문 지민 지범 지복 지본 지봉 지빈 지산 지상 지석 지선 지섭 지성 지송 지수 지안 지양 지언 지열 지엽 지완 지용 지우 지욱 지운 지웅 지원 지유 지율 지융 지음 지일 지찬 지창 지춘 지표 지학 지혁 지한 지함 지헌 지현 지협 지형 지행 지호 지홍 지환 지황 지효 지후 지훈 지흠

진명 진모 진목 진무 진문 진미 진범 진복 진상 진서 진석 진섭 진성 진세 진수 진실 진영 진오 진옥 진완 진용 진우 진욱 진찬 진철 진표 진하 진학 진혁 진한 진헌 진현 진형 진호 진화 진환 진휘 진희
차민 차영 차웅 차한 차해 차현 차환
찬무 찬민 찬복 찬빈 찬서 찬석 찬선 찬성 찬솔 찬송 찬열 찬엽 찬영 찬오 찬이 찬일 찬월 찬용 찬우 찬욱 찬운 찬율 찬익 찬필 찬하 찬행 찬혁 찬현 찬호 찬훈 찬휘 찬희

창모 창묵 창민 창범 창보 창평 창서 창석 창선 창섭 창수 창식 창언 창연 창열 창엽 창영 창옥 창완 창용 창우 창욱 창웅 창원 창윤 창은 창익 창인 창일 창재 창정 창제 창조 창주 창준 창진 창하 창혁 창한 창헌 창현 창협 창형 창호 창화 창환 창훈 창효 창희

채만 채명 채모 채무 채묵 채문 채민 채범 채본 채봉 채빈 채수 채승 채열 채엽 채오 채완 채용 채우 채원 채윤 채익 채인 채일 채준 채진 채학 채혁 채한 채헌 채현 채형 채호 채화 채환 채효 채훈 채휘
철무 철민 철북 철상 철순 철우 철욱 철운 철윤 철원 철홍 철현 철훈

청범 청연 청열 청우 청원 청윤 청용 청의 청인 청일 청하 청학 청헌 청현 청호 청환 청훈 총석 총성 총수 총연 총용 총우 총재 총제 총준 총진 총희

춘무 춘모 춘몽 춘매 춘민 춘배 춘범 춘보 춘복 춘봉 춘빈 춘상 춘서 춘성 춘수 춘식 춘신 춘연 춘열 춘엽 춘영 춘오 춘용 춘우 춘원 춘은 춘채 춘창 춘혁 춘현 춘형 춘호 춘환 춘효 춘휘

충상 충석 충섭 충수 충식 충언 충연 충열 충업 충영 충완 충우 충원 충은 충일 충재 충정 충제 충종 충주 충진 충찬 충학 충혁 충헌 충현 충형 충호 충환 충훈 충희

치민 치범 치빈 치성 치언 치연 치열 치염 치영 치완 치용 치우 치욱 치원 치윤 치인 치일 치헌 치현 치형 치호 치홍 치환 치훈
낙결 낙겸 낙경 낙구 낙권 낙규 낙균 낙길 낙역 낙연 낙운 낙한 낙현 낙호 낙훈 낙환
다교 다원 다율 다헌 다혁 다현 다형 다환 다훈

대건 대경 대곤 대관 대광 대국 대권 대규 대균 대극 대근 대기 대길 대아 대안 대암 대양 대언 대연 대열 대엽 대영 대오 대옥 대완 대용 대우 대욱 대운 대웅 대원 대윤 대율 대융 대응 대익 대인 대일 대임 대하 대한 대헌 대현 대협 대형 대호 대화 대환 대후 대훤 대휘 대희

덕겸 덕경 덕곤 덕관 덕광 덕교 덕구 덕권 덕규 덕균 덕근 덕금 덕기 덕길 덕여 덕우 덕윤 덕인 덕엽 덕열 덕윤 덕일 덕영 덕하 덕현 덕형 덕호 덕화 덕훈

도강 도건 도겸 도곡 도곤 도국 도권 도규 도균 도근 도길 도안 도암 도언 도연 도엽 도영 도완 도용 도욱 도운 도웅 도원 도윤 도율 도은 도익 도인 도열 도우 도후 도훈 도한 도행 도혁 도헌 도현 도협 도형 도환

동건 동경 동곤 동규 동근 동기 동길 동권 동암 동양 동언 동연 동연 동운 동열 동엽 동영 동오 동완 동우 동욱 동원 동윤 동율 동은 동의 동익 동인 동일 동하 동혁 동한 동헌 동현 동형 동호 동화 동후 동훈 동흠 동휘 동희

두근 두안 두언 두연 두열 두영 두오 두완 두용 두운 두원 두윤 두율 두익 두일 두한 두해 두혁 두헌 두현 두형 두호 두화 두환 두훈

래건 래경 래광 래교 래군 래권 래균 래근 래길 래안 래언 래연 래열 래영 래완 래용 래욱 래원 래윤 래은 래익 래일 래혁 래헌 래현 해형 래화 래환 래훈
라윤 라율 라인 라일 라해 라현 라훈 린건 린교 린용 린융 린태 린택 린하 린흠 린흥

태건 태겸 태경 태곤 태관 태국 태권 태규 태균 태근 태길 태안 태양 태언 태연 태열 태영 태온 태완 태용 태우 태욱 태원 태윤 태율 태융 태은 태익 태인 태일 태한 태헌 태혁 태현 태협 태형 태호 태화 태환 태훈 태흥 태휘 태희

택건 택겸 택곤 택규 택균 택기 택길 택연 택원 택현

아덕 아돈 아득 아란 아람 아련 아록 아룡 아률 아리 아린 아림 아산 아서 아석 아선 아섭 아성 아세 아송 아식 아존 아종 아주 아준 아중 아진 아찬 아천 아촌 아총 아태 아택
예도 예루 예륜 예선 예섭 예성 예손 예송 예승 예신 예종 예준 예찬 예철 예춘

안덕 안동 안득 안렬 안록 안룡 안률 안선 안섭 안식 안제 안탁 안택

양덕 양도 양득 양락 양렬 양록 양룡 양률 양림 양석 양선 양섭 양수 양승 양식 양재 양종 양준 양중 양진 양찬 양천 양철 양춘 양택 양택
언태 언택
연수 연재 연제 연준 연진 연철 연탁 연태 연택

영래 영력 영렬 영록 영룡 영륜 영률 영삼 영상 영서 영석 영선 영섭 영성 영세 영수 영승 영식 영재 영전 영제 영종 영준 연진 영찬 영탁 영태 영택

오덕 오렬 오룡 오상 오석 오섭 오성 오수 오식 오장 오준 오진 오찬 오참 오총 오춘 오택
완덕 완도 완돈 완득 완락 완렬 완록 완룡 완률 완상 완세 완수 완종 완탁 완태 완택

왕덕 왕돈 왕득 왕락 왕렬 왕렵 왕룡 왕률 왕림 왕삼 왕석 왕섭 왕식 왕준 왕진 왕춘 왕탁 왕택
용덕 용득 용락 용렬 용록 용률 용림 용삼 용상 용석 용섭 용성 용수 용식 용재 용제 용조 용종 용주 용준 용직 용진 용착 용찬 용창 용채 용천 용철 용춘 용탁 용태 용택

우덕 우락 우람 우렬 우록 우리 우상 우석 우섭 우성 우수 우승 우식 우재 우정 우제 우종 우주 우준 우중 우직 우진 우찬 우창 우천 우춘 우탁 우택

웅덕 웅돈 웅렬 웅록 웅림 웅석 웅선 웅섭 웅성 웅수 웅식 웅재 웅제 웅주 웅준 웅진 웅찬 웅채 웅춘 웅탁 웅택
유덕 유돈 유득 유락 유렬 유록 유룡 유상 유섭 유성 유솔 유수 유성 유식 유신 유재 유준 유진 유찬 유창 유철 유탁 유택
윤대 윤덕 윤도 윤돈 윤돌 윤련 윤렬 윤령 윤록 윤산 윤삼 윤상 윤서 윤석 윤섭 윤성 윤세 윤수 윤식 윤재 윤제 윤조 윤종 윤준 윤직 윤진 윤찬 윤철 윤탁 윤태 윤택

은내 은대 은덕 은도 은래 은렬 은린 은림 은산 은상 은서 은석 은섭 은성 은세 은솔 은송 은승 은식 은재 은제 은준 은진 은찬 은창 은채 은탁 은태 은택

의덕 의동 의득 의렬 의록 의룡 의률 의림 의상 의석 의선 의성 의송 의수 의승 의재 의정 의제 의조 의주 의준 의진 의찬 의창 의채 의철 의태 의택

이남 이대 이두 이득 이락 이렬 이룡 이루 이률 이산 이석 이섭 이수 이순 이식 이정 이준 이진 이찬 이천 이춘 이택
원삼 원상 원석 원섭 원식 원준 원진 원찬 원철 원춘 원태 원택

인덕 인득 인락 인래 인렬 인록 인룡 인률 인상 인서 인석 인성 인세 인송 인수 인식 인재 인정 인제 인조 인종 인주 인준 인차 인창 인철 인춘 인탁 인태 인택

일덕 일득 일랑 일련 일렵 일록 일룡 일정 일제 일집 일탁

하남 하동 하록 하룡 하림 하상 하석 하섭 하성 하손 하솔 하수 하승 하식 하신 하재 하정 하제 하종 하준 하진 하태 하택
한덕 한독 한래 한렬 한록 한룡 한률 한린 한림 한서 한석 한섭 한성 한세 한재 한준 한진 한탁 한태 한택
해덕 해득 해렬 해록 해룡 해률 해림 해석 해섭 해승 해식 해준 해찬 해춘 해택

허난 허담 허돈 허득 허란 허련 허렬 허룡 허률 허석 허섭 허성 허수 허승 허식 허재 허제 허주 허준 허진 허창 허탁 허태 허택

헌덕 헌도 헌동 헌두 헌락 헌렬 헌록 헌룡 헌률 헌탁 헌태 헌택
현대 현덕 현도 현률 현산 현서 현석 현섭 현성 현세 현승 현식 현재 현제 현종 현준 현진 현찬 현창 현탁 현태 현택

형낙 형내 형도 형돈 형두 형래 형렬 형록 형률 형석 형섭 형성 형수 형승 형식 형주 형중 형진 형찬 형천 형철 형탁 형택

호덕 호득 호렬 호룡 호률 호림 호상 호석 호섭 호성 호세 호승 호식 호재 호준 호찬

혁주 혁준 혁중 혁진 혁철
홍찬 홍태 홍택
화동 화렵 화록 화룡 화률 화림 화섭 화수 화승 화식 화종 화주 화준 화진 화찬 화춘 화탁 화태 화택

환대 환덕 환도 환득 환렬 환록 환룡 환림 환탁 환태 환택

희덕 희돈 희동 희득 희락 희록 희룡 희률 희림 희상 희석 희섭 희선 희수 희승 희식 희종 희준 희진 희춘 희탁 희택 희혁 희훈

효녕 효렬 효룡 효률 효림 효산 효상 효석 효섭 효성 효승 효식 효재 효제 효종 효주 효준 효찬 효창 효탁

후남 후덕 후득 후락 후록 후룡 후림 후상 후석 후섭 후성 후재 후준 후진 후청 후탁 후택
훈덕 훈동 훈득 훈렬 훈록 훈률 훈태 훈택

휘덕 휘도 휘동 휘득 휘락 휘렬 휘록 휘룡 휘률 휘삼 휘석 휘섭 휘성 휘수 휘승 휘식 휘재 휘제 휘종 휘주 휘준 휘진 휘찬 휘탁 휘태 휘택

[금金 오행] 성씨   ㅅ ㅈ ㅊ
서 신 송 선 석 성 전 장 정 최 차 천 씨(氏)

성씨별 발음오행이 상생되는 한글이름

[남자]

마건 마겸 마경 마곤 마관 마교 마국 마권 마균 마근 마금 마길 마배 마범 마병 마보
마복 마빈 마산 마상 마선 마섭 마성 마손 마송 마숙 마재 마정 마찬 마청 마총 마편
마평 마포
명곤 명구 명국 명규 명민 명성 명세 명수 명식 명재 명제 명준 명진 명찬
모건 모겸 모경 모균 모근 모길 모상 모석 모선 모섬 모섭 모성 모송 모존 모준 모종
모춘
목권 목근 목길 목민 목범 목봉
무간 무건 무결 무겸 무경 무곤 무공 무광 무교 무국 무권 무근 무금 무길 무벽 무봉
무빈 무상 무석 무선 무섭 무송 무신 무재 무제 무존

문갑 문관 문균 문기 문모 문복 문석 문섭 문성 문순 문심 문재 문종 문준 문철
미견 미겸 미곤 미교 미권 미균 미근 미금 미범 미복 미상 미생 미석 미선 미성 미송
미종 미주 미중 미지 미청 미총 미충
민건 민겸 민관 민교 민국 민규 민근 민기 민상 민서 민석 민성 민세 민수 민승 민재
민종 민주 민준 민진 민찬 민창 민철

박건 박걸 박겸 박경 박곤 박균 박근 박명 박민 박범 박빈 박성 박표 박풍

배건 배겸 배곤 배권 배근 배금 배명 배목 배문 배민 배범 배복 배봉 배상 배석 배섬
배섭 배성 배손 배식 배재 배제 배주 배준 배중 배진 배찬 배철 배표

범건 범걸 범경 범계 범곤 범관 범교 범국 범권 범규 범근 범기 범길 범분 범민 범빈
범상 범서 범섭 범성 범세 범손 범수 범신 범주 범준 범증 범진 범찬 범창 범필

병건 병관 병광 병구 병규 병기 병무 병묵 병문 병민 병복 병서 병세 병재 병종 병주
병준 병지 병직 병진 병찬 병창 병천 병철

보건 보겸 보경 보곤 보국 보권 보규 보근 보금 보길 보만 보명 보문 보민 보범 보병
보봉 보빈 보생 보석 보선 보섭 보성 보승 보정 보종 보필

복건 복걸 복규 복균 복근 복기 복길 복만 복모 복무 복민 복배 복범 복봉 복솔 복식
복재 복주 복진 복찬 복필

부건 부걸 부겸 부경 부곤 부관 부광 부국 부권 부균 부근 부금 부길 부마 부명 부목
부묵 부문 부민 부배 부범 부벽 부병 부본 부봉 부빈 부산 부상 부석 부선 부섬 부섭
부성 부식 부전

비건 비겸 비경 비곤 비근 비묵 비민 비범 비벽 비본 비봉 비빈 비빈 비상 비성 비송
비식 비주 비준 비철
범모 범재 범제 범주 범준 범진
표건 표겸 표곤 표군 표균 표규 표근 표명 표목 표문 표민 표배 표복 표봉 표석 표섭
표성 표식 표준 표진 표찬 표필

아덕 아돈 아득 아람 아련 아록 아룡 아률 아림 아태 아택 아언 아연 아열 아엽 아완
아용 아욱 아원 아윤 아융 아일 아학 아헌 아형 아훈 아흠 아산 아석 아선 아섭 아성
아세 아송 아식 아존 아종 아주 아준 아중 아진 아찬 아천 아촌 아총

예도 예루 예룬 예언 예온 예완 예용 예운 예율 예익 예하 예한 예헌 예호 예환 예후 예훈
예휘 예훤 예선 예섭 예성 예손 예송 예승 예신 예종 예준 예찬 예철 예춘
안덕 안동 안득 안렬 안록 안룡 안률 안탁 안택 안열 안엽 안옥 안용 안욱 안웅 안원 안윤
안은 안익 안일 안헌 안혁 안현 안협 안형 안훈 안흠 안선 안섭 안식 안제
양덕 양도 양득 양락 양렬 양록 양룡 양률 양림 양석 양선 양섭 양수 양승 양식 양언
양엽 양용 양우 양욱 양원 양윤 양익 양인 양일 양재 양종 양준 양중 양진 양찬 양천 양철
양춘 양탁 양택 양한 양헌 양혁 양현 양협 양형 양호 양훈
언덕 언동 언득 언렬 언록 언룡 언률 언성 언심 언염 언엽 언옥 언용 언욱 언웅 언원 언윤
언익 언탁 언태 언택 언헌 언혁 언현 언협 언형 언훈 언흠
연덕 연동 연득 연룡 연륵 연서 연석 연섭 연성 연세 연수 연엽 연용 연우 연욱 연웅 연익
연일 연재 연제 연준 연진 연철 연탁 연태 연택 연헌 연현 연협 연형 연호 연홍 연후 연훈
연휘 연흠

영낙 영남 영대 영덕 영돈 영동 영두 영돈 영득 영락 영래 영력 영렬 영록 영룡 영륜 영률
영삼 영상 영서 영석 영선 영섭 영성 영세 영수 영승 영식 영안 영언 영엽 영완 영우 영욱
영운 영웅 영원 영월 영유 영윤 영익 영인 영일 영의 영재 영전 영제 영종 영준 영진 영찬
영철 영탁 영태 영택 영학 영한 영헌 영혁 영현 영협 영호 영화 영환 영효 영훈 영하

오덕 오렬 오룡 오상 오석 오섭 오성 오수 오식 오억 오연 오엽 오영 오용 오욱 오원 오윤
오익 오인 오일 오장 오준 오진 오찬 오참 오창 오총 오춘 오택 오학 오한 오헌 오혁 오현
오형 오환 오훈

완덕 완도 완돈 완득 완락 완렬 완록 완룡 완률 완상 완세 완수 완선 완열 완엽 완용 완우
완욱 완웅 완익 완인 완일 완종 완탁 완태 완택 완혁 완헌 완현 완협 완형 완환 완훈 완휘

왕덕 왕돈 왕득 왕락 왕렬 왕렵 왕룡 왕률 왕림 왕삼 왕석 왕섭 왕식 왕연 왕열 왕엽 왕욱
왕준 왕진 왕춘 왕탁 왕택 왕희

용도 용덕 용득 용락 용렬 용록 용률 용림 용래 용삼 용상 용석 용섭 용성 용수 용식 용안
용연 용열 용엽 용완 용우 용욱 용은 용익 용인 용운 용일 용재 용제 용조 용종 용주 용준
용직 용진 용착 용찬 용창 용재 용천 용철 용춘 용탁 용태 용택 용하 용한 용헌 용혁 용현
용형 용호 용화 용훈 용환 용희 용후

우덕 우락 우람 우렬 우록 우리 우상 우석 우섭 우성 우수 우승 우식 우언 우연 우열 우엽
우영 우용 우원 우익 우일 우재 우정 우제 우종 우주 우준 우중 우직 우진 우창 우천 우춘
우탁 우택 우학 우한 우헌 우혁 우현 우형 우호 우환 우훈

운덕 운득 운렬 운록 운룡 운열 운엽 운용 운일 운조 운종 운중 운지 운찬 운탁 운태 운택
운혁 운형 운호 운환

웅덕 웅돈 웅렬 웅록 웅림 웅석 웅선 웅섭 웅성 웅수 웅식 웅열
웅엽 웅욱 웅원 웅익 웅일 웅재 웅제 웅주 웅준 웅진 웅찬 웅채
웅춘 웅탁 웅택 웅학 웅헌 웅혁 웅현 웅호 웅훈 웅희

유덕 유돈 유득 유동 유락 유렬 유록 유룡 유상 유섭 유상 유솔 유수 유승 유식 유억 유열
유엽 유오 유온 유완 유원 유의 유익 유일 유재 유준 유진 유찬 유창 유철 유탁 유택 유한
유헌 유혁 유현 유협 유형 유호 유환 유훈

윤대 윤덕 윤도 윤돈 윤돌 윤련 윤렬 윤령 윤록 윤산 윤삼 윤상 윤서 윤석 윤섭 윤성 윤세
윤수 윤식 윤언 윤열 윤엽 윤오 윤완 윤용 윤욱 윤영 윤원 윤은 윤익 윤인 윤일 윤재 윤제
윤조 윤종 윤준 윤직 윤진 윤찬 윤철 윤탁 윤태 윤택 윤하 윤학 윤한 윤해 윤헌 윤혁 윤현
윤형 윤홍 윤황 윤후 윤훈 윤휘 윤호 윤환

은내 은대 은덕 은도 은래 은렬 은린 은림 은산 은성 은서 은석 은섭 은성 은세 은솔 은송
은승 은연 은열 은엽 은오 은용 은우 은욱 은웅 은율 은익 은일 은재 은제 은준 은진 의채
의철 은탁 은태 은택 은학 은헌 은혁 은현 은형 은호 은화 은환 은하 은후 은휘 은훈

의덕 의동 의득 의렬 의록 의룡 의률 의림 의상 의석 의선 의성 의송 의수 의승 의열 의영
의왕 의욱 의윤 의익 의인 의일 의재 의제 의정 의종 의조 의주 의준 의진 의찬 의창 의채
의철 의태 의택 의한 의헌 의혁 의현 의형 의화 의환 의훈

이남 이대 이두 이득 이락 이렬 이룡 이루 이률 이석 이섭 이수 이순 이식 이상 이안 이연
이열 이엽 이용 이욱 이윤 이일 이정 이준 이진 이찬 이천 이춘 이택 이한 이헌 이혁 이현
이협 이형 이호 이환 이훈

원삼 원상 원석 원섭 원식 원영 원오 원우 원유 원일 원임 원웅 원엽 원준 원진 원조 원찬
원철 원춘 원태 원택 원혁 원현 원호 원화 원훈 원홍 원형

인덕 인득 인락 인래 인렬 인록 인룡 인률 인상 인서 인석 인성 인세 인송 인수 인식 인열
인엽 인영 인오 인완 인용 인우 인욱 인웅 인원 인윤 인율 인의 인이 인익 인일 인재 인정
인제 인조 인종 인주 인준 인차 인창 인철 인춘 인탁 인태 인택 인하 인학 인한 인해 인행
인헌 인혁 인현 인협 인형 인호 인홍 인환 인희 인효 인후 인훈 인휘

일덕 일득 일랑 일련 일렵 일록 일룡 일열 일엽 일용 일우 일윤 일정 일재 일제 일집 일탁
일한 일해 일헌 일혁 일현 일형 일호 일환 일훈

하남 하동 하록 하룡 하림 하상 하석 하섭 하성 하손 하솔 하수 하승 하식 하신 하연 하엽
하완 하용 하욱 하운 하웅 하원 하윤 하은 하익 하인 하일 하영 하재 하정 하제 하종 하준
하진 하태 하택 하헌 하혁 하현 하형 하호 하환 하훈

한덕 한독 한래 한렬 한록 한용 한률 한린 한림 한상 한서 한석 한섭 한성 한세 한열 한엽 한오 한용 한욱 한웅 한윤 한율 한융 한음 한익 한인 한일 한준 한진 한탁 한태 한택 한헌 한혁 한현 한협 한형 한호 한훈 한흠
해덕 해득 해렬 해록 해룡 해률 해림 해식 해섭 해승 해식 해성 해옥 해원 해연 해열 해엽 해용 해욱 해웅 해익 해일 해진 해종 해준 해찬 해춘 해택 해형 해훈 해헌 해혁 해현 해협
허난 허담 허돈 허득 허란 허련 허렬 허룡 허률 허석 허섭 허성 허수 허승 허식 허연 허열 허엽 허욱 허웅 허익 허인 허일 허재 허제 허주 허준 허진 허창 허탁 허태 허택 허현 허형 허훈
헌덕 헌도 헌동 헌두 헌락 헌렬 헌록 헌룡 헌률 헌식 헌열 헌엽 헌용 헌우 헌욱 헌웅 헌융 헌익 헌일 헌영 헌탁 헌태 헌택 헌협 헌호

현돈 현대 현덕 현률 현서 현석 현섭 현성 현세 현식 현수 현옥 현열 현엽 현영 현오 현용 현우 현욱 현웅 현익 현인 현일 현재 현제 현준 현진 현찬 현채 현철 현탁 현태 현택 현형 현호 현후 현훈 현휘 현확

형낙 형내 형도 형돈 형두 형래 형렬 형록 형률 형석 형섭 형성 형수 형승 형식 형언 형열 형우 형욱 형웅 형은 형익 형인 형일 형오 형윤 형주 형중 형진 형찬 형철 형태 형탁 형택 형혁 형현 형협 형오 형훈

호덕 호득 호렬 호룡 호률 호림 호상 호석 호섭 호성 호세 호승 호식 호수 호일 호언 호연 호열 호엽 호영 호용 호우 호욱 호웅 호원 호율 호익 호인 호정 호중 호재 호제 호준 호진 호찬 호태 호택 호혁 호현 호훈

홍낙 홍남 홍대 홍덕 홍득 홍력 홍렬 홍록 홍룡 홍률 홍림 홍상 홍서 홍서 홍섭 홍성 홍식 홍안 홍연 홍엽 홍완 홍용 홍우 홍욱 홍웅 홍은 홍익 홍인 홍일 홍재 홍제 홍주 홍준 홍진 홍찬 홍태 홍택 홍학 홍헌 홍혁 홍현 홍협 홍훈 홍희

성민 성범 성보 성봉 성빈 성안 성언 성연 성열 성엽 성영 성완 성용 성우 성욱 성웅 성원 성윤 성율 성은 성일 성하 성한 성혁 성헌 성현 성협 성형 성호 성화 성효 성후 성훈 성휘

세명 세모 세무 세묵 세민 세범 세보 세본 세빈 세양 세언 세연 세열 세엽 세영 세완 세용 세욱 세운 세웅 세원 세윤 세용 세익 세인 세일 세풍 세필 세학 세한 세혁 세헌 세현 세형 세호 세환 세훈 세휘

소망 소명 소목 소묵 소문 소민 소보 소본 소봉 소빈 소양 소열 소엽 소율 소익 소하 소혁 소훈

송무 송민 송빈 송언 송연 송열 송엽 송완 송용 송욱 송원 송윤 송익 송인 송일 송학 송혁 송헌 송현 송협 송형 송환 송훈

수명 수묵 수문 수민 수범 수본 수봉 수빈 수안 수양 수언 수열 수엽 수영 수오 수완 수용 수웅 수원 수인 수일 수필 수한 수혁 수헌 수현 수형 수호 수홍 수환 수훈

승민 승범 승봉 승안 승언 승연 승열 승엽 승영 승완 승용 승우 승욱 승운 승원 승윤 승은 승익 승일 승필 승학 승한 승혁 승헌 승현 승호 승환 승후 승훈

석만 석무 석문 석민 석빈 석현 석훈
시명 시묵 시문 시민 시백 시범 시복 시본 시봉 시빈 시안 시언 시연 시열 시엽 시영 시온 시완 시용 시우 시욱 시웅 시원 시윤 시율 시익 시은 시일 시필 시한 시혁 시헌 시현 시호 시환 시후 시훈

자면 자명 자모 자묵 자문 자민 자복 자본 자양 자연 자열 자용 자욱 자웅 자원 자익 자인 자일 자한 자혁 자헌 자현 자엽 자형 자환 자훈

장억 장언 장연 장열 장엽 장영 장완 장용 장우 장욱 장운 장웅 장원 장유 장윤 장율 장은 장익 장인 장일 장학 장한 장혁 장헌 장현 장형 장호 장훈 장휘 장희

재명 재모 재무 재민 재박 재범 재병 재복 재본 재봉 재빈 재양 재억 재언 재연 재열 재엽 재영 재오 재옥 재완 재용 재우 재욱 재운 재웅 재원 재유 재윤 재율 재은 재응 재이 재익 재인 재일 재표 재필 재하 재학 재한 재혁 재헌 재현 재협 재형 재호 재홍 재화 재환 재효 재후 재휘 재훈

점민 점복 점필 점호
제마 제명 제모 제민 제범 제병 제빈 제억 제언 제연 제열 제엽 제영 제완 제용 제우 제욱 제운 제웅 제원 제윤 제은 제익 제인 제필 제학 제한 제혁 제헌 제현 제협 제호 제홍 제화 제환 제효 제후 제훈

조면 조명 조묵 조민 조범 조본 조봉 조북 조빈 조양 조언 조연 조열 조엽 조완 조욱 조운 조웅 조원 조윤 조일 조평 조풍 조필 조혁 조헌 조현 조형 조환 조훈

종만 종명 종모 종무 종문 종민 종배 종범 종보 종부 종빈 종안 종언 종연 종열 종엽 종영 종완 종용 종우 종욱 종원 종윤 종은 종익 종인 종일 종표 종하 종학 종한 종혁 종헌 종현 종협 종형 종호 종환 종후 종훈 종흥 종희

주만 주명 주몽 주묵 주문 주민 주백 주범 주본 주빈 주양 주열 주엽 주영 주오 주완 주용 주욱 주원 주윤 주익 주일 주표 주필 주하 주학 주혁 주한 주헌 주현 주형 주호 주화 주환 주훈 주휘

준만 준면 준명 준묵 준민 준배 준범 준보 준빈 준연 준열 준영 준오 준영 준우 준욱 준원 준익 준익 준일 준표 준필 준하 준학 준혁 준한 준해 준헌 준현 준형 준호 준효

중언 중연 중열 중엽 중욱 중원 중윤 중은 중익 중일 중완 중후 중한 중혁 중헌 중현 중협 중형 중호 중화 중훈

지만 지명 지목 지몽 지묵 지문 지민 지범 지복 지본 지봉 지빈 지안 지양 지언 지열 지엽 지완 지용 지우 지욱 지운 지웅 지원 지유 지율 지융 지음 지일 지표 지학 지혁 지한 지헌 지현 지함 지협 지형 지호 지홍 지환 지황 지효 지후 지훈 지흠

진명 진목 진무 진문 진범 진복 진영 진오 진옥 진완 진용 진우 진욱 진표 진하 진학 진혁 진한 진한 진형 진호 진화 진환 진휘 진희

정만 정민 정빈 정웅 정혁 정한 정헌 정현 정후 정훈
창묵 창민 창범 창보 창언 창연 창열 창엽 창영 창옥 창완 창용 창우 창욱 창웅 창원 창윤 창은 창익 창인 창일 창하 창혁 창한 창헌 창현 창협 창형 창호 창화 창환 창효 창훈 창희

채만 채명 채모 채무 채묵 채문 채민 채범 채본 채봉 채빈 채열 채엽 채오 채완 채용 채우 채원 채윤 채익 채인 채일 채학 채혁 채한 채헌 채현 채형 채호 채화 채환 채효 채훈 채휘

청범 청연 청열 청우 청원 청윤 청의 청인 청일 청하 청학 청헌 청현 청호 청환 청훈

충언 충열 충엽 충영 충완 충우 충원 충은 충일 충학 충혁 충헌 충현 충형 충호 충환 충훈 충희
총연 총용 총우 총희
치민 치범 치빈 치언 치언 치열 치염 치영 치완 치용 치우 치욱 치원 치윤 치인 치일 치혁 치헌 치현 치형 치호 치홍 치환 치훈

찬무 찬민 찬복 찬빈 찬열 찬엽 찬영 찬오 찬용 찬우 찬운 찬율 찬익 찬필 찬하 찬행 찬혁 찬헌 찬현 찬형 찬호 찬훈 찬휘 찬희

> [금金 오행] 성씨   ㅅ ㅈ ㅊ
> 송 성 장 정 씨(氏)
> 초성 금(金) ㅅ . ㅈ + 종성 토(土) ㅇ

　초성과 종성을 함께 사용하여 상생되도록 하는데 있어서 성씨에 따라 함께 사용 가능한 성씨와 사용할 수 없는 성씨가 있습니다.

송, 성, 장, 정 - 성씨별 발음오행이 상생되는 한글이름

[남자]　　　[초성과 종성을 연결하여 상생 배치하는 방법]

낙결 낙겸 낙구 낙권 낙규 낙균 낙길 낙배 낙범 낙부
다교 다원 다율 다혁 다헌 다현 다형 다환 다훈
대건 대곤 대관 대국 대권 대규 대균 대극 대근 대기 대길 대아 대안 대양 대언 대연 대열 대영 대오 대완 대용 대우 대운 대웅 대원 대윤 대율 대융 대응 대인 대일 대택 대하 대한 대헌 대현 대형 대호 대화 대환 대후 대훤 대희

덕겸 덕곤 덕관 덕교 덕구 덕권 덕규 덕균 덕근 덕금 덕기 덕길 덕녕 덕룡 덕률 덕토
도건 도겸 도곡 도곤 도국 도권 도규 도균 도근 도길 도안 도언 도연 도영 도완 도용 도운 도웅 도원 도윤 도율 도은 도일 도한 도행 도혁 도헌 도현 도형 도환
동덕 동래 동렬 동령 동률 동양 동언 동연 동열 동영 동오 동완 동우 동원 동윤 동율 동은 동의 동인 동일 동하 동혁 동한 동헌 동현 동형 동호 동화 동후 동훈 동희

두근 두련 두리 두안 두언 두연 두열 두영 두오 두완 두용 두운 두원 두윤 두율 두일 두한 두해 두혁 두헌 두현 두형 두호 두화 두환 두훈

래건 래교 래군 래권 래균 래근 래길 래안 래언 래연 래열 래영 래완 래용 래원 래윤 래은 래일 래혁 래헌 래현 래형 래화 래환 래훈

라윤 라율 라인 라일 라해 라현 라훈
린건 린교 린도 린용 린태 린택 린하 린흥

태건 태겸 태곤 태관 태국 태권 태규 태균 태근 태길 태동 태안 태양 태언 태연 태열 태영 태온 태완 태용 태우 태욱 태원 태윤 태율 태융 태은 태인 태일 태혁 태한 태헌 태현 태형 태호 태화 태환 태훈 태흥 태희

택건 택겸 택곤 택규택균 택기 택길 택녕 택동

[수水 오행] 성씨   ㅁ ㅂ ㅍ
목 문 민 마 맹 박 백 변 방 피 편 표 씨(氏)

성씨별 발음오행이 상생되는 한글이름

[남자]

가건 가겸 가곤 가교 가국 가규 가균 가근 가금 가길 가덕 가람 가렬 가록 가룡 가률
가림 가명 가목 가묵 가문 가민 가배 가범 가본 가봉 가빈 가태 가택 가표 가필

간국 간규 간균 간금 간덕 간득 간렬 간룡
갑교 갑규 갑국 갑규 갑근 갑배
건곤 건관 건교 건구 건국 건군 건규 건근 건길 건녕 건돈 건동 건득 건렬 건렵 건록
건룡 건률 건륭 건린 건만 건모 건묵 건문 건민 건명 건백 건범 건병 건보 건봉 건빈
건태 건택 건표 건필

겸곤 겸관 겸국 겸교 겸규 겸길
경곤 경구 경근 경남 경덕 경대 경동 경리 경락 경래 경록 경만 경명 경목 경묵 경민
경모 경배 경표 경탁 경태

계건 계관 계광 계근 계돈 계동 계룡 계률 계림 계면 계문 계백 계범

고강 고갱 고건 고겸 고경 고관 고광 고국 고권 고균 고근 고금 고길 고남 고덕 고돈
고득 고려 고렬 고률 고면 고명 고무 고번 고범 고벽 고북 고빈 고택

곤강 곤국 곤군 곤길 곤룡 곤택
관건 관국 관규 관길 관녕 관득 관록 관룡 관림 관택

교경 교길 교대 교득 교림 교명 교모 교무 교묵 교문 교민 교번 교범 교벽 교보 교택

구권 구균 구근 구길 구라 구례 구룡 구륭 구름 구림 구모 구몽 구민 구배 구범 구복
구본 구봉 구붕 구빈 구태 구택 구필

국감 국강 국건 국경 국곤 국권 국길 국둔 국림 국명 국목 국무 국민 국배 국본 국봉
국빈 국빙 국택
근계 근광 근국 근규 근길 근녕 근도 근돈 근렬 근록 근룡 근률 근탁 근택

권감 권경 권규 권기 권길 권면 권명 권모 권무 권민 권배 권범 권병 권복 권봉 권빈
권표 권필
규간 규갑 규강 규건 규경 규관 규군 규금 규길 규남 규대 규덕 규도 규동 규렬 규록
규림 규만 규면 규명 규모 규목 규묵 규문 규민 규배 규범 규병 규보 규본 규봉 규붕
규빈 규태 규택 규표 규필
금강 금경 금곡 금관 금국 금길 금동 금만 금모 금묵 금배 금범 금병 금보 금복 금봉
금북 금비 금빈 금표 금필

강남 강미 강민 강복
길권 길근 길금 길룡 길륭 길탁 길태
기근 기광 기권 기남 기대 기덕 기도 기동 기룡 기륭 기림 기만 기백 기명 기문 기민
기배 기범 기복 기봉 기빈 기벽 기탁 기태 기택 기평 기표 기필

균감 균강 균경 균금 균길 균돈 균렬 균룡 균탁

광득 광래 광록 광민 광모 광명 광범 광태
삼명 삼문 삼범 삼보 삼본 삼봉 삼부 삼석 삼성 삼손 삼수 삼식 삼열 삼영 삼용 삼정 삼주 삼준 삼중 삼진 삼천 삼표
상무 상문 상민 상빈 상석 상수 상식 상안 상언 상연 상열 상엽 상영 상오 상완 상용 상우 상욱 상웅 상원 상윤 상율 상융 상은 상익 상인 상일 상조 상종 상준 상직 상진 상찬 상천 상철 상학 상혁 상한 상헌 상현 상협 상형 상호 상환 상훈

서목 서묵 서문 서민 서범 서본 서봉 서빈 서열 서완 서용 서우 서욱 서웅 서익 서일 서정 서종 서주 서준 서진 서필 서혁 서한 서헌 서현 서환 서후 서훈
성민 성범 성보 성봉 성빈 성섭 성수 성실 성안 성언 성연 성열 성엽 성영 성완 성용 성우 성욱 성웅 성원 성윤 성율 성은 성일 성재 성제 성조 성주 성준 성진 성찬 성하 성혁 성한 성헌 성현 성협 성형 성호 성환 성효 성후 성훈 성휘

세명 세모 세무 세묵 세민 세범 세보 세본 세봉 세빈 세양 세언 세연 세열 세엽 세영 세완 세용 세욱 세운 세웅 세원 세윤 세융 세익 세인

세일 세준 세진 세찬 세창 세종 세철 세풍 세필 세학 세혁 세한 세헌 세현 세형 세호 세환 세훈 세휘
소망 소명 소목 소묵 소문 소민 소보 소본 소봉 소빈 소솔 소신 소양 소열 소엽 소율 소익 소준 소진 소하 소혁 소훈
송무 송민 송빈 송석 송섭 송수 송숙 송언 송연 송열 송엽 송완 송용 송욱 송원 송윤 송익 송인 송일 송재 송정 송주 송준 송찬 송학 송혁 송헌 송현 송협 송형 송환 송훈

수명 수묵 수문 수민 수범 수본 수봉 수빈 수상 수석 수성 수식 수안 수양 수언 수열 수엽 수영 수완 수용 수웅 수원 수인 수일 수정 수종 수준 수찬 수창 수철 수필 수혁 수한 수헌 수현 수형 수호 수오 수홍 수환 수훈

승민 승범 승봉 승삼 승소 승수 승식 승안 승언 승연 승열 승엽 승영 승완 승용 승우 승욱 승운 승원 승윤 승은 승익 승일 승재 승조 승주 승준 승지 승진 승찬 승창 승채 승철 승춘 승필 승학 승혁 승한 승헌 승현 승호 승환 승후 승훈

시명 시묵 시문 시민 시백 시범 시복 시본 시봉 시빈 시안 시언 시연 시열 시엽 시영 시온 시완 시용 시우 시욱 시웅 시원 시윤 시율 시은 시익 시일 시재 시종 시준 시진 시찬 시필 시혁 시한 시헌 시현 시호 시환 시후 시훈

석만 석무 석문 석민 석빈 석준 석진 석현 석훈
장삼 장상 장석 장선 장섭 장수 장식 장억 장언 장연 장열 장엽 장영 장완 장용 장우 장욱 장운 장웅 장원 장유 장윤 장율 장은 장익 장인 장일 장재 장제 장주 장준 장진 장찬 장천 장철 장학 장혁 장헌 장현 장형 장호 장훈 장휘 장희

재명 재모 재무 재면 재박 재범 재병 재복 재본 재봉 재빈 재상 재서 재석 재선 재섭 재성 재수 재승 재식 재양 재억 재언 재연 재열 재엽 재영 재오 재옥 재완 재용 재우 재욱 재운 재웅 재원 재유 재윤 재율 재은 재응 재이 재익 재인 재일 재정 재종 재주 재준 재진 재찬 재천 재하 재학 재혁 재한 재헌 재현 재협 재형 재호 재홍 재화 재환 재효 재훈 재휘
점민 점복 점석 점선 점섭 점수 점식 점종 점필 점호
정민 정배 정범 정보 정빈 정상 정서 정석 정수 정식 정안 정양 정연 정열 정엽 정영 정온 정완 정용 정우 정욱 정운 정웅 정원 정유 정윤 정율 정은 정익 정인 정일 정재 정준 정진 정철 정찬 정춘 정하 정학 정혁 정한 정해 정헌 정현 정협 정형 정호 정희 정후 정훈 정휘

제범 제병 제봉 제빈 제상 제석 제섭 제성 제수 제식 제억 제언 제연 제열 제엽 제영 제완 제용 제우 제욱 제운 제웅 제원 제윤 제은 제익 제인 제정 제종 제주 제준 제진 제찬 제창 제학 제헌 제현 제협 제호 제홍 제화 제환 제휴 제후 제훈

자면 자명 자모 자묵 자문 자민 자복 자본 자양 자연 자열 자용 자욱 자웅 자원 자익 자인 자일 자준 자혁 자한 자헌 자현 자협 자형 자환 자훈

조면 조명 조묵 조민 조범 조본 조봉 조북 조빈 조석 조성 조승 조식 조양 조언 조연 조열 조엽 조완 조욱 조운 조웅 조원 조윤 조일 조종 조준 조찬 조평 조풍 조필 조혁 조헌 조현 조형 조환 조훈
종만 종명 종모 종무 종문 종민 종배 종범 종보 종부 종빈 종삼 종상 종서 종석 종선 종섭 종성 종솔 종수 종식 종안 종언 종연 종열 종엽 종영 종완 종용 종우 종욱 종원 종윤 종은 종익 종인 종일 종재 종주 종준 종찬 종철 종표 종하 종학 종혁 종한 종헌 종현 종협 종형 종호 종환 종후 종훈 종흥 종희

주만 주명 주몽 주묵 주문 주민 주백 주범 주본 주봉 주빈 주상 주석 주선 주섭 주성 주송 주승 주식 주신 주양 주열 주엽 주영 주오 주완 주용 주욱 주원 주윤 주익 주일 주종 주준 주찬 주청 주표 주필 주하 주학 주혁 주한 주헌 주현 주형 주호 주화 주환 주훈 주휘

준만 준면 준명 준묵 준민 준배 준범 준보 준빈 준상 준서 준석 준선 준섭 준성 준수 준식 준연 준열 준영 준오 준용 준우 준욱 준원 준익 준일 준재 준철 준표 준필 준하 준학 준혁 준한 준해 준헌 준현 준형 준호 준화 준환 준휘

중석 중선 중섭 중성 중수 중식 중언 중연 중열 중엽 중욱 중원 중윤 중은 중익 중재 중종 중준 중찬 중천 중혁 중현 중협 중형 중호 중화 중후 중훈

지만 지명 지목 지몽 지묵 지문 지민 지범 지복 지본 지봉 지빈 지산 지상 지석 지섭 지성 지송 지수 지안 지양 지언 지열 지엽 지완 지용 지우 지욱 지운 지웅 지원 지유 지율 지융 지음 지일 지찬 지창 지춘 지표 지학 지혁 지한 지함 지헌 지현 지협 지형 지호 지홍 지환 지황 지효 지후 지훈 지흠

진명 진모 진목 진무 진문 진범 진복 진상 진서 진석 진섭 진성 진세 진수 진실 진영 진오 진옥 진완 진용 진우 진욱 진찬 진철 진표 진하 진학 진혁 진한 진헌 진현 진형 진호 진화 진환 진휘 진희

충상 충석 충섭 충수 충식 충언 충연 충열 충엽 충영 충완 충우 충원 충은 충일 충재 충정 충제 충종 충주 충진 충찬 충학 충혁 충헌 충현 충형 충호 충환 충훈 충희

치민 치범 치빈 치성 치언 치연 치열 치염 치영 치완 치용 치우 치욱 치원 치윤 치인 치일 치헌 치현 치형 치호 치홍 치환 치훈

찬무 찬민 찬빈 찬서 찬석 찬선 찬성 찬우 찬욱 찬율 찬일 찬휘 찬희
민건 민겸 민관 민교 민국 민규 민기 민상 민서 민석 민설 민성 민세 민솔 민수 민승 민재 민종 민주 민준 민중 민진 민찬 민창 민채

문갑 문관 문균 문기 문석 문섭 문성 문순 문심 문재 문정 문종 문준 문철
마건 마겸 마경 마곤 마관 마교 마국 마권 마균 마근 마금 마길 마산 마상 마선 마섭 마성 마손 마송 마재 마정 마찬 마청 마총

모건 모겸 모균 모근 모길 모상 모석 모선 모섬 모섭 모성 모송 모존 모준 모총 모춘

무간 무건 무결 무겸 무경 무곤 무공 무광 무교 무국 무권 무근 무금 무길 무상 무석 무선 무섭 무성 무송 무신 무재 무제 무존 무주 무중 무진 무찬 무철

미건 미겸 미곤 미교 미권 미균 미근 미금 미상 미생 미석 미선 미송 미종 미중 미청 미총 미충
병건 병관 병광 병구 병규 병기 병서 병세 병재 병종 병주 병준 병지 병직 병진 병찬 병창 병천 병철
박건 박걸 박겸 박경 박곤 박균 박근
배건 배겸 배곤 배권 배근 배금 배상 배석 배섬 배섭 배성 배손 배식 배재 배제 배주 배준 배중 배진 배찬 배철

보건 보겸 보경 보곤 보국 보권 보규 보근 보금 보길 보생 보석 보선 보섭 보성 보승 보정 보종
복건 복걸 복균 복근 복기 복길

부건 부걸 부겸 부경 부곤 부관 부국 부권 부균 부근 부금 부길 부산 부상 부석 부선 부섬
부섭 부성 부식 부존 부찬 부천 부촌 부총

범건 범걸 범경 범곤 범관 범교 범국 범권 범규 범균 범근 범기 범길 범상 범서 범섭 범성
범세 범손 범수 범신 범존 범주 범준 범증 범진 범찬 범창

비건 비겸 비경 비곤 비근 비상 비성 비송 비식 비준 비철
표건 표겸 표곤 표군 표균 표근 표석 표섭 표성 표식 표준 표진 표찬

```
[ 수水 오행 ] 성씨    ㅁ ㅂ ㅍ
        목 박 백 씨(氏)
초성 수(水)  ㅁ . ㅂ  +  종성 목(木)  ㄱ
```

  초성과 종성을 함께 사용하여 상생되도록 하는 데 있어서 성씨에 따라 함께 사용 가능한 성씨와 사용할 수 없는 성씨가 있습니다.

목, 백, 백 - 성씨별 발음오행이 상생되는 한글이름

[남자]   [초성과 종성을 연결하여 상생 배치하는 방법]

낙결 낙겸 낙구 낙권 낙규 낙균 낙길 낙배 낙범 낙부 낙표
다교 다원 다율 다헌 다현 다형 다환 다훈
대건 대국 대권 대규 대균 대극 대근 대기 대길 대농 대능 대덕 대돈 대동 대두 대둔 대득 대등 대락 대래 대려 대련 대렬 대령 대록 대룡 대륙 대륜 대률 대룽 대린 대아 대안 대양 대언 대연 대열 대영 대오 대완 대용 대우 대운 대웅 대원 대윤 대율 대융 대응 대인 대일 대하 대한 대헌 대현 대형 대호 대화 대후

덕겸 덕곤 덕관 덕교 덕구 덕권 덕규 덕균 덕근 덕금 덕기 덕길 덕녕 덕룡 덕률 덕모 덕목 덕무 덕묵 덕배 덕범 덕보 덕부 덕토 덕표

도건 도겸 도곡 도곤 도국 도권 도규 도균 도근 도길 도안 도언 도연 도영 도완 도욱 도운 도웅 도원 도윤 도율 도은 도일 도한 도행 도혁 도헌 도현 도형 도후 도훈 도환

동건 동곤 동규 동근 동기 동덕 동래 동렬 동령 동률 동양 동언 동연 동열 동영 동오 동완 동우 동원 동윤 동율 동은 동의 동익 동인 동일 동하 동혁 동한 동헌 동현 동형 동호 동화 동후 동훈 동희

두근 두련 두리 두안 두언 두연 두열 두영 두오 두완 두용 두운 두원 두윤 두율 두일 두혁 두한 두해 두헌 두현 두형 두호 두화 두환 두훈

래건 래교 래군 래권 래균 래근 래길 래안 래언 래연 래열 래영 래완 래용 래원 래윤 래은 래일 래혁 래헌 래현 래형 래화 래환 래훈

린건 린교 린도 린용 린웅 린태 린택 린하 린흥
라윤 라율 라인 라일 라해 라현 라훈
태건 태겸 태곤 태관 태국 태권 태규 태균 태근 태길 태동 태랑 태령 태룡 태안 태양 태언 태연 태열 태영 태온 태완 태용 태우 태원 태윤 태율 태융 태은 태인 태일 태혁 태하 태한 태헌 태현 태형 태호 태화 태환 태훈 태흥 태희

택건 택겸 태곤 택규 택균 택기 택길 택녕 택동 택연 택헌 택현

발음오행이 상생되는
성씨별 한글이름 사전

[여자] 이름

[목木 오행] 성씨   ㄱ ㅋ
김 길 기 권 국 구 곽 공 고 계 경 강 씨(氏)

성씨별 발음오행이 상생되는 한글이름

[여자]

노영 노희 노아 노은 노연 노현 노윤 노훈 노유

나겸 나경 나규 나금 나길 나라 나람 나래 나리 나림 나애 나언 나연 나영 나온 나원 나윤 나율 나은 나인 나임 나현 나혜 나홍 나휘 나희

난영 난옥

다겸 다경 다교 다니 다래 다린 다림 다애 다언 다연 다영 다옥 다운 다원 다윤 다융 다은 다인 다한 다현 다효 다흠 다홍 다희 다교 다혜 다예 다율 다아 다완 다원 다운 다해 다현 다안 다온 다이

덕겸 덕경 덕례 덕혜 덕희

도겸 도경 도균 도언 도연 도영 도원 도윤 도융 도은 도인 도현 도휘 도희 도헌 도란 도람 도운

동덕 동림 동애 동연 동원 동은 동이 동희 동인

두나 두리 두란 두례 두린 두애 두연 두영 두예 두오 두윤 두은 두이 두아 두원 두혜 두희

라일 라해 라혜 라희

리원 리아 리예 리혜 리안 리영 리연 리나 리애 리온 리은

래영 래경 래교 애언 래연 래윤 래원 래은 래한 래현

루리 루아 루안 루연 루원 루영 루완 루이 루현 루희

라애 라영 라원 라윤 라현 라희 라율 라연 라임 라일 라혜 라인 라온

린다 린도 린애 린하

태경 태리 태란 태린 태림 태라 태랑 태안 태언 태연 태영 태원 태윤 태은 태이 태양 태현 태휘 태희

미성 미소 미솔 미수 미순 미정 미진

민교 민경 민서 민선 민설 민솔 민주 민정 민지 민채

무겸 무경 무교 무금 무성 무송 무신 무진

보겸 보경 보금 보선 보성 보송 보정 보미 보민

부겸 부경 부선 부성

가란 가림 가명 가문 가민 가본 가람 가례

경란 경림 경미 경분

규나 규도 규란 규림 규리 규린 규미 규빈 규분

금나 금다 금림 금모 금빈

기덕 기례 기라 기란 기령 기리 기민 기빈

```
[ 목木 오행 ] 성씨    ㄱ ㅋ
김 氏 | ㄱ 초성 . 목(木) + ㅁ 종성 . 수(水)
```

초성과 종성을 함께 사용하여 상생되도록 하는데 있어서 성씨에 따라 함께 사용 가능한 성씨와 사용할 수 없는 성씨가 있습니다.

김 - 성씨별 발음오행이 상생되는 한글이름

[여자]   [초성과 종성을 연결하여 상생 배치하는 방법]

사연 사윤

상란 상련 상례 상아 상연 상영 상원 상윤 상은 상주 상하 상현 상혜 상화 상휘 상희

서아 서완 서애 서연 서영 서예 서우 서원 서윤 서율 서은 서인 서주 서하 서현 서혜 서홍 서화 서효 서희

성아 성이 성희

세미 세아 세연 세영 세화 세희

소아 소안 소양 소연 소영 소예 소원 소윤 소율 소은 소이 소인 소정 소하 소현 소형 소화 소휘 소희

송덕 송도 송란 송령 송수 송아 송애 송연 송영 송윤 송이 송주 송하 송현 송혜 송휘 송희

수미 수성 수아 수애 수연 수영 수예 수운 수원 수윤 수이 수인 수정 수지 수하 수해 수향 수현 수혜 수홍 수화 수휘 수희

승란 승령 승례 승수 승아 승애 승언 승연 승영 승우 승원 승윤 승은 승이 승재 승제 승주 승지 승해 승혜 승현 승해 승홍 승효 승휘 승희

시상 시성 시아 시양 시언 시연 시영 시예 시우 시원 시윤 시율 시은 시인 시하 시한 시현 시홍

재벽 재서 재아 재언 재연 재영 재원 재윤 재율 재은 재이 재인 재정 재하 재현 재홍 재화 재효 재휘 재희

정득 정란 정수 정아 정애 정언 정언 정영 정완 정우 정원 정윤 정은 정인 정재 정제 정주 정현 정혜 정화 정효 정휘 정희

제아 제언 제연 제영 제우 제원 제윤 제은 제이 제인 제희
조미 조영 조은
종덕 종득 종란 종령 종례 종수 종심 종아 종애 종연 종영 종원 종윤 종은 종인 종주 종하 종화 종휘 종흥 종희
자묵 자배 자성 자양 자언 자연 자영 자원 자윤 자은 자인 자현 자휘
주비 주수 주아 주안 주애 주연 주영 주예 주운 주원 주윤 주은 주이 주일 주하 주해 주현 주혜 주화 주휘 주희

지무 지미 지성 지수 지아 지안 지애 지양 지언 지연 지영 지예 지우 지원 지유 지윤 지율 지은 지인 지해 지향 지현 지혜 지홍 지화 지효 지후 지휘 지희

채이 채언 채연 채영 채우 채원 채유 채윤 채율 채은 채인 채정 채하 채현 채휘 채희
청수 청아 청애 청연 청윤 청주 청하 청해 청현 청혜 청화 청휘 청희
초아 초애 초연 초영 초예 초원 초윤 초율 초은 초이 초하 초현 초혜 초휘 초희
충애 충영 충원 충은 충인 충해 충현 충혜 충휘 충희

[화火 오행] 성씨   ㄴㄷㄹㅌ
노 나 남 도 담 두 돈 대 류 태 탁 탄 씨氏

발음오행이 상생되는 한글이름

[여자]

아돈 아라 아란 아령 아루 아린 아림 아선 아솔 아송 아신 아연 아영 아원 아윤 아은 아인 아정 아주 아진 아현 아혜 아홍 아희

애덕 애라 애란 애령 애림 애선 애신 애영 애옥 애원 애윤 애은 애정 애주 애진 애현 애휘 애홍 애희

양덕 양란 양린 양림 양선 양신 양연 양원 양윤 양은 양인 양현 양혜 양홍 양휘 양희

언란 언련 언령 언례 언심 언애 언연 언영 언옥 언윤 언은 언인 언현 언호 언휘 언흠 언희
영란 영례 영린 영림 연선 영순 연신 영애 영여 영옥 영우 영운 영원 영은 영의 영이 영인 영임 영주 영지 영채 영하 영현 영화 영휘 영희

예나 예덕 예돈 예라 예란 예랑 예려 예련 예령 예루 예린 예림 예서 예섬 예솔 예슬 예승 예연 예엽 예영 예옥 예우 예원 예윤 예은 예익 예인 예일 예지 예진 예준 예한 예해 예헌 예현 예홍 예화 예효

오란 오련 오령 오린 오림 오선 오성 오숙 오신 오연 오영 오원 오윤 오은 오인 오정 오주 오현 오홍 오휘

옥녀 옥련 옥영 옥희 옥현

완령 완림 완애 완영 완휘 완희
용녀 용란 용련 용린 용림 용선 용성 용숙 용순 용신 용애 용연 용은 용이 용인 용주 용진 용하 용현 용혜 용화 용휘 용희

우녕 우란 우리 우림 우양 우연 우영 우옥 우원 우윤 우은 우인 우일 우주 우진 우현 우혜 우휘 우희
유나 유라 유수 유숙 유순 유연 유오 유의 유재 유정 유진 유주 유하 유한 유희

원영 원임 원혜 원휘 원희
윤나 윤서 윤소 윤아 윤애 윤여 윤연 윤영 윤예 윤옥 윤우 윤원 윤은 윤이 윤인 윤임 윤정 윤제 윤지 윤진 윤하 윤혜 윤화 윤휘 윤희

여원 여은 여인 여울 여준 여하 여해 여혜 여희
연수 연선 연성 연오 연우 연옥 연이 연자 연재 연정 연주 연준 연진 연희

은세 은서 은솔 은실 은애 은연 은영 은예 은옥 은완 은우 은익 은임 은정 은지 은진 은채 은하 은헌 은혜 은화 은휘 은희

인란 인린 인순 인애 인엽 인영 인옥 인우 인원 인윤 인율 인은 인의 인이 인제 인주 인지 인정 인하 인해 인현 인휘 인희

하나 하니 하라 하람 하리 하린 하림 하성 하연 하영 하예 하원 하유 하윤 하율 하이 하얀 하은 하진
해나 해란 해려 해령 해리 해린 해림 해서 해선 해수 해연 해영 해주 해진
현아 현예 현애 현이 현영 현지 현주 현정 현임 현화 현희

혜나 혜라 혜라 혜랑 혜려 혜련 혜륜 혜란 혜령 혜리 혜린 혜림 혜선 혜성 혜수 혜숙 혜신 혜솔 혜언 혜연 혜영 혜옥 혜원 혜윤 혜은 혜인 혜임 혜정 혜주 혜진 혜현 혜화

홍라 홍란 홍련 홍리 홍림 홍선 홍실 홍심 홍아 홍애 홍연 홍예

호정 한나 환희

효니 효리 효라 효람 효선 효상 효순 효심 효영 효원 효윤 효정 효제 효주 효진 효희

희선 희수 희숙 희수 희영 희은 희인 희임 희자 희정 희제 희재 희주 희진

가란 가례 가람 가림 가명 가문 가민 가본
경란 경림 경미 경분
규나 규도 규란 규리 규린 규림 규미 규분 규빈

금나 금다 금림 금모 금빈
기덕 기라 기란 기령 기례 기리 기민 기빈
노아 노연 노영 노유 노윤 노은 노현 노희

나겸 나경 나규 나금 나길 나애 나언 나연 나영 나온 나원 나유 나윤 나은 나인 나율
나임 나현 나희 나혜 나홍 나휘

다온 다완 다운 다원 다윤 다연 다율 다용 다은 다인 다한 다해 다현 다혜 다효 다흠
다흥
덕겸 덕경 덕규 덕혜 덕희
도겸 도경 도언 도연 도영 도원 도윤 도용 도은 도인 도헌 도현 도휘 도희 도화

동애 동연 동원 동은 동이 동인 동희
두이 두애 두연 두영 두예 두오 두원 두윤 두은 두이 두혜 두희

리아 리안 리애 리연 리영 리예 리원 리혜
래경 래교 래언 래연 래영 래원 래윤 래은 래한 래현
루아 루안 루연 루영 루완 루원 루이 루인 루현 루희
라애 라연 라영 라원 라윤 라율 라일 라온 라은 라임 라현 라혜 라희
린애 린하
태경 태안 태양 태언 태연 태영 태원 태윤 태은 태이 태인 태현 태휘 태희

[토土 오행] 성씨　ㅇ ㅎ
이 오 염 윤 양 임 안 유 한 허 홍 황 씨(氏)

성씨별 발음오행이 상생되는 한글이름

[여자]

사연 사윤 사임
상신 상아 상연 상영 상원 상윤 상은 상주 상하 상현 상혜 상화 상휘 상희

서민 서빈 서별 서신 서아 서안 서애 서연 서영 서예 서우 서원 서윤 서율 서은 서인 서정 서주 서진 서하 서현 서혜 서홍 서화 서효 서희

석미 석희
선미 선민 선아 선애 선영 선옥 선주 선혜 선향 선희

설빈 설아 설주 설희

성미 성빈 성신 성실 성아 성애 성언 성연 성영 성옥 성원 성윤 성은 성이 성인 성임 성주 성지 성현 성혜 성화 성휘 성희

세모 세문 세미 세민 세범 세보 세본 세봉 세비 세빈 세아 세양 세연 세영 세원 세윤 세율 세은 세이 세인 세임 세진 세표 세풍 세필 세현 세홍 세화 세휘 세희

소망 소미 소민 소빈 소솔 소신 소아 소안 소양 소연 소엽 소영 소예 소원 소윤 소율 소은 소이 소익 소인 소정 소하 소한 소현 소형 소화 소휘 소희

솔미 솔민 솔비 솔아 솔영 솔윤 솔은 솔이 솔임 솔지 솔하 솔휘 솔희

송미 송수 송아 송애 송연 송영 송윤 송이 송주 송하 송현 송혜 송휘 송희

수명 수몽 수문 수미 수민 수본 수봉 수분 수빈 수성 수신 수아 수애 수연 수영 수예 수옥
수운 수원 수윤 수이 수인 수임 수옥 수정 수지 수진 수하 수해 수향 수현 수혜 수홍 수화
수휘 수희
숙연 숙영 숙희
순미 순복 순실 순이 순애 순영 순예 순은 순의 순재 순정 순하 순혜 순화 순희

승미 승민 승선 승수 승신 승아 승애 승언 승연 승영 승옥 승우 승원 승윤 승은 승이 승재
승제 승주 승지 승해 승현 승혜 승홍 승효 승휘 승희

시문 시본 시봉 시상 시성 시아 시안 시양 시언 시연 시영 시예 시옥 시우 시욱 시원 시온
시유 시윤 시율 시은 시음 시인 시진 시평 시하 시한 시현 시홍

선미 선민 선아 선우 손재 선주 선하 선희

재명 재문 재민 재벽 재봉 재빈 재서 재선 재솔 재아 재언 재연 재영 재옥 재욱 재원 재윤
재율 재은 재이 재인 재임 재정 재필 재하 재현 재홍 재화 재효 재휘 재희

정미 정민 정설 정수 정신 정아 정애 정언 정연 정영 정완 정우 정옥 정원 정윤 정은 정인
정임 정음 정재 정제 정주 정진 정하 절현 정혜 정화 정효 정휘 정희

제아 제언 제연 제영 제옥 제우 제욱 제원 제윤 제은 제이 제인 제희
조미 조은 조영
종미 종선 종수 종순 종신 종심 종아 종애 종임 종연 종영 종옥 종원 종윤 종은 종인 종주
종하 종화 종휘 종흥 종희

주비 주빈 주선 주수 주신 주아 주안 주애 주연 주영 주예 주옥 주온 주운 주원 주윤 주은
주이 주일 주하 주해 주연 주혜 주화 주휘 주희

준아 준애 준희
진명 진아 진영 진이 진주 진희

자묵 자문 자민 자배 자봉 자선 자성 자양 자언 자연 자영 자옥 자욱 자원 자윤 자은 자인 자평 자풍 자필 자현 자휘

지무 지문 지미 지민 지본 지봉 지빈 지선 지설 지성 지솔 지수 지신 지아 지안 지애 지양 지어 지언 지연 지영 지예 지옥 지온 지우 지욱 지원 지유 지윤 지율 지은 지인 지평 지하 지해 지향 지현 지혜 지홍 지화 지효 지휘 지후 지희

채민 채빈 채솔 채아 채언 채연 채영 채옥 채우 채원 채유 채윤 채율 채은 채이 채인 채정 채하 채현 채휘 채희

청미 청선 청수 청신 청아 청애 청연 청옥 청유 청윤 청주 청하 청해 청현 청혜 청화 청휘 청희

초민 초빈 초아 초애 초연 초영 초예 초원 초윤 초율 초은 초이 초하 초현 초혜 초휘 초희
충애 충영 충원 충은 충인 충해 충현 충혜 충휘 충희

노아 노연 노영 노유 노윤 노은 노현 노희

나겸 나경 나규 나금 나길 나율 나애 나언 나연 나영 나온 나원 나유 나윤 나은 나인 나임 나현 나희 나혜 나홍 나휘

다온 다완 다운 다원 다윤 다율 다융 다은 다인 다연 다한 다해 다현 다혜 다효 다흠 다홍

덕겸 덕경 덕규 덕혜 덕희

도겸 도경 도언 도연 도영 도원 도윤 도융 도은 도인 도헌 도현 도휘 도희 도화

동애 동연 동원 동은 동이 동인 동희

두이 두애 두연 두영 두예 두오 두원 두윤 두은 두이 두혜 두희

리아 리안 리애 리연 리영 리예 리원 리혜

래경 래교 래언 래연 래영 래원 래윤 래은 래한 래현

루니 루다 루아 루안 루연 루영 루완 루원 루이 루현 루희

라애 라온 라연 라영 라원 라윤 라율 라일 라임 라현 라혜 라희

린애 린하

태경 태리 태린 태림 태라 태안 태양 태언 태연 태영 태원 태윤 태은 태이 태인 태현 태휘 태희

아나 아라 아란 아령 아루 아리 아린 아림 아서 아선 아솔 아송 아신 아정 아주 아진

애나 애덕 애라 애란 애령 애린 애림 애선 애신 애정 애주 애진

양덕 양란 양린 양림 양선 양신

언란 언련 언령 언례 언심

연려 연린 연림 연수 연서 연선 연성 연재 연정 연제 연주 연준 연지 연진 연차

영란 영례 영린 영림 영선 영순 영실 영심 영신 영주 영지 영채

예나 예다 예덕 예돈 예라 예란 예랑 예려 예련 예령 예론 예루 예리 예린 예림 예서 예섬 예성 예솔 에슬 예승 예지 예진 예준

이선 이설 이재
오란 오련 오령 오린 오림 오선 오성 오숙 오신 오정 오주
완령 완림
용녀 용란 용련 용린 용림 용선 용성 용숙 용순 용신 용주 용진

우녕 우란 우리 우림 우주 우진

유나 유라 유란 유수 유숙 유순 유재 유정 유주 유진

윤나 윤서 윤선 윤소 윤솔 윤정 윤제 윤지 윤진

은서 은설 은세 은솔 은실 은정 은지 은진 은채

인란 인린 인서 인순 인정 인제 인주 인지

하니 하나 하라 하란 하람 하령 하론 하리 하린 하림 하섬 하정 하진

혜나 혜라 혜란 혜령 혜리 혜림 혜려 혜련 혜륜 혜린 혜림 혜성 혜솔 혜수 혜성 혜상 혜선 혜수 혜숙 혜신 혜슬 혜정 혜주 혜진

해니 해나 해리 해린 해림 해란 해려 해령 해서 해선 해수 해정 해진 해주

현서 현지 현정 현주

홍라 홍란 홍련 홍리 홍림 홍선 홍실 홍심

효니 효리 효린 효라 효람 효성 효상 효순 효심 효제 효재 효정 효주 효진

희선 희수 희숙 희순 희자 희정 희제 희재 희주 희진

[금金 오행] 성씨　ㅅ　ㅈ　ㅊ
서 신 송 선 석 성 전 장 정 최 차 천 씨(氏)

성씨별 발음오행이 상생되는 한글이름
[여자]

미겸 미경 미교 미근 미금 미빈 미서 미선 미설 미성 미소 미손 미솔 미송 미수 미순 미승 미주 미정 미지 미진
민경 민교 민서 민선 민설 민솔 민전 민정 민주 민지 민채
보겸 보경 보금 보미 보민 보선 보송
아돈 아라 아란 아령 아루 아리 아린 아림 아선 아솔 아송 아신 아연 아영 아원 아윤 아은 아인 아정 아주 아진 아현 아혜 아홍 아희

애덕 애라 애란 애령 애림 애선 애신 애영 애옥 애원 애윤 애은 애정 애주 애진 애현 애휘 애홍 애희
양덕 양란 양린 양림 양선 양신 양연 양원 양윤 양은 양인 양현 양혜 양홍 양휘 양희
언란 언련 언령 언례 언심 언애 언연 언영 언옥 언윤 언은 언인 언현 언호 언휘 언흠 언희

영란 영례 영린 영림 연선 영순 연신 영애 영옥 영우 영운 영원 영은 영의 영이 영인 영임 영주 영지 영채 영하 영현 영화 영휘 영희

예나 예덕 예돈 예라 예란 예랑 예려 예련 예령 예루 예리 예린 예림 예서 예섬 예솔 예슬 예승 예연 예엽 예영 예옥 예우 예원 예윤 예은 예익 예인 예일 예지 예진 예한 예해 예헌 예현 예홍 예화 예효
오란 오련 오령 오린 오림 오선 오성 오숙 오신 오연 오영 오원 오윤 오은 오인 오정 오주 오현 오흥 오휘

옥녀 옥련 옥희 옥영 옥현
완령 완림 완애 완영 완휘 완희
용녀 용란 용련 용린 용림 용선 용성 용숙 용순 용신 용애 용연 용은 용이 용인 용주 용진 용하 용현 용혜 용화 용휘 용희

우녕 우란 우리 우림 우양 우연 우영 우옥 우원 우윤 우은 우인 우일 우주 우진 우현 우혜 우휘 우희

유나 유라 유수 유숙 유순 유연 유오 유의 유주 유재 유정 유진 유하 유한 유희

원영 원임 원혜 원휘 원희
윤나 윤서 윤소 윤아 윤애 윤여 윤연 윤영 윤예 윤옥 윤우 윤원 윤은 윤이 윤인 윤임 윤정 윤제 윤지 윤진 윤하 윤혜 윤화 윤휘 윤희

은세 은솔 은실 은애 은연 은영 은임 은예 은옥 은완 은우 은익 은정 은지 은진 은채 은하 은헌 은혜 은화 은휘 은희

인란 인린 인순 인애 인엽 인영 인옥 인우 인원 인윤 인율 인은 인의 인이 인정 인제 인주 인지 인하 인해 인현 인휘 인희

하나 하니 하라 하림 하람 하리 하린 하서 하선 하섬 하은 하연 하얀 하영 하예 하원 하윤 하율 하온 하진
해나 해리 해린 해림 해란 해려 해령 해서 해선 해수 해연 해영 해주 해진
현아 현예 현정 현주 현지 현애 현영 현이 현희

혜나 혜리 혜린 혜림 혜라 혜란 혜랑 혜려 혜련 혜령 혜성 혜수 혜숙 혜신 혜솔 혜언 혜연 혜영 혜옥 혜원 혜윤 혜은 혜인 혜임 혜정 혜주 혜진 혜현 혜화

홍라 홍란 홍련 홍리 홍림 홍선 홍실 홍심 홍아 홍애 홍연 홍예
효지 효리 효라 효람 효성 효상 효순 효심 효영 효원 효윤 효정 효제 효재 효주 효진 효희

희선 희수 희숙 희순 희영 희은 희인 희임 희자 희정 희제 희재 희주 희진
사연 사윤 사임
상미 상아 상연 상영 상원 상윤 상은 상하 상현 상혜 상화 상휘 상희
서민 서빈 서아 서안 서애 서연 서영 서예 서우 서원 서윤 서율 서은 서인 서하 서현 서혜 서홍 서화 서효 서희
성미 성빈 성아 성애 성언 성연 성영 성옥 성원 성윤 성은 성이 성인 성임 성현 성혜 성화 성휘 성희
세모 세문 세미 세민 세범 세보 세보 세본 세봉 세비 세빈 세아 세양 세연 세영 세원 세윤 세율 세은 세이 세인 세임 세표 세풍 세필 세현 세홍 세화 세휘 세희

소망 소미 소민 소빈 소아 소안 소양 소연 소엽 소영 소예 소원 소윤 소율 소은 소이 소인 소하 소현 소화 소휘 소희

솔미 솔민 솔비 솔아 솔영 솔윤 솔은 솔이 솔임 솔하 솔휘 솔희
송미 송아 송애 송연 송영 송윤 송이 송하 송현 송혜 송휘 송희
수명 수몽 수문 수미 수민 수본 수봉 수본 수빈 수아 수애 수연 수영 수예 수옥 수운 수원 수윤 수이 수인 수임 수하 수해 수향 수현 수혜 수홍 수화 수휘 수희

승미 승민 승아 승애 승언 승연 승영 수옥 승우 승원 승윤 승은 승이 승해 승현 승혜 승홍 승효 승휘 승희

시문 시본 시봉 시아 시안 시양 시언 시연 시영 시예 시옥 시우 시욱 시원 시유 시윤 시율 시은 시음 시인 시온 시평 시하 시한 시현 시홍

선미 선민 선우 선아 선애 선영 선옥 선주 선혜 선향 선하 선희
설빈 설아 설희
재명 재문 재민 재벽 재봉 재빈 재아 재언 재연 재영 재옥 재욱 재원 재윤 재율 재은 재이 재인 재임 재하 재현 재홍 재화 재효 재휘 재희

정미 정민 정아 정애 정언 정연 정영 정완 정우 정옥 정원 정윤 정은 정인 정임 정하 정현 정혜 정화 정효 정휘 정희
제아 제언 제연 제영 제옥 제우 제욱 제원 제윤 제은 제이 제인 제희

자묵 자문 자민 자배 자봉 자양 자언 자연 자영 자옥 자욱 자원 자윤 자은 자인 자평 자풍 자필 자현 자휘
조미 조영 조은
종미 종아 종애 종연 종영 종옥 종원 종윤 종은 종인 종하 종화 종휘 종흥 종희

지무 지문 지미 지민 지본 지봉 지빈 지아 지안 지애 지양 지언 지연 지영 지예 지옥 지온 지우 지욱 지원 지유 지윤 지율 지은 지인 지평 지하 지해 지향 지현 지혜 지홍 지화 지후 지효 지희
진명 진아 진영 진이 진주 진희
주미 주연 주온 주원 주은 주이 주아 주하 주현 주휘

청미 청아 청애 청연 청옥 청윤 청하 청해 청현 청혜 청화 청휘 청희

초민 초빈 초아 초애 초연 초영 초예 초원 초윤 초율 초은 초이 초하 초현 초혜 초휘 초희
충애 충영 충원 충은 충인 충해 충현 충혜 충휘 충희
채민 채빈 채아 채언 채연 채영 채옥 채우 채원 채유 채윤 채율 채은 채이 채인 채하 채현 채휘 채희

[금金 오행] 성씨　ㅅ ㅈ ㅊ

송. 성. 장. 정　씨(氏)

초성 금(金) ㅅ . ㅈ ＋ 종성토(土) ㅇ

송, 성, 장, 정 - 성씨별 발음오행이 상생되는 한글이름

[여자]　　　[초성과 종성을 연결하여 상생 배치하는 방법]

노아 노연 노영 노유 노윤 노은 노현 노휘 노희

나겸 나규 나금 나길 나라 나래 나리 나애 나언 나연 나영 나온 나원 나윤 나웅 나은 나인 나현 나혜 나홍 나휘 나희

누리 누아 누안 누영

다겸 다교 다린 다아 다안 다애 다언 다연 다영 다예 다온 다완 다운 다원 다윤 다율 다융 다은 다인 다한 도겸 도균 도란 도언 도연 도영 도원 도윤 도융 도은 도인 도헌 도현 도휘 도희

덕겸 덕규 덕례

동덕 동애 동연 동원 동은 동이 동인 동희

두나 두란 두례 두리 두린 두아 두애 두연 두영 두예 두오 두원 두윤 두은 두이 두혜 두휘 두희

리나 리아 리안 리애 리연 리영 리예 리원 리혜

래교 래언 래연 래영 래원 래윤 래은 래한 래현

루니 루디 루리 루아 루안 루연 루영 루완 루원 루이 루현

라니 라디 라애 라연 라영 라원 라윤 라율 라일 라연 라혜 라희

린다 린도 린애 린하

태안 태양 태언 태연 태영 태원 태윤 태은 태이 태인 태현 태휘 태희

[수水 오행] 성씨 ㅁ ㅂ ㅍ

문 민 마 목 맹 박 백 변 방 피 편 표   씨(氏)

성씨별 발음오행이 상생되는 한글이름

[여자]

가례 가란 가림 가람 가명 가문 가민 가본
경란 경림 경미 경분
규나 규도 규란 규리 규린 규림 규미 규분 규빈

금나 금다 금림 금모 금빈
기덕 기라 기란 기령 기례 기리 기민 기빈
사연 사윤 사임

상신 상아 상연 상영 상원 상윤 상은 상주 상하 상현 상혜 상화 상휘 상희
서민 서빈 서신 서아 서안 서애 서연 서영 서예 서우 서원 서윤 서율 서은 서인 서정
서주 서진 서하 서현 서혜 서홍 서화 서효 서희

선미 선민 선아 선애 선영 선옥 선주 선혜 선향 선희

설빈 설아 설주 설희
성미 성빈 성신 성실 성아 성애 성언 성연 성영 성옥 성원 성윤 성은 성이 성인 성임
성주 성지 성현 성혜 성화 성휘 성희

세모 세문 세미 세민 세범 세보 세본 세봉 세비 세빈 세아 세양 세연 세영 세원 세윤
세율 세은 세이 세인 세임 세진 세표 세풍 세필 세현 세홍 세화 세휘 세희

소망 소미 소민 소빈 소솔 소신 소아 소안 소양 소연 소엽 소영 소예 소원 소윤 소율 소은 소이 소인 소정 소하 소현 소형 소화 소휘 소희

솔미 솔민 솔비 솔아 솔영 솔윤 솔은 솔이 솔임 솔지 솔하 솔휘 솔희

송미 송수 송아 송애 송연 송영 송윤 송이 송주 송하 송현 송혜 송휘 송희

수명 수몽 수문 수미 수민 수본 수봉 수분 수빈 수성 수신 수아 수애 수연 수영 수예 수옥 수운 수원 수윤 수이 수인 수임 수정 수지 수진 수하 수해 수향 수현 수혜 수홍 수화 수휘 수희
순복 순실 순이 순애 순영 순예 순은 순의 순재 순정 순하 순혜 순희

승미 승민 승선 승수 승신 승아 승애 승언 승연 승영 승옥 승우 승원 승윤 승은 승이 승재 승제 승주 승지 승해 승현 승혜 승홍 승효 승휘 승희

시문 시본 시봉 시상 시성 시아 시안 시양 시언 시연 시영 시예 시옥 시우 시욱 시원 시온 시유 시윤 시율 시은 시음 시인 시진 시평 시하 시한 시현 시홍

선미 선민 선아 선우 손재 선주 선하 선희
재명 재문 재민 재벽 재봉 재빈 재서 재선 재솔 재아 재언 재연 재영 재옥 재욱 재원 재윤 재율 재은 재이 재인 재임 재정 재필 재하 재현 재홍 재화 재효 재휘 재희

정미 정민 정설 정수 정신 정아 정애 정언 정연 정영 정완 정우 정옥 정원 정윤 정은 정인 정임 정음 정재 정제 정주 정진 정하 절현 정혜 정화 정효 정휘 정희

제아 제언 제연 제영 제옥 제우 제욱 제원 제윤 제은 제이 제인 제희
종미 종선 종수 종순 종신 종심 종아 종애 종연 종영 종옥 종임 종원 종윤 종은 종인 종주 종하 종화 종휘 종흥 종희

주비 주빈 주선 주수 주신 주아 주안 주애 주연 주영 주예 주옥 주온 주운 주원 주윤 주은 주이 주일 주하 주해 주연 주혜 주화 주휘 주희

준아 준애 준희
자묵 자문 자민 자배 자봉 자선 자성 자양 자언 자연 자영 자옥 자욱 자원 자윤 자은 자인 자평 자풍 자필 자현 자휘
지무 지문 지미 지민 지본 지봉 지빈 지선 지성 지설 지솔 지수 지신 지아 지안 지애 지양 지언 지연 지영 지예 지옥 지온 지우 지욱 지원 지유 지윤 지율 지은 지인 지평 지하 지해 지향 지현 지혜 지홍 지화 지효 지후 지휘 지희

진명 진아 진영 진이 진주 진희
채민 채빈 채솔 채아 채언 채연 채영 채옥 채우 채원 채유 채윤 채율 채은 채이 채인 채정 채하 채현 채휘 채희
청미 청선 청수 청신 청아 청애 청연 청옥 청윤 청주 청하 청해 청현 청혜 청화 청휘 청희

초민 초빈 초아 초애 초연 초영 초예 초원 초윤 초율 초은 초이 초하 초현 초혜 초휘 초희

충애 충영 충원 충은 충인 충해 충현 충혜 충휘 충희

민경 민교 민서 민선 민설 민솔 민정 민주 민지 민채
무겸 무경 무교 무금 무성 무송 무신 무진

미겸 미경 미교 미근 미금 미수 미서 미서 미선 미설 미성 미소
미손 미솔 미송 미승 미정 미주 미진

민전 민정 민지
보겸 보경 보금 보미 보선 보성 보송 보정
부겸 부경 부성

[수水 오행] 성씨   ㅁ ㅂ ㅍ
목 박 백 씨(氏)
초성 수(水) ㅁ . ㅂ + 종성 목(木) ㄱ

목, 박, 백 - 성씨별 발음오행이 상생되는 한글이름

[여자]   [초성과 종성을 연결하여 상생 배치하는 방법]

노아 노연 노영 노유 노윤 노은 노현 노훈 노희

나겸 나경 나규 나금 나길 나라 나래 나리 나애 나언 나연 나영 나온 나원 나윤 나융
나은 나인 나현 나희 나혜 나홍 나휘

다교 다린 다아 다안 다애 다언 다연 다영 다예 다온 다완 다운 다원 다윤 다율 다융
다은 다인 다한 다해 다현 다혜 다효 다흠 다흥 다희
덕겸 덕경 덕규 덕례 덕혜 덕희
도겸 도경 도균 도란 도언 도연 도영 도원 도윤 도융 도은 도인 도헌 도현 도희 도휘
동덕 동애 동연 동원 동은 동이 동인 동희
두나 두란 두례 두리 두린 두아 두애 두연 두영 두예 두오 두원
두윤 두은 두이 두혜

리나 리아 리안 리애 리연 리영 리예 리원 리혜
래교 래언 래연 래영 래원 래윤 래은 래한 래현
루리 루아 루안 루연 루영 루완 루원 루이 루현
라애 라연 라영 라원 라윤 라율 라일 라현 라혜 라희
린다 린도 린아 린애 린하

태리 태라 태인 태현 태휘 태희

2. 자원오행

자원오행(字源五行)은 한자(漢字)가 담고 있는 글자(字)의 근원(源)을 뜻과 부수(部首)에 의해 오행으로 구분한 것으로, 사주에 필요한 오행인 용신과 부족한 오행을 이름으로 보완할 때 적용하도록 성명학에 도입된 오행론이다.

자원오행의 분류 및 사례

오행	(부수)	부수에 의한오행	의미에 의한오행
목	(木)	李(이), 栖(서), 箱(상)	建(세울건), 甲(갑)
화	(火)	炆(문), 燹(서), 營(영)	夏(여름하), 巳(사)
토	(土)	坤(곤), 垈(대), 娃(왜)	京(서울 경), 戊(무)
금	(金)	銀(은), 釜(부), 鏨(참)	石(돌석), 申(신)
수	(水)	洪(홍), 渲(선), 深(심)	冬(겨울동), 亥(해)

한자가 담고있는 뜻과 오행을 글자마다 일일이 알아낼 수가 없어서, 글자의 부수(部首)나 의미로 한자의 오행을 분류하여 정리한 것이 **[자원오행 사전]**이며 이 책의 부록 **[대법원 인명용 한자]**에 첨부되어 있다.

사주에 필요한 오행인 용신을 찾는 목적은 사주팔자의 오행이 조화를 이루지 못하고 편중되어 있을 때 중화(中和)를 이루어 주기 위한 것이고 자원오행을 사용하는 목적은 용신에 해당하는 한자오행을 선별하여 사주에 부합하고 뜻이 좋은 한자이름을 지으려는 것이다.

이때에 성명의 한자오행은 순서대로 상생되지 않고 상극되더라도 사주에 필요한 오행이라면 길한 배합으로 여겨 사용할 수 있고, 사주에 불필요한 오행은 흉한 배합이 된다.

1) 자원오행 사례

| 김지현 | 2022. 02 13 (07:30) 양력 | 한자 이름자 | 金 鋂 嬛 |

(1) 사주를 세우고 분석하여 필요한 오행 즉 용신을 정한다

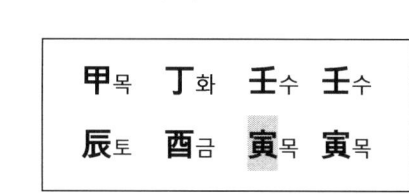

丁화 일간이 팔자의 다른 글자보다 약 3 배의 힘과 영향력을 가지는 월지(寅)에 득령하고, 일지(酉)에 득지하지 못하였으나, 시간의 甲목과 연지의 寅목의 지원을 받아 신강사주이다.

| 용신 : 유금(酉金) | 희신 : 진토(辰土) |

인성이 왕(旺)하여 신강한 사주일 때 재성을 우선하여 용신으로 정하므로 酉금을 용신으로 사용하고, 재성 용신을 생(生) 해주는 식상 辰토를 희신으로 한다.

(2) 김지현 사주의 용신과 희신이 금(金) 토(土)이므로 사용할 글자는, 한자 획수가 **성씨별 길한수리**에 맞도록 한다.

(3) **대법원 인명용 한자**에서 한글이름 "지현"에 해당하는 金, 土 오행의 한자들을 모두 찾아내서 뜻이 좋은 글자를 자원오행으로 사용한다.

발음	한자	뜻	획수	자원오행
지	至	이를	6	토
	址	터	7	토
	阯	터, 기슭	12	토
	墀	지대뜰	15	토
	知	알, 깨달을	8	금
	砥	숫돌	10	금
	誌	기록할	14	금
	鋕	기록할, 새길	15	금

발음	한자	뜻	획수	자원오행
현	峴	고개	10	토
	睍	한정할	15	토
	嬛	산뜻할	16	토
	玹	옥돌	10	금
	現	나타날	12	금
	賢	어질	15	금

3. 수리오행

어느 사람의 성명 한자획수에 의한 사격(원, 형, 이, 정)의 수리가 나왔을 때, 지어진 이름이 갖고 있는 운세를 그 획수의 수리가 담고 있는 의미를 81 수리를 가지고 길흉을 판단하는 것으로 수리가 지니고 있는 오행의 기운을 이름에 적용한 것이다.

우리나라에서도 활동한 일본인 작명가 구마사키 겐오(1881-1961)가 "성명의 신비"라는 책을 통하여 81 수리를 정리하고 광고하여 알려지게 되었고, 1940 년 접수한 창씨개명에 우리국민의 약 80% 정도가 일본식 성씨와 이름을 호적에 올리면서 전국적으로 급속도로 퍼져 나갔으며 현재도 발음오행, 자원오행과 함께 가장 많이 쓰이고 있는 작명법이다.

1) 수리사격

하늘의 도리와 자연의 순리에 따라서 도덕성으로 살아가야 한다는 인간의 일생을 4 단계로 구분하여 삶의 지혜를 설명한 주역의 원형이정 원리를 성명학에 적용한 것이 수리사격론이며, 이름이 가지고 있는 운세를 본다.

식물	계절	주역	수리사격	용	우주
근 根	봄	원 元	元格 초년운	잠용	무극
묘 苗	여름	형 亨	亨格 청년운	현룡	태극
화 花	가을	이 利	利格 장년운	비룡	황극
실 實	겨울	정 貞	貞格 노년운	항룡	멸극

원격 – 성을 제외한 이름 두 글자의 획수를 합한 것
형격 – 성과 이름 첫 글자의 획수를 합한 것
이격 – 성과 이름 끝 글자의 획수를 합한 것
정격 - 성과 이름 두 글자의 획수를 모두 합한 것

2) 수리오행 사례

한자 이름자	金 銶 嬛	한자획수	8, 15, 16

자원오행으로 사용할 글자는, 한자획수가 **성씨별 길한수리**에 맞도록 정한다. 김지현 8획 성씨 김(金)에서 사용할 수 있는 이름 1 획수는 3, 5, 7, 8, 9, 10, 13, 15, 16, 17, 21, 23, 24, 27 이고, **이름 1** 획수에서 15 획의 한자를 선택할 경우, **이름 2** 에서 사용할 수 있는 한자획수는 8, 9, 10, 16 이다.

8 획 성씨 김(金)

성씨 획수	이름1 획수	이름2 획수
8	3	5
8	3	10
8	3	13
8	3	21
8	5	3
8	5	8
8	5	10
8	5	16
8	5	24
8	7	8
8	7	9
8	7	10
8	7	16
8	7	17
8	7	24

성씨 획수	이름1 획수	이름2 획수
8	8	5
8	8	7
8	8	9
8	8	13
8	8	15
8	8	17
8	8	21
8	9	7
8	9	8
8	9	15
8	9	16
8	10	3
8	10	5
8	10	7
8	10	13

성씨 획수	이름1 획수	이름2 획수
8	10	15
8	10	21
8	10	23
8	13	3
8	13	8
8	13	10
8	13	16
8	15	8
8	15	9
8	15	10
8	15	16
8	16	5
8	16	7
8	16	9
8	16	13

성씨 획수	이름1 획수	이름2 획수
8	16	15
8	16	17
8	16	21
8	17	7
8	17	8
8	17	16
8	21	3
8	21	8
8	21	10
8	21	16
8	23	10
8	24	5
8	24	7
8	27	10

| 한자 이름자 | 金 銕 嬛 | 한자획수 | 8, 15, 16 |

① 성 1자 + 이름 2자일 때

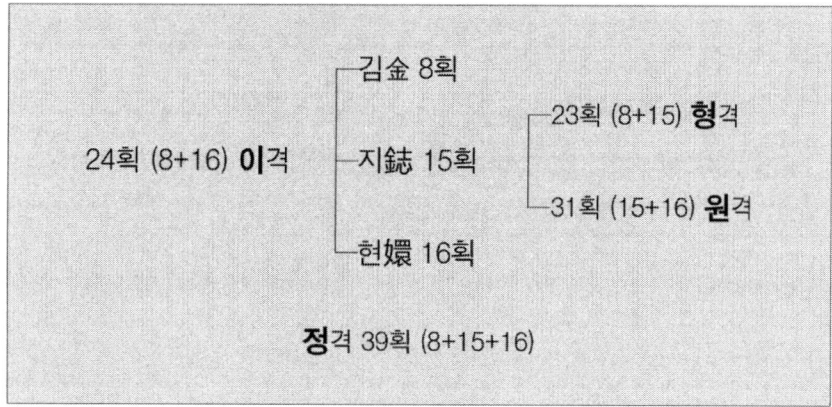

수리사격	사격 수리 (획수)	81 수리 해설
원격 (元格)	15 + 16 = **31 획**	31 획 - 흥성격 . 융성운 [길]
형격 (亨格)	8 + 15 = **23 획**	23 획 - 공명격 . 왕성운 [길]
이격 (利格)	8 + 16 = **24 획**	24 획 - 입신격 . 축재운 [길]
정격 (貞格)	8+ 15+16 = **39 획**	39 획 - 장성격 . 부영운 [길]

② 성 1자 + 이름 1자일 때

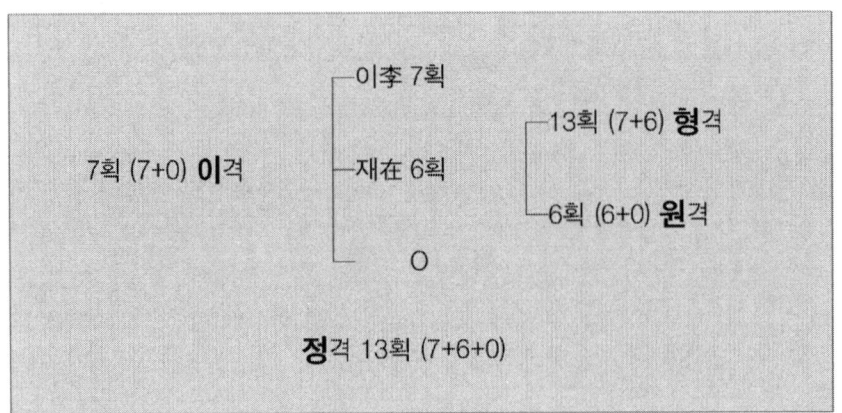

③ 성 2자 + 이름 2자일 때
　　성 2자 획수 합계하여 → 성 1자 + 이름 2자처럼 계산한다.

④ 성 2자 + 이름 1자일 때
　　성 2자 획수 합계하여 → 성 1자 + 이름 1자처럼 계산한다

3) 81 수리해설

하도(河圖) 낙서(洛書)에서 기원한 81 수리는, 1 수부터 81 수까지 수의(數意)를 설명한 것을 말하고 수리사격에서 산출한 원격, 형격, 이격, 정격 성명획수의 길흉을 판단하는 근거자료로 삼고 있는 것이다.

송나라 채침(蔡沈)이 만든 [홍범황극]의 81 수원도(八十一數元圖)에서 한자의 획수에 의해 길흉을 해설한 것이 수리성명학의 시초라고 한다.

성명에서 도출된 수리사격획수의 길흉이 인간에게 영향을 미칠 것이라는 수리성명학으로 발전되어 81 수리로 이름이 갖는 운세를 풀이한 것이다.

이 책에서 기술하는 81 수리 해설의 출처는 『비전 성명대전』 조봉우 저. 명문당. 1973. 2. 5 이다.

작명 이름의 한자획수가 옥편과 다른 이유는 무엇인가요?

옥편 = **필획법** (筆劃法) : 글자를 쓸 때의 획수대로 계산하는 방법

작명 = **원획법** (原劃法) : 원래의 뜻. 부수로 획수를 계산하는 방법을 사용하기 때문입니다.

81 수리 해설
[81 수리로 살펴보는 운세의 길흉]

획수	길흉	격(格)	운(運)
1획	길	**태초격(太初格)** 군왕옥좌지상 –君王玉座之象 임금이 옥좌에 앉아 있는 형상 만사만물의 최초 출발 기초수로서 권위와 길상을 암시한다 수리의 기본, 시초, 최고, 창작, 희망, 시작, 발전 활동적이고 솔선수범하며 부귀영화 속에 소망을 성취하게 된다	**두령운(頭領運)**
2	흉	**분리격(分離格)** 제사분리지상 - 諸事分離之象 모든 일이 흩어지는 형상 재지는 있으나 원기가 쇠패하여 제사가 종견무재이오, 간난 역경 분리 신고하며 특히 가정운에 불행을 초래한다	**재액운(災厄運)**
3	길	**명예격(名譽格)** 만물시왕지상 - 萬物始王之象 만물이 왕성한 활동을 하는 형상 지모가 출중하되 자성이 고속 영준하여 지기와 도량이 여해라 두뇌와 용기무쌍한 과단성은 활동적인 천성과 아울러 능히 천하의 대업을 이루어 권위와 위풍을 떨친다	**복덕운(福德運)**
4	흉	**부정격(否定格)** 패가망신지상 - 敗家亡身之象 집안이 망하고 부끄러워지는 형상 본성이 수태혼미하고 우유부단하여 제사불성이오 심기가 박약하여 종무일성이라	**파괴운(破壞運)**
5	길	**복덕격(福德格)** 성공순리지상–成功順理之象 순리적으로 성공을 거두는 형상 지덕을 겸비하고 불학능지에 도고문장이라 웅지를 자연전개하여 홍업으로 능히 대성한다 온후한 성품에 지혜와 덕을 갖추었고 사회적 활동이 뛰어나 크게 성공한다	**성취운(成就運)**

획수	길흉	격(格) 운(運)
6획	길	**계승격(繼承格)　　　후덕운(厚德運)** 풍부음덕지상 – 豊富陰德之象 명예와 재물이 풍부한 형상 온화하고 지덕을 겸비하여 화기가 자래하니 부귀영달하는 수다 -천성이 유순 온후하여 주변사람의 신망을 받아 출세가 빠르며 재복을 누린다
7	길	**독립격(獨立格)　　　발전운(發展運)** 강건전진지상 –剛健前進之象 강하고 힘차게 나아가는 형상 의지가 철석과 같으니 정신일도면 하사불성이라 그 세력이 맹호에 생이한 듯 생림한 상이다 독립심과 인내력이 강하여 어떠한 난관도 헤쳐 나가며 크게 성취한다
8	길	**발달격(發達格)　　　전진운(前進運)** 자력발전지상 - 自力發展之象 스스로의 힘으로 발전하는 형상 의지를 관철하여 목적을 달성할 확고한 정신은 일신의 운기를 형성 자립케 하고 사회적 명망과 지위를 획득하여 수복강령한다 외유내강의 기풍과 인화의 심덕을 쌓아서 사회적 명성과 부를 얻는다
9	흉	**궁박격(窮迫格)　　　궁핍운(窮乏運)** 대재무용지상 - 大材無用之象 큰 재주를 사용하지 못하는 형상 불리한 판국에 출세한 영웅이라 자질은 능히 천하의 대업을 수행하고 양명 사해 부귀 영달하나 대개는 중도 좌절하여 비참한 환경에 처하게 된다
10	흉	**공허격(空虛格)　　　단명운(短命運)** 허공무근지상 -虛空無根之象 매사가 텅 비고 쇠망한 형상 포부와 이상이 원대하고 제사의 계획과 모사가 주도면밀하여 자립대성코자 하나 항상 호기를 상실하며 유두무미이다

획수	길흉	격(格)	운(運)
11획	길	**신성격(新成格)** 신왕재왕지상 - 身旺財旺之象 건강과 재물이 풍성한 형상 진취적인 기상에 인망이 집중하여 자진성취하고 부귀안락한다 발전, 자신감, 성실, 풍요, 사교적, 자립심과 이지적이고 사고력이 깊으며 성실하고 사교적이다	**흥가운(興家運)**
12	흉	**박약격(薄弱格)** 박약실의지상- 薄弱失意之象 의지가 박약하고 고독한 형상 재략은 있으나 선계가 불능이오, 박약무력한 운력이니 대성은 난망이다	**고수운(孤愁運)**
13	길	**지모격(智謀格)** 입신양명지상- 立身揚名之象 명예와 출세가 따르는 형상 지략이 출중하여 처세에 탁월한 점이 있고 명철한 두뇌는 능히 천하 대세를 간파하여 임기웅변으로 매사를 선처하는 경륜재사다 총명 명예 개척정신이 강하고 지혜가 출중하다	**지달운(智達運)**
14	흉	**이산격(離散格)** 파란파괴지상 –波亂破壞之象 삶에 파란과 파괴가 많은 형상 가정적 파란을 야기하여 부부상별 생리사별 혹은 타향에 천신만고하며 고독 실패 인고 병약등의 흉운을 암시한다	**파괴운(破壞運)**
15	길	**통솔격(統率格)** 만물통합지상 –萬物統合之象 재복, 명성이 따르는 만복대길형상 지귀지존에 부귀쌍전이라 지혜와 용기와 덕망을 구비하니 구제원만한 수로 재복과 명성이 따르며 맡은 분야에 두각을 나타내 특히 중인를 통솔하여 크게 출세를 할 수 있다	**복수운(福壽運)**

획수	길흉	격(格)	운(運)
16획	길	**덕망격(德望格)** 천지합덕지상 -天地合德之象 하늘과 땅이 하나되는 화합의 형상 재지가 능세하며 대지대업을 능성능취하고 천부의 대신을 제래하여 부귀공명하는 수이다 인정이 많고 착실하며 노력형으로 두뇌가 명석하고 이지적이다	**재부운(財富運)**
17	길	**건창격(健暢格)** 만사통달지상 - 萬事通達之象 모든일이 뜻대로 이루어지는 형상 중인의 존경을 모으며 자수성가하여 능히 대사를 거행하여 완성하는 운의 수이다 자질이 강직하여 초지일관하며 큰 뜻과 대업을 성취하여 명성을 널리 떨친다	**용진운(勇進運)**
18	길	**발전격(發展格)** 개발진취지상 – 開發進取之象 새로운일 개발에 진취적인 형상 유기유능하고 의지가 강철과 같아 능히 대업을 완수하고 양명사해하여 부귀 영달한다 큰 뜻으로 계획을 세워 포부와 이상을 달성하고 공명을 떨친다	**융창운(隆昌運)**
19	흉	**고난격(苦難格)** 봉황상익지상 – 鳳凰傷翼之象 봉황이 날개에 상처를 입은 형상 때를 못만난 영웅과 같이 거사함에 중도 실패하고, 부부의 인록이 박약하며 문친이 무덕이다	**병액운(病厄運)**
20	흉	**허망격(虛妄格)** 만사공허지상 – 萬事空虛之象 하는 일마다 허망한 결과의 형상 운기가 애패하고 공허하여 심기가 허약하며 문친이 무덕하여 혹은 부부상별 자녀병질 제액을 초래하고 일생사가 불성인 수이다	**단명운(短命運)**

획수	길흉	격(格)	운(運)
21획	길	**수령격(首領格)** 만사앙시지상 – 萬事仰視之象 주위 사람들이 우러러보는 형상 지략이 출중하며 능히 자주독립하여 대업을 완수하고 공명영달하여 부귀번창하는 대길운이다	**공명운(功名運)**
22	흉	**중절격(中折格)** 추초봉상지상 – 秋草逢霜之象 가을 서리를 맞은 초목의 형상 무기력하고 내면적이며 중도좌절이라 실패곤고하여 역경에 방황하며 천신만고로 가산을 망실한다	**박약운(薄弱運)**
23	길	**공명격(功名格)** 공명행복지상 – 功名幸福之象 명예와 행복을 얻는 형상 세력이 충천하며 일약 출세하여 영도적 지위와 권세를 획득함에 권위가 왕성하고 공명이 영달하여 능히 대지대업을 성수하고 명리겸득하는 대길운이다	**왕성운(旺盛運)**
24	길	**입신격(立身格)** 재성조문지상 – 財星照門之象 재물이 문 앞에 쌓이는 형상 재략과 지모의 출중과 불굴의 분투노력으로 점진 성공하여 대업을 완수하고 공명이 천하에 진동하여 부귀영달하는 운이다	**축재운(蓄財運)**
25	길	**안강격(安康格)** 안강무난지상 – 安康無難之象 편안하고 건강한 형상 지모가 심원하며 성품이 온건하고 능숙한 수완으로 대사 대업을 성취하고 자수성가함에 제사가 형통하여 안락한 생활을 영위한다	**재복운(財福運)**

획수	길흉	격(格)	운(運)
26획	흉	**영웅격(英雄格)** **만달운(晩達運)** 대지만달지상 – 大志晩達之象 큰 뜻과 세력을 잃은 형상 선천운과 조화하면 만난과 사선을 돌파하고 불세출의 호걸 패권자 부호 지사 열사 괴력사 대인물을 배출하는 수이나, 선천운과 불합하면 가정불우 처자생리 사별 조난 형액 피해 등의 운이다	
27	흉	**대인격(大人格)** **중절운(中折運)** 중도좌절지상– 中途挫折之象 매사가 좌절되고고포기하는 형상 대사를 거행함에 웅지를 달성하고 명성과 권세를 획득하는 수이나 대개는 중도좌절로 실패 곤고 고독 조난 형과 불구 단수 부부생리 사별 등의 수이다	
28	흉	**풍파격(風波格)** **조난운(遭難運)** 난세장사지상 – 亂世壯士之象 어지러운세상을 헤메는 형상 일신이 영달하면 가정적 파란이 생기고 가정이 평안하면 조난 형액 불구 등 일신의 재화(災禍)가 속출이라 대개는 일시적 부귀이고 영달도 수포로 돌아가는 운이다	
29	길	**성공격(成功格)** **풍재운(豊才運)** 태공향복지상 –泰功享福之象 노력과 공을 세워 복을 받는 형상 지모가 출중하여 기품이 고귀하고 활동력이 왕성하여 능히 대사 대업을 달성하고 부귀장수하며 사회적으로 상당한 지위를 획득하여 명망을 얻는다	
30	흉	**부침격(浮沈格)** **불안운(不安運)** 부몽심몰지상 – 浮夢沈沒之象 작은 배가 바다에 가라앉는 형상 권모술수의 특성은 일시적인 대성을 기할 수 있으나 불운이 시작되면 부부이별 자손근심 타향객지에 고독지상의 곤란이 불측이라 돌연 의외의 방향으로 발전하는 등 길흉상반지수이다	

획수	길흉	격(格)	운(運)
31획	길	**흥성격(興盛格)** 자립흥가지상 – 自立興家之象 혼자 성공하여 가문을 빛내는 형상 지혜와 인덕과 용기의 삼덕을 구비하고 자립 독립하여 명성과 부귀영화를 획득하는 부수쌍전의 대길수이다	**융성운(隆盛運)**
32	길	**순풍격(順風格)** 의외향복지상 – 意外享福之象 뜻밖의 행운으로 복을 받는 형상 의외로 재물이 생기고 순풍에 돛을 달고 항해하는 배와 같이 만사가 순조롭다	**요행운(僥倖運)**
33	길	**승천격(昇天格)** 욱일승천지상 – 旭日昇天之象 아침 해가 힘차게 떠오르는 형상 지모와 과단성이 출중하여 두각을 나타내고 성장하여 성운이 융창하는 길상운으로 권위와 세력이 충천하니 명성이 천하를 진동한다. 단 범인에게는 부적당하며 선천운과 조화를 고려해야 되는 수이다	**등룡운(登龍運)**
34	흉	**파멸격(破滅格)** 평지풍파지상 – 平地風波之象 뜻밖에 일어나는 분쟁, 어려운 형상 불의의 재해가 속출하여 만사가 저해되고 불측의 재난을 초래하며 부부상별 실자 형화 업화 패가망신 등의 극단적인 불행을 초래하는 흉 운이다	**재난운(災難運)**
35	길	**태평격(泰平格)** 안과태평지상 – 安過太平之象 편안함이 넘치는 태평한 형상 분수에 합당한 천부에 권면하고 과욕없이 충직 성실하여 유익한 사업에 안과종사하면 일생을 행복 부귀 장수하는 길수이다	**평은운(平隱運)**

획수	길흉	격(格) 운(運)
36획	흉	**의협격(義俠格)　　　　　파란운(波瀾運)** 골육상쟁지상 –骨肉相爭之象 가족이 서로 싸우는 형상 일생이 불안 다난하여 병난 조난 고과역난에 처하기 쉬운 파란의 운세이다
37	길	**인덕격(人德格)　　　　　출세운(出世運)** 유의유덕지상 –有義有德之象 의리와 덕을 지닌 형상 지모 재략과 담대 과단성은 능히 대지 대업을 성취하여 천부대신과 부귀영예를 향수하는 수이다
38	길	**문예격(文藝格)　　　　　학사운(學士運)** 고목생화지상 –枯木生花之象 고목나무에 새로운 꽃이 피는 형상 영명하여 재지와 현명한 두뇌는 특히 문예창작 발명의 특질이 있어 장족의 발전을 가져와 입신양명하여 부귀를 획득하는 수이다
39	길	**장성격(將星格)　　　　　부영운(富榮運)** 안락다복지상 –安樂多福之象 편안함과 많은 복을 지닌 형상 권세가 왕성하고 재복이 풍부하며 덕망이 사방에 파급되어 부귀영예 수명장수 자손번창하는 수이다
40	흉	**무상격(無常格)　　　　　부침운(浮沈運)** 도몽무공지상 –徒夢無功之象 꿈같은 일을 쫓아 공이 없는 형상 지모와 담력과 임기응변이 출중하나 덕망 부족은 비방의 대상이요 투기를 즐기나 허욕의 발동이라 인덕이 부족하고 실패가 반복되는 수리이다

획수	길흉	격(格)	운(運)
41획	길	**대공격(大功格)** 건곤중심지상 - 乾坤中心之象 하늘과 땅의 중심을 이루는 형상 영민하며 정직하고 담력과 지략을 겸비하여 상하의 신망이 두터워 만인의 사표요 지도자가 될 수 있다	**고명운(高名運)**
42	흉	**고행격(苦行格)** 진퇴고고지상 – 進退苦孤之象 갈곳이 없는 외롭고 고독한 형상 부부 생리사별, 가족상별의 고난과 생활의 안정성이 결여되고 인덕이 부족하여 수난이 많고 곤궁하다	**수난운(受難運)**
43	흉	**성쇠격(盛衰格)** 육친무덕지상 – 六親無德之象 가족과 누리는 복이 없는 형상 외견은 행복하나 내실은 인고요 정신이 산만하여 대개는 일생을 신고하게 보내며 재화를 초래하는 수리이다	**산재운(散財運)**
44	흉	**마장격(魔障格)** 백귀속출지상 – 百鬼續出之象 백 가지 귀신이 나타나 힘든 상황 망상과대하여 일시적 성공이나 부부이별 가족우환 등의 흉운으로 산재가 속출하여 병난 조난 불구발생 패가망신 등이 속출한다	**파멸운(破滅運)**
45	길	**현달격(顯達格)** 대지대귀지상 – 大智大貴之象 지혜와 기품이 큰 형상 지모가 출중하며 합리적 사고방식으로 모든일이 형통 수복하고 명성과 영예 특히 지도적인 높은 지위에 오른다	**통달운(通達運)**

획수	길흉	격(格)	운(運)
46획	흉	**박약격(薄弱格)** 곤란신고지상 – 困難辛苦之象 신체의 고통으로 어려운 형상 기초운이 불안정해 병약 신고 실패 좌절하는 수리로 유능한 포재 지사가 시기를 얻지 못하여 강호에 임하여 소일하는 형상이다	**비애운(悲哀運)**
47	길	**출세격(出世格)** 천지합덕지상 – 天地合德之象 하늘과 땅이 덕으로 감싸주는 형상 영명준달하고 지략이 출중하여 매사가 원만히 해결되며 재산이 풍부해지고 자손이 번창하는 수리이다	**전개운(展開運)**
48	길	**유덕격(有德格)** 식록유덕지상 – 食祿有德之象 음식과 복덕이 충분한 형상 지모와 덕이 풍후하고 재능을 구유한 지각자로서 만민을 선도하여 공리영달하며평생을 안과태평하는 수리이다	**영달운(榮達運)**
49	흉	**은퇴격(隱退格)** 변화성패지상 – 變化成敗之象 뜻밖의 변화에 대처가 힘든 형상 비상한 재주와 수완으로 자주독립하여 사업을 영모하나 성공에 도취하면 거이 실패를 초래하므로 일단 성공 후 은퇴하면 영재안과 태평하는 운이다	**변화운(變化運)**
50	흉	**부몽격(浮夢格)** 미래혼미지상 – 未來昏迷之象 미래에 대한 불안과 초조한 형상 전반생은 성공하여 부귀영달을 기할 수 있으나 말년에 도래하여 병난고액 공허실의 패가망신 등의 실패로 귀결되는 운세이다	**불행운(不幸運)**

획수	길흉	격(格)	운(運)
51획	반흉 반길	**길흉격(吉凶格)** **성패운(盛敗運)** 일소일노지상 – 一笑一怒之象 웃음과 화낼 일이 벌어지는 형상 진출의 기상이 강건하고 위인이 정직하여 비록 시초는 곤란하나 불굴의 노력으로 점차 본성의 장점이 발현되며 일업을 성취하여 후반생을 안과하는 선흉 후길 운세이다	
52	길	**약진격(躍進格)** **시승운(時乘運)** 죽림백호지상 – 竹林白虎之象 대나무 숲의 호랑이 형상 세력이 강대하여 일약 전진하며 탁월한 선견지명은 능히 세사를 달관하고 자수성가하여 자손누대에 영명을 전하는 수리이다	
53	흉	**내허격(內虛格)** **장해운(障害運)** 불화쟁론지상 – 不和爭論之象 불화와 논쟁이 따르는 형상 외견은 행복하나 내실은 장해와 질액이 허다하고 진퇴불정에 그 운기를 측량하기 어려우며 전반생이 길하면 후반생은 불행을 초래하고 전반생이 불우하면 후반생은 소생하여 달복하는 운이다	
54	흉	**신고격(辛苦格)** **절망운(絶望運)** 태산난월지상 – 泰山難越之象 넘기 어려운 큰 산 앞에 처한 형상 전반생 행복을 가히 득할 수 있으나 대개는 운로가 비참불절 불화손실 패가망신 불구폐질 등으로 일생을 무위 종결하는 운이다	
55	반길	**미달격(未達格)** **반길운(半吉運)** 만사불성지상 – 萬事不成之象 모든 일이 이루어지지 않는 형상 외견은 일견 융성 행복한 듯하나 끝이 심히 미약하고 성취가 없으며 파산 병고 재화가 엄습하여모든 일이 불안정하나 용약당사하면 성공을 가기할 수 있는 선흉 상반의 운수이다	

획수	길흉	격(格)	운(運)
56획	흉	**한탄격(恨歎格)** 부족부진지상 – 不足不振之象 부족하고 부진하여 성과 없는 형상 재질과 덕망을 내포하나 모든일이 불능이오 노력은 하나 매사가 무공하니 만사에 좌절 절망 흉조비탄하는 수이다	**패망운(敗亡運)**
57	길	**영달격(榮達格)** 취성대기지상 – 就成大起之象 일을 성취하고 크게 일으키는 형상 자질이 강건하고 용기를 겸비하니 수시 응물이 도처춘풍이라 천부의 신경은 시운과 세력을 얻어 풍만한 정력으로 성공영달하는 운수다	**시래운(時來運)**
58	반길	**후영격(後榮格)** 우후죽순지상 – 雨後竹筍之象 비 내린 후 자라는 대나무 형상 부침파란으로 대실패 연후에 재흥하여 복록이 발하는 운으로 처음엔 곤고하나 인내와 노력으로 행복을 누리게 된다	**후복운(後福運)**
59	흉	**불우격(不遇格)** 밀운불우지상 – 密雲不雨之象 구름이 비로 바뀌지 않는 형상 의기가 쇠진하여 인내와 용기가 부족하고 재능의 박약으로 모든 일이 계속해서 역경에 처하게 되고 실의 역난으로 파산 가산망실하는 수리이다	**실의운(失意運)**
60	흉	**동요격(動搖格)** 상하동요지상 – 上下動搖之象 위아래가 따로 음직이는 형상 일생 침로를 풍랑에 일임하니 일엽편주가 대해속에서 표류하는 형상으로 실패 인고 형액 병약 등의피화 흉재를 초래하는 운수이다	**재난운(災難運)**

획수	길흉	격(格)	운(運)
61획	길	**영화격(榮華格)** **재리운(財利運)** 단계가절지상 – 丹桂可折之象 계피를 벗겨 이익을 얻는 형상 계피를 벗겨 이익이 생기는 형상 심신이 강인하여 자신의 신념을 굽히지 않고 재능이 출중하여 명리를 겸득하는 부귀번영하는 수리다	
62	흉	**고독격(孤獨格)** **쇠퇴운(衰退運)** 고독빈천지상 – 孤獨貧賤之象 고독하고 빈천한 고립, 가난한 형상 용기도 권위도 쇠진하여 모든일이 쇠운으로 향하여 내외불화가 있으며 사회적으로도 신용이 부족하여 지망불성의 운이다	
63	길	**순성격(順成格)** **성공운(成功運)** 효광부해지상 – 曉光浮海之象 바다위로 해가 떠오르 형상 선천적으로 타고난 기품과 지략이 뛰어나 만난을 극복하고 큰 뜻을 성취하여 부귀 공명한다	
64	흉	**침체격(沈滯格)** **쇠멸운(衰滅運)** 천리만운지상 – 千里滿雲之象 사방 천리에 구름이 가득 찬 형상 무모한 계획으로 결국 만사에 실패하고 부침 파란 멸난의 흉조운으로 유도되어 명예와 재산손실의 재난에 처하게 되는 수리다	
65	길	**풍후격(豊厚格)** **부귀운(富貴運)** 순풍거범지상 – 順風擧帆之象 순풍에 돛을 단 형상 매사를 합리적으로 하고 공사를 분명히 하는 성품으로 사회적으로 중심적 지위에서 중인을 지도하고 모든일의 운행이 여의하여 가운융창 번영 장수하는 길운이다	

획수	길흉	격(格) / 운(運)
66획	흉	**우매격(愚昧格)　　　쇠망운(衰亡運)** 진퇴양난지상 – 進退兩難之象 나가지도 물러서지도 못하는 형상 가도가도 높은산이요 진퇴유곡이라 전도가 암담하고 재액이 중궐하여 일신일가를 패망하게 하는 수리다
67	길	**천복격(天福格)　　　자래운(自來運)** 해천일벽지상 – 海天一碧之象 푸른바다를 향하여 나아가는 형상 강직함과 온화함이 겸비된 품성에 추진력이 강해, 하는 일이 순조로이 진행되고 목적한 바를 이루어 가세성대하고 부귀를 누린다
68	길	**명지격(名智格)　　　흥가운(興家運)** 정관자득지상 – 靜觀自得之象 주위를 만족스럽게 둘러보는 형상 지혜롭고 총명하여 창조력과 재능이 우수하며 사리분별이 분명하고 치밀한 계획하에 용의주도한 실천력으로 뜻한 바를 성취한다
69	흉	**정체격(停滯格)　　　고독운(孤獨運)** 고목풍설지상 – 枯木風雪之象 마른나무에 눈보라 치는 형상 모든 일이 정지하여 심신이 불안하고 고독 조난 병약 불구 단수비업으로 유도되는 수리다
70	흉	**공허격(空虛格)　　　멸망운(滅亡運)** 몰락멸망지상 – 沒落滅亡之象 몰락하여 파멸하는 허무한 형상 근심과 고난이 끊이지 않아 모든 일이 쇠퇴하며 공허 무근하여 흉사가 중중하다

획수	길흉	격(格)	운(運)
71획	길	만달격(晩達格)　　　　견실운(堅實運) 귀인은산지상 – 貴人隱山之象 산속에 묻혀 사는 귀인의 형상 진취적 기상과 착실한 성품에 사교적이고 덕망을 갖추어 사회적으로 인정받고 발전하여 뜻을 이룬다	
72	흉	상반격(相半格)　　　　후곤운(後困運) 길흉상반지상 – 吉凶相半之象 시작은 좋으나 결과가 나쁜 형상 외견은 행복이나 내실은 불행으로 안락과 궁박이 상반한 수리로 전반생은 부유하나 후반생은 불우한 선부후곤이다	
73	길	평길격(平吉格)　　　　평복운(平福運) 행복길상지상 – 幸福吉祥之象 행복한 미소를 띄우고 있는 형상 실천력이 뛰어나고 지혜로우며 노력과 자아성취로 안정과 발전이 따르고 부귀한다.	
74	흉	우매격(愚昧格)　　　　미로운(迷路運) 항로망실지상 – 航路亡失之象 길을 잃고 헤메는 형상 무직 무능 무위도식하니 불시의 재액과 사고가 연속으로 발생되어 고난에 처하게 되는 수리다	
75	길	안태격(安泰格)　　　　평화운(平和運) 개문복래지상 – 開門福來之象 문을 열면 복이 들어오는 형상 온유하고 이지적인 성품의 소유자로 맡은 분야의 일에 매진하여 주변의 신망을 얻고 명리를 겸전한 부귀 영화를 누린다	

획수	길흉	격(格)	운(運)
76획	반길	**선곤격(先困格)**	**후성운(後盛運)**
		대기만성지상 – 大器晚成之象 많은 노력 후 크게 성공하는 형상 사업의 중도좌절 가정의 불행과 고난을 강건한 의지력으로 극복하여 점차로 평복을 회복하는 선흉후길운이다	
77	반길	**전후격(前後格)**	**길흉운(吉凶運)**
		수록과보지상 – 隨綠果報之象 시작은 행복, 후에 불행한 형상 초년에는 부모덕으로 사회적 기반과 안정을 누리지만 중년 후부터 세월이 흐를수록 실패와 좌절의 쇠운이 도래하는 선길후흉운이다	
78	반길	**선길격(先吉格)**	**평복운(平福運)**
		일경서산지상 – 日傾西山之象 해가 서쪽 산으로 기우는 형상, 지혜가 발달하고 재능이 출중하여 중년전은 발전하게 되나 중년 이후 점차로 쇠퇴하여 고생하게 되는 선길후흉운이다	
79	흉	**종극격(終極格)**	**부정운(不正運)**
		임종유언지상 – 臨終遺言之象 임종에 이르러 유언하는 형상 정신이 착란하여 절조가 난잡하며 실행력의 부족으로 사회적으로 신뢰를 상실하고 비방 공격의 대상이 되어 역경에 처하는 수리다	
80	흉	**종말격(終末格)**	**은둔운(隱遁運)**
		망동다패지상 – 妄動多敗之象 경거망동으로 패망하는 형상 천지 제운 도수의 종말이라 혼잡 암흑하여 흉한 기류가 감돌고 있는 운이다	
81	길	**환원격(還元格)**	**성대운(盛大運)**
		청룡등천지상 – 青龍登天之象 청룡이 하늘로 오르는 형상 다시 1로 환원되는 수이다. 명예 성취 행복 희망 새출발의 최극수(最極數)로서 사업의 재기 부흥에 적합한 번영과 융성함이 연속되는 최대의 행운을 유도하는 수리이다	

4) 성씨별 획수

아빠의 성씨 획수를 확인할 수 있는 자료이다.

한글	한자	뜻	획수
강	姜	성씨 강	9
	康	편안할 강	11
	强	굳셀 강	12
견	甄	살필 견	14
	堅	굳을 견	11
경	景	경치 경	12
	京	서울 경	8
	慶	경사 경	15
	敬	공경할 경	13
계	桂	계수나무 계	10
고	高	높을 고	10
공	孔	구멍 공	4
	公	공변될 공	4
	貢	바칠 공	10
곽	郭	외성 곽	15
구	具	갖출 구	8
	丘	언덕 구	5
국	國	나라 국	11
	鞠	공 국	17
궁	弓	활 궁	3
권	權	권세 권	22
금	琴	거문고 금	13
기	奇	기이할 기	8
길	吉	길할 길	6
김	金	쇠 김	8
남	南	남녘 남	9
남궁	南宮	남녘 남/ 집 궁	19
노	盧	성씨 노	16
	魯	노둔할 노	15
	路	길 노	13
단	段	조각 단	13
대	大	큰 대	3
도	都	도읍 도	16
	陶	질그릇 도	16
독	獨	홀로 독	17
독고	獨孤	홀로 독/ 외로울 고	25
돈	敦	도타울 돈	12
	頓	조아릴 돈	13
동	董	감독할 동	15
동방	東方	동녘 동/ 모 방	12
두	杜	막을 두	7
	斗	말 두	4

한글	한자	뜻	획수
라	羅	그물 라	20
려	呂	음률 려	7
렴	廉	청렴할 렴(염)	13
룡	龍	용 룡	16
류	柳	버들 류	9
류	劉	성씨 류	15
륙	陸	뭍 륙	16
리	李	오얏나무 리(이)	7
림	林	수풀 림(임)	8
마	馬	말 마	10
마	麻	삼 마	11
맹	孟	맏 맹	8
명	明	밝을 명	8
모	毛	털 모	4
모	牟	보리 모	6
목	睦	화목할 목	13
묘	苗	싹 묘	11
묵	墨	먹 묵	15
문	文	글월 문	4
문	門	문 문	8
미	米	쌀 미	6
민	閔	위문할 민	12
박	朴	후박나무 박	6

한글	한자	뜻	획수
반	班	나눌 반	11
반	潘	물이름 반	16
방	方	모방 방	4
방	房	방 방	8
방	邦	나라 방	11
방	龐	클 방	19
배	裵	성씨 배	14
백	白	흰 백	5
범	范	성씨 범	11
변	卞	조급할 변	4
변	邊	가 변	22
복	卜	점 복	2
봉	奉	받들 봉	8
봉	鳳	봉황새 봉	14
부	夫	지아비 부	4
부	傅	스승 부	12
비	丕	클 비	5
빈	彬	빛날 빈	11
빈	賓	손 빈	14
빙	氷	얼음 빙	7
사	史	역사 사	5
사	舍	집 사	8
사	謝	사례할 사	17

한글	한자	뜻	획수
사공	司空	맡을 사/빌 공	13
사마	司馬	맡을 사/말 마	15
상	尙	오히려 상	8
서	徐	천천히 서	10
서문	西門	서녘 서/문 문	14
석	石	돌 석	5
석	昔	옛 석	8
선	宣	베풀 선	9
선	鮮	고울 선	17
선우	鮮于	고울 선/갈 우	20
설	偰	맑을 설	11
설	薛	맑은 대쑥 설	17
섭	葉	땅이름 섭	15
성	成	이룰 성	7
소	蘇	되살아날 소	22
손	孫	손자 손	10
송	宋	송나라 송	7
수	水	물 수	4
순	淳	순박할 순	12
승	承	이을 승	8
승	昇	오를 승	8
승	勝	이길 승	12
시	施	베풀 시	9

한글	한자	뜻	획수
신	柴	섶 시	9
신	申	거듭 신	5
신	辛	매울 신	7
신	愼	삼갈 신	14
심	沈	성씨 심	8
안	安	편안 안	6
양	楊	버들 양	13
양	襄	도울 양	17
엄	嚴	엄할 엄	20
연	延	끌 연	7
연	燕	제비 연	16
영	永	길 영	5
예	芮	나라이름 예	10
예	豫	미리 예	16
오	吳	나라이름 오	7
옥	玉	구슬 옥	5
온	溫	따뜻할 온	14
왕	王	임금 왕	5
우	禹	성씨 우	9
욱	郁	성할 욱	13
운	雲	구름 운	12
원	元	으뜸 원	4
원	袁	성씨 원	10

한글	한자	뜻	획수
위	韋	가죽 위	9
	魏	나라이름 위	18
유	兪	점점 유	9
윤	尹	다스릴 윤	4
은	殷	성할 은	10
음	陰	그늘 음	16
이	李	오얏 리(이)	7
인	印	도장 인	6
임	任	맡길 임	6
자	慈	사랑할 자	13
장	張	베풀 장	11
	章	글 장	11
	莊	장중할 장	13
	蔣	성씨 장	17
전	田	밭 전	5
	全	온전할 전	6
정	鄭	나라이름 정	19
	丁	고무래 정	2
	程	한도 정	12
제	諸	모두 제	16
제갈	諸葛	모두 제/ 칡 갈	31
조	趙	나라 조	14
	曺	성씨 조	10

한글	한자	뜻	획수
종	宗	마루 종	8
	鍾	술병 종	17
주	朱	붉을 주	6
	周	두루 주	8
준	俊	준걸 준	9
지	池	연못 지	7
	智	지혜 지	12
진	晉	나아갈 진	10
	眞	참 진	10
	秦	성씨 진	10
차	車	수레 차	7
창	昌	창성할 창	8
채	蔡	거북 채	17
천	千	일천 천	3
	天	하늘 천	4
초	肖	닮을 초	7
	楚	초나라 초	13
최	崔	높을 최	11
추	秋	가을 추	9
탁	卓	높을 탁	8
탄	彈	탄알 탄	15
태	太	클 태	4
팽	彭	성씨 팽	12

한글	한자	뜻	획수
표	表	겉 표	9
피	皮	가죽 피	5
하	河	물 하	9
	夏	어름 하	10
한	韓	나라이름 한	17
	漢	한수 한	15
함	咸	다 함	9

한글	한자	뜻	획수
허	許	허락할 허	11
현	玄	검을 현	5
호	胡	오랑캐 이름 호	11
홍	洪	큰물 홍	10
황	黃	누를 황	12
황보	皇甫	임금 황/클 보	16
/	/	/	/

5) 성씨별 길한수리 정렬표

이 표의 용도는 수리오행 작명법에 쓰이는 것으로, 성씨별 길한수리 정렬표에 맞는 획수의 한자를 이름으로 선택하면 성명이 길한 수리로 구성된다.

그러므로 이름에 사용하려는 한자의 획수를 가지고 수리사격의 획수를 산출한 후, 81수리 해설의 길흉이 어떠한 지를, 이름을 결정하기 전에 확인해야 한다.

김지현 (金 8획. 銤 15획. 嬽 16획)으로 예를 들면 아래와 같다.

수리사격	사격 수리 (획수)	81 수리 해설
원격 (元格)	15 + 16 = **31 획**	31획 - 흥성격 . 융성운 [길]
형격 (亨格)	8 + 15 = **23 획**	23획 - 공명격 . 왕성운 [길]
이격 (利格)	8 + 16 = **24 획**	24획 - 입신격 . 축재운 [길]
정격 (貞格)	8+15 +16 = **39 획**	39획 - 장성격 . 부영운 [길]

원격	성을 제외한 이름 두 글자의 획수를 합한 것
형격	성과 이름 첫 글자의 획수를 합한 것
이격	성과 이름 끝 글자의 획수를 합한 것
정격	성과 이름 두 글자의 획수를 모두 합한 것

성씨별 길한수리 정렬표

2획 성씨

姓	내乃	도刀
자원	金	金

복卜	우又	역力
火	水	土

정丁
火

성씨 획수	이름1 획수	이름2 획수
2	1	4
2	1	5
2	1	14
2	1	15
2	1	22
2	3	3
2	3	13
2	4	1
2	4	9
2	4	11
2	4	19
2	5	1
2	5	6
2	5	11
2	5	16

성씨 획수	이름1 획수	이름2 획수
2	6	5
2	6	9
2	6	15
2	6	23
2	9	4
2	9	6
2	9	14
2	9	22
2	11	4
2	11	5
2	11	22
2	13	3
2	13	16
2	13	22
2	14	1

성씨 획수	이름1 획수	이름2 획수
2	14	9
2	14	15
2	14	19
2	14	21
2	15	1
2	15	6
2	15	14
2	15	16
2	16	5
2	16	13
2	16	15
2	16	19
2	16	23
2	19	4
2	19	14

성씨 획수	이름1 획수	이름2 획수
2	19	16
2	21	14
2	22	1
2	22	9
2	22	11
2	22	13
2	23	6
2	23	16

3획 성씨

姓	간干	궁弓
자원	水	火

대大	범凡	산山
木	水	土

자子	우于	천千
水	水	水

성씨 획수	이름1 획수	이름2 획수
3	2	3
3	2	13
3	3	2
3	3	10
3	3	12
3	3	18
3	4	4
3	4	14
3	5	8
3	5	10
3	8	5
3	8	10
3	8	13

성씨 획수	이름1 획수	이름2 획수
3	8	21
3	10	3
3	10	5
3	10	8
3	10	22
3	12	3
3	12	20
3	13	2
3	13	8
3	14	4
3	14	15
3	14	18
3	14	21

성씨 획수	이름1 획수	이름2 획수
3	15	14
3	15	20
3	18	3
3	18	14
3	18	20
3	20	12
3	20	15
3	20	18
3	21	8
3	21	14
3	22	13

4획 성씨

姓	공公	모毛
자원	金	火

목木	문文	방方
木	木	土

변卞	부夫	윤允
土	木	

원元	오午	우牛
木	火	火

姓	윤尹	인仁
자원	水	火

천天	태太	편片
火	木	木

공孔	구仇	정井
水	火	水

성씨 획수	이름1 획수	이름2 획수
4	1	2
4	1	12
4	2	1
4	2	11
4	3	4
4	3	14
4	4	3
4	4	7
4	4	9
4	4	13
4	4	17
4	4	21
4	7	4
4	7	14
4	9	2

성씨 획수	이름1 획수	이름2 획수
4	9	4
4	9	12
4	9	20
4	11	2
4	11	14
4	11	20
4	12	1
4	12	9
4	12	13
4	12	17
4	12	19
4	12	21
4	13	4
4	13	12
4	13	20

성씨 획수	이름1 획수	이름2 획수
4	14	3
4	14	7
4	14	11
4	14	17
4	14	19
4	14	21
4	17	4
4	17	12
4	17	14
4	17	20
4	19	2
4	19	12
4	19	14
4	20	1
4	20	9

성씨 획수	이름1 획수	이름2 획수
4	20	11
4	20	13
4	20	17
4	20	21
4	21	4
4	21	12
4	21	14

5획 성씨

姓	공功	구丘
자원	木	土

백白	사史	석石
金	水	金

소召	신申	옥玉
水	金	金

을지	乙支	책册
	木	木

姓	점占	좌左
자원	水	火

평平	피皮	현玄
木	金	火

감甘	전田	빙氷
土	土	水

왕王	홍弘	태台
金	火	水

성씨 획수	이름1 획수	이름2 획수
5	1	2
5	1	10
5	1	12
5	2	6
5	2	11
5	2	16
5	3	8
5	3	10
5	6	2

성씨 획수	이름1 획수	이름2 획수
5	6	10
5	6	12
5	6	18
5	8	3
5	8	8
5	8	10
5	8	16
5	8	24
5	10	1

성씨 획수	이름1 획수	이름2 획수
5	10	3
5	10	6
5	10	8
5	11	2
5	12	1
5	12	6
5	12	12
5	12	20
5	13	20

성씨 획수	이름1 획수	이름2 획수
5	16	2
5	16	8
5	16	16
5	18	6
5	20	12
5	20	13
5	24	8

6획 성씨

姓	노老	모牟
자원	土	土

미米	박朴	백百
木	木	水

서西	안安	이伊
金	木	火

인印	임任	전全
木	火	土

姓	길吉	주朱
자원	水	木

곡曲	규圭	광光
土	土	火

모牟	우羽	택宅
土	火	木

선先	수守	유有
木	木	水

성씨 획수	이름1 획수	이름2 획수
6	1	10
6	1	17
6	2	5
6	2	9
6	2	15
6	2	23
6	5	2
6	5	10
6	5	12
6	5	18
6	5	26
6	7	10
6	7	11
6	7	18

성씨 획수	이름1 획수	이름2 획수
6	7	25
6	9	2
6	9	9
6	9	23
6	9	26
6	10	1
6	10	5
6	10	7
6	10	15
6	10	19
6	10	23
6	10	25
6	11	7
6	11	12

성씨 획수	이름1 획수	이름2 획수
6	11	18
6	12	5
6	12	11
6	12	17
6	12	19
6	12	23
6	15	2
6	15	10
6	15	17
6	15	18
6	17	12
6	17	15
6	17	18
6	18	5

성씨 획수	이름1 획수	이름2 획수
6	18	7
6	18	11
6	18	15
6	18	17
6	19	10
6	19	12
6	23	2
6	23	9
6	23	10
6	23	12
6	25	10
6	26	5

7획 성씨

姓	두杜	성成
자원	木	火

송宋	신辛	여呂
木	金	水

여余	여汝	연延
火	水	木

오吳	이李	정廷
水	木	木

姓	차車	하何
자원	火	火

강江	지池	군君
水	水	水

곡谷	보甫	판判
土	水	金

정廷	초初	효孝
木	金	土

성씨 획수	이름1 획수	이름2 획수
7	1	10
7	1	16
7	4	4
7	4	14
7	6	10
7	6	11
7	6	18
7	8	8
7	8	9
7	8	10
7	8	16

성씨 획수	이름1 획수	이름2 획수
7	8	17
7	8	24
7	9	8
7	9	16
7	9	22
7	10	1
7	10	6
7	10	8
7	10	14
7	10	22
7	11	6

성씨 획수	이름1 획수	이름2 획수
7	11	14
7	14	4
7	14	10
7	14	11
7	14	17
7	14	18
7	16	1
7	16	8
7	16	9
7	16	16
7	16	22

성씨 획수	이름1 획수	이름2 획수
7	17	8
7	17	14
7	17	24
7	18	6
7	18	14
7	22	9
7	22	10
7	22	16
7	24	1
7	24	8
7	24	17

8획 성씨

姓	경京	계季
자원	土	水

姓	공空	구具	기奇
자원	木	金	土

姓	김金	맹孟	명明
자원	金	水	火

姓	방房	봉奉	사舍
자원	水	水	火

姓	석昔	송松
자원	火	木

姓	승承	심沈	악岳
자원	水	水	土

姓	임林	종宗	주周
자원	木	木	水

姓	창昌	채采	탁卓
자원	火	木	木

姓	경庚	상尙
자원	金	金

姓	화和	문門	승昇
자원	火	木	火

姓	장長	판板	표表
자원	木	木	木

성씨 획수	이름1 획수	이름2 획수
8	3	5
8	3	10
8	3	13
8	3	21
8	5	3
8	5	8
8	5	10
8	5	16
8	5	24
8	7	8
8	7	9
8	7	10
8	7	16
8	7	17
8	7	24

성씨 획수	이름1 획수	이름2 획수
8	8	5
8	8	7
8	8	9
8	8	13
8	8	15
8	8	17
8	8	21
8	9	7
8	9	8
8	9	15
8	9	16
8	10	3
8	10	5
8	10	7
8	10	13

성씨 획수	이름1 획수	이름2 획수
8	10	15
8	10	21
8	10	23
8	13	3
8	13	8
8	13	10
8	13	16
8	15	8
8	15	9
8	15	10
8	15	16
8	16	5
8	16	7
8	16	9
8	16	13

성씨 획수	이름1 획수	이름2 획수
8	16	15
8	16	17
8	16	21
8	17	7
8	17	8
8	17	16
8	21	3
8	21	8
8	21	10
8	21	16
8	23	10
8	24	5
8	24	7
8	27	10

9획 성씨

姓	남南	단段
자원	火	金

류柳	선宣	성星
木	木	火

언彦	우禹	위韋
火	土	金

유兪	추秋	향香
火	木	木

姓	함咸	강姜
자원	水	土

하河	준俊	정貞
水	火	金

사思	태泰	편扁
火	水	木

성씨 획수	이름1 획수	이름2 획수
9	2	4
9	2	6
9	2	14
9	4	2
9	4	4
9	4	12
9	4	20
9	6	2
9	6	9
9	6	23

성씨 획수	이름1 획수	이름2 획수
9	7	8
9	7	16
9	7	22
9	8	7
9	8	8
9	8	15
9	8	16
9	9	6
9	9	14
9	9	20

성씨 획수	이름1 획수	이름2 획수
9	12	4
9	12	12
9	12	20
9	14	2
9	14	9
9	14	15
9	15	8
9	15	14
9	15	24
9	16	7

성씨 획수	이름1 획수	이름2 획수
9	16	8
9	16	16
9	16	22
9	20	4
9	20	9
9	20	12
9	22	2
9	22	7
9	22	16
9	23	6

10획 성씨

姓	고高	골骨
자원	火	木

姓	구俱	궁宮	당唐
자원	金	木	水

姓	마馬	방芳	서徐
자원	火	木	火

姓	손孫	예芮	원袁
자원	水	木	木

姓	조曹	진晋
자원	土	火

姓	진秦	창倉	하夏
자원	木	火	火

姓	홍洪	계桂	은殷
자원	水	木	金

姓	공貢	강剛	안晏
자원	金	禁	火

성씨 획수	이름1 획수	이름2 획수
10	1	5
10	1	6
10	1	7
10	1	14
10	1	22
10	3	3
10	3	5
10	3	8
10	3	22
10	5	1
10	5	3
10	5	6
10	5	8
10	6	1

성씨 획수	이름1 획수	이름2 획수
10	6	5
10	6	7
10	6	15
10	6	19
10	6	23
10	7	1
10	7	6
10	7	8
10	7	14
10	7	22
10	8	3
10	8	5
10	8	7
10	8	13

성씨 획수	이름1 획수	이름2 획수
10	8	15
10	8	21
10	8	23
10	11	14
10	13	8
10	13	22
10	14	1
10	14	7
10	14	11
10	14	15
10	14	21
10	15	6
10	15	8
10	15	14

성씨 획수	이름1 획수	이름2 획수
10	15	22
10	15	23
10	19	6
10	19	19
10	21	8
10	21	14
10	22	1
10	22	3
10	22	7
10	22	13
10	22	15
10	23	6
10	23	8
10	23	15

11획 성씨

姓	강康	마麻
자원	木	木

매梅	반班	방邦
木	金	土

상常	설髙	양梁
木	土	木

어魚	위尉	주珠
水	土	金

姓	장章	장將
자원	金	土

최崔	허許	호胡
土	金	水

호扈	견堅	장張
木	土	金

국國	계啓	나那
土	水	土

성씨 획수	이름1 획수	이름2 획수
11	2	4
11	2	5
11	2	22
11	4	2
11	4	14
11	4	20
11	5	2

성씨 획수	이름1 획수	이름2 획수
11	6	7
11	6	12
11	6	18
11	7	6
11	7	14
11	10	14
11	12	6

성씨 획수	이름1 획수	이름2 획수
11	12	12
11	13	24
11	14	4
11	14	7
11	14	10
11	18	6
11	20	4

성씨 획수	이름1 획수	이름2 획수
11	20	21
11	20	27
11	21	20
11	22	2
11	24	13
11	27	20

12획 성씨

姓	구邱	동童
자원	土	金

동방	東方	민閔
	木土	木

삼森	소邵	순筍
木	土	木

순舜	순淳	승勝
木	水	土

姓	유庾	정程
자원	木	木

증曾	팽彭	풍馮
火	火	火

하賀	황黃	경景
金	土	火

요堯	강強	지智
水	金	火

성씨 획수	이름1 획수	이름2 획수
12	3	3
12	3	20
12	4	1
12	4	9
12	4	13
12	4	17
12	4	19
12	4	21
12	5	1
12	5	6
12	5	12
12	5	20

성씨 획수	이름1 획수	이름2 획수
12	6	5
12	6	11
12	6	17
12	6	19
12	6	23
12	9	4
12	9	12
12	9	20
12	9	26
12	11	6
12	11	12
12	12	1

성씨 획수	이름1 획수	이름2 획수
12	12	5
12	12	9
12	12	11
12	12	13
12	12	17
12	12	21
12	12	23
12	13	4
12	13	12
12	13	20
12	17	4
12	17	6

성씨 획수	이름1 획수	이름2 획수
12	17	12
12	19	4
12	19	6
12	20	1
12	20	3
12	20	5
12	20	9
12	20	13
12	21	4
12	21	12
12	23	6
12	23	12

13획 성씨

姓	금琴	노路
자원	金	土

성씨 획수	이름1 획수	이름2 획수
13	2	3
13	2	6
13	2	22
13	3	2
13	3	8
13	3	22
13	4	4
13	4	12
13	4	20

목睦	가賈	사공司空
火	金	水水

성씨 획수	이름1 획수	이름2 획수
13	5	20
13	8	3
13	8	8
13	8	10
13	8	16
13	8	24
13	10	8
13	10	22
13	12	4

신新	양楊	염廉
金	木	木

성씨 획수	이름1 획수	이름2 획수
13	12	12
13	12	20
13	16	2
13	16	8
13	16	16
13	16	19
13	19	16
13	19	20
13	20	4

옹雍	장莊	초楚
火	木	木

성씨 획수	이름1 획수	이름2 획수
13	20	5
13	20	12
13	22	2
13	22	3
13	22	10
13	22	26
13	26	22
13		
13		

14획 성씨

姓	공손	公孫
자원		金

	국菊	기箕	단端
	木	木	金

	배裵	봉鳳	신愼
	水	火	火

	서문	西門	온溫
		金木	水

姓	조趙	채菜
자원	土	木

	화華	견甄	제齊
	木	土	土

	상裳	계溪	석碩
	水	水	金

성씨 획수	이름1 획수	이름2 획수
14	2	1
14	2	9
14	2	15
14	2	19
14	2	21
14	2	23
14	3	4
14	3	15
14	3	18
14	3	21
14	4	3
14	4	7
14	4	11
14	4	17
14	4	19

성씨 획수	이름1 획수	이름2 획수
14	4	21
14	7	4
14	7	10
14	7	11
14	7	17
14	7	18
14	7	24
14	9	2
14	9	9
14	9	15
14	9	24
14	10	1
14	10	7
14	10	11
14	10	15

성씨 획수	이름1 획수	이름2 획수
14	10	21
14	10	23
14	11	4
14	11	7
14	11	10
14	15	2
14	15	3
14	15	9
14	15	10
14	15	18
14	17	1
14	17	4
14	17	7
14	18	3
14	18	7

성씨 획수	이름1 획수	이름2 획수
14	18	15
14	19	2
14	19	4
14	21	2
14	21	3
14	21	4
14	21	10
14	21	17
14	23	1
14	23	2
14	23	10
14	24	7
14	24	9

15획 성씨

姓	갈葛	경慶
자원	木	木

	곽郭	구歐	노魯
	土	火	火

	동董	묵墨	유劉
	木	土	金

	가價	사마司馬	한漢
	火	水火	水

姓	광廣	묵墨
자원	木	土

	양梁	영影	표標
	木	火	木

성씨 획수	이름1 획수	이름2 획수
15	2	1
15	2	6
15	2	14
15	2	16
15	2	22
15	3	14
15	3	20
15	6	2
15	6	10
15	6	17
15	6	18
15	8	8

성씨 획수	이름1 획수	이름2 획수
15	8	9
15	8	10
15	8	16
15	8	24
15	9	8
15	9	14
15	10	6
15	10	8
15	10	14
15	10	22
15	10	23
15	14	2

성씨 획수	이름1 획수	이름2 획수
15	14	3
15	14	9
15	14	10
15	14	18
15	14	23
15	16	1
15	16	2
15	16	8
15	16	16
15	16	17
15	17	6
15	17	16

성씨 획수	이름1 획수	이름2 획수
15	17	20
15	18	6
15	18	14
15	20	3
15	20	17
15	22	1
15	22	2
15	22	10
15	23	10
15	23	14
15	24	8

16획 성씨

姓	도都	도陶
자원	土	土

도道	반潘	연燕
土	水	火

용龍	육陸	음陰
土	土	土

전錢	제諸	진陳
金	金	土

姓	황보皇甫	
자원		金水

노盧	강彊	개蓋
水	金	木

교橋	두頭	수輸
木	火	火

성씨 획수	이름1 획수	이름2 획수
16	2	5
16	2	13
16	2	15
16	2	19
16	2	21
16	2	23
16	5	2
16	5	8
16	5	16
16	7	1
16	7	8
16	7	9
16	7	16

성씨 획수	이름1 획수	이름2 획수
16	7	22
16	8	5
16	8	7
16	8	9
16	8	13
16	8	15
16	8	17
16	8	21
16	8	23
16	9	7
16	9	8
16	9	16
16	9	22

성씨 획수	이름1 획수	이름2 획수
16	9	23
16	13	2
16	13	8
16	13	16
16	13	19
16	15	2
16	15	8
16	15	16
16	15	17
16	16	5
16	16	7
16	16	9
16	16	13

성씨 획수	이름1 획수	이름2 획수
16	16	15
16	17	8
16	17	15
16	19	2
16	19	13
16	19	22
16	21	2
16	21	8
16	22	7
16	22	9
16	22	19
16	23	2
16	23	9

17획 성씨

姓	국鞠	사謝
자원	木	金

선鮮	손遜	양陽
水	水	土

양襄	연蓮	장蔣
木	土	木

종鍾	채蔡	추鄒
金	木	土

姓	한韓	택澤
자원	金	水

성씨 획수	이름1 획수	이름2 획수
17	4	4
17	4	12
17	4	14
17	4	20
17	6	1
17	6	12
17	6	15
17	6	18

성씨 획수	이름1 획수	이름2 획수
17	7	8
17	7	14
17	7	24
17	8	7
17	8	8
17	8	16
17	12	4
17	12	6

성씨 획수	이름1 획수	이름2 획수
17	12	12
17	14	1
17	14	4
17	14	7
17	14	21
17	15	6
17	15	16
17	15	20

성씨 획수	이름1 획수	이름2 획수
17	16	8
17	16	15
17	18	6
17	20	1
17	20	4
17	20	15
17	21	14
17	24	7

18획 성씨

姓	안顔	위魏
자원	火	火

성씨 획수	이름1 획수	이름2 획수
18	3	3
18	3	14
18	3	20
18	5	6
18	6	5

姓	간簡	대戴	호鎬
자원	木	金	金

성씨 획수	이름1 획수	이름2 획수
18	6	7
18	6	11
18	6	15
18	6	17
18	7	6

姓	쌍雙	추鞦
자원	火	木

성씨 획수	이름1 획수	이름2 획수
18	7	14
18	11	6
18	14	3
18	14	7
18	14	15

성씨 획수	이름1 획수	이름2 획수
18	15	6
18	15	14
18	17	6
18	20	3

19획 성씨

姓	남궁 南宮
자원	火木

성씨 획수	이름1 획수	이름2 획수
19	2	4
19	2	14
19	2	16
19	4	2
19	4	12
19	4	14
19	6	10

姓	방龐	설薛	정鄭
자원	土	木	土

성씨 획수	이름1 획수	이름2 획수
19	6	12
19	10	6
19	10	19
19	12	4
19	12	6
19	13	16
19	13	20

姓	관關	감鑑	담譚
자원	木	金	金

성씨 획수	이름1 획수	이름2 획수
19	14	2
19	14	4
19	14	19
19	16	2
19	16	13
19	16	22
19	18	20

姓	온薀
자원	水

성씨 획수	이름1 획수	이름2 획수
19	19	10
19	19	14
19	19	20
19	20	13
19	20	18
19	20	19
19	22	16

20획 성씨

姓	석釋	엄嚴
자원	木	水

선우 鮮于	나羅
水水	木

성씨 획수	이름1 획수	이름2 획수
20	3	12
20	3	15
20	3	18
20	4	1
20	4	9
20	4	11
20	4	13
20	4	17
20	4	21

성씨 획수	이름1 획수	이름2 획수
20	5	12
20	5	13
20	9	4
20	9	9
20	9	12
20	11	4
20	11	21
20	12	1
20	12	3

성씨 획수	이름1 획수	이름2 획수
20	12	5
20	12	9
20	12	13
20	13	4
20	13	5
20	13	12
20	13	19
20	15	3
20	15	17

성씨 획수	이름1 획수	이름2 획수
20	17	4
20	17	15
20	17	21
20	18	3
20	19	13
20	19	19
20	21	4
20	21	11
20	21	17

21획 성씨

姓	등藤	학鶴
자원	木	火

고顧	수隨
土	土

성씨 획수	이름1 획수	이름2 획수
21	2	6
21	2	14
21	3	8
21	3	14
21	4	4
21	4	12
21	4	14

성씨 획수	이름1 획수	이름2 획수
21	4	20
21	8	3
21	8	8
21	8	10
21	8	16
21	10	8
21	10	14

성씨 획수	이름1 획수	이름2 획수
21	11	20
21	12	4
21	12	12
21	14	2
21	14	3
21	14	4
21	14	10

성씨 획수	이름1 획수	이름2 획수
21	14	17
21	16	2
21	16	8
21	17	14
21	20	4
21	20	11
21	20	17

22획 성씨

姓	변邊	소蘇
자원	土	木

은隱	권權
土	木

성씨 획수	이름1 획수	이름2 획수
22	2	9
22	2	11
22	2	13
22	2	15
22	3	10
22	3	13
22	7	9

성씨 획수	이름1 획수	이름2 획수
22	7	10
22	7	16
22	9	2
22	9	7
22	9	16
22	10	3
22	10	7

성씨 획수	이름1 획수	이름2 획수
22	10	13
22	10	15
22	11	2
22	13	2
22	13	3
22	13	10
22	15	2

성씨 획수	이름1 획수	이름2 획수
22	15	10
22	16	1
22	16	7
22	16	9
22	16	19
22	19	16
22	23	2

25획 성씨

姓	독고	獨孤
자원		土水

성씨 획수	이름1 획수	이름2 획수
25	4	4
25	4	12
25	6	7
25	6	10
25	7	6

성씨 획수	이름1 획수	이름2 획수
25	7	16
25	8	8
25	10	6
25	10	13
25	10	22

성씨 획수	이름1 획수	이름2 획수
25	12	4
25	12	20
25	13	10
25	13	20
25	16	7

성씨 획수	이름1 획수	이름2 획수
25	16	16
25	20	12
25	20	13
25	22	10

31획 성씨

姓	제갈	諸葛
자원		金木

성씨 획수	이름1 획수	이름2 획수
31	2	4
31	2	6
31	2	14
31	4	2
31	4	4

성씨 획수	이름1 획수	이름2 획수
31	4	17
31	6	1
31	6	2
31	6	10
31	7	10

성씨 획수	이름1 획수	이름2 획수
31	7	14
31	8	8
31	10	6
31	10	7
31	14	2

성씨 획수	이름1 획수	이름2 획수
31	14	7
31	16	16
31	16	21
31	17	4
31	21	16

끝.

6장

작명 실전

1. 작명 시 고려할 사항
2. 작명 사례

1. 작명 시 고려할 사항

10 여 개가 넘는 성명학 작명법의 종류 중에서 어떤 작명이론을 사용하여 작명할 것인지를 결정한 후 이름에 사용할 당사자 관련 내용을 확인하고 우선 순위에 따라 선택할 내용과 피할 내용 등 작명의 요건을 갖추어 나간다.

1) 작명대상자 관련 내용을 파악한다

　(1) 출생 년월 일시와 사주분석
　(2) 성씨 한자와 본관
　(3) 부모 형제와 가까운 친척이름의 중복을 피한다
　(4) 성인이 되어서도 사용하기 좋은 평생이름으로 한다
　(5) 뜻이 나쁜 불용문자를 제외하고, 대법원 인명용 한자를 사용한다

2) 사용할 작명법을 결정한다

용신성명학, 오행성명학(발음, 자원, 수리) 등 각자 본인이 중요하게 생각하는 한 가지 작명법을 우선하여 이름을 지어야 할 것이다.

작명소, 작명가의 대다수가 인정하고 사용하고 있는 용신성명학 또는 오행성명학으로 이름 짓는 것을 일반적으로 "정통 작명법에 의한 작명"이라고도 하고 있다.

작명 사례 1 요약

1. 사주를 분석하고 필요한 오행(용신)을 정하여,

    발음오행(한글이름)이나 자원오행(한자이름)에 적용한다

2. 한글이름자를 정한다 – 발음오행

    1) 용신오행이 아니더라도 한글성명이 차례대로 상생되도록 하거나
    2) 용신에 해당하는 한글자음으로 짓는다
        이때 상생과 용신을 겸하면 물론 좋다

3. 한자이름자를 정한다

    1) **자원오행** : 용신오행의 한자를 선정한다

    2) **수리오행** : 자원오행으로 사용할 성명의 한자획수가
        성씨별 길한 수리에 맞도록 정한다

작명 사례 1] 원국 출처 "적천수천미"

(1) 사주를 세우고 분석하여 필요한 오행(용신)을 정한다

시	(일)	월	연
乙목	癸수	庚금	戊토
卯목	亥수	申금	戌토

지장간 (甲乙) (戊甲壬) (戊壬庚) (辛丁戊)

(일간)

비겁	**(癸) 亥**	
인성	庚 申	식상 乙 卯
관성	戊 戌	재성

계수(癸水) 일간이 사주팔자 다른 글자의 약 3배의 힘과 영향력을 가지는 월지(申)에 득령하고, 일지(亥)에 득지하여 신강사주이다.

용신 : 을목(乙木)	희신 : 戌 지장간 丁화

　신강한 사주일 때 먼저 극설(剋洩) 하는 관성 또는 식상에서 용신을 찾는 것이므로 癸수 일간을 극(剋) 해야 하는 관성 무술(戊戌)토를 살펴보면 일간에서 너무 멀리 떨어져 있으면서 경신(庚申)금에게 힘을 빼고 있으며, 戊토는 동작이 정지된 상태의 묘지(墓地)에 있으므로 용신으로 적합하지 않다.
　사주의 천간과 지지의 연월일시가 토생금(土生金) → 금생수(金生水) → 수생목(水生木)으로 상생 순환하므로 癸수 일간의 옆에서 생(生)을 받아 힘이 강한 乙목 식상을 용신으로 하며, 용신을 돕고 보호하는 戌중 丁화 재성을 희신으로 한다.

(2) 한글이름자를 정한다 - 발음오행

① 용신에 해당하는 한글자음으로 짓거나.
② 용신오행이 아니더라도 한글성명이 차례대로 상생되도록 짓는다.

| 용신 : 을목(乙木) | 희신 : 戌 중 丁화 |

목(木) 용신이므로 한글자음에 해당하는 ㄱ, ㅋ으로 첫 번째 이름을 짓는다.
화(火) 희신이므로 한글자음에 해당하는 ㄴ, ㄷ, ㄹ, ㅌ으로 두 번째 이름을 짓는다.

용신. 목(木) ㄱ. ㅋ	희신. 화(火) ㄴ. ㄷ. ㄹ. ㅌ
규	리
기	태
경	란

성씨 **김** + 규 + 리 → **목**(ㄱ) + 목(ㄱ) + 화(ㄹ) - 상생
성씨 **이** + 규 + 리 → **토**(ㅇ) + 목(ㄱ) + 화(ㅌ) - 상극 (목극토)
성씨 **박** + 기 + 태 → **수**(ㅂ) + 목(ㄱ) + 화(ㅌ) - 상생
성씨 **최** + 기 + 태 → **금**(ㅊ) + 목(ㄱ) + 화(ㅌ) - 상극 (금극목)

이름은 목 - 화 상생되지만 성씨에 따라 성과 이름이 상생되지 않는 경우가 있다. 상극되는 경우에 용신성명학을 우선하는 사람은 상생을 고집하지 않고, 용신오행이면 이름 간의 상극도 사용한다.

오행성명학을 우선하는 사람은 상극을 사용하지 않고, 용신오행이 아니더라도 성과 이름이 상생되는 한글이름으로 지으며 오행성명학에서의 용신오행은 한자이름의 자원오행으로 반드시 넣어준다.

(3) 한글이름 (김규리)에 해당하는 목화(木火) 용신오행의 한자들을 『대법원 인명용 한자』에서 찾아내어 자원오행으로 사용한다

용신 : 목(木)	희신 : 화(火)

발음	한자	뜻	획수	자원오행
규	糺	꼴, 끌어모을	7	목
	糾	얽힐	8	목
	揆	헤아릴	13	목
	閨	안방	14	목
	規	법	11	화
	頍	머리 들	13	화
	煃	불꽃	13	화

발음	한자	뜻	획수	자원오행
리	梨	배나무	11	목
	裏	속	13	목
	裡	속, 안쪽	13	목
	莅	다다를	13	목
	離	퍼질	15	목
	俐	똑똑할	9	화
	悧	영리할	11	화

(4) 자원오행으로 사용할 글자는, 한자획수가 성씨별 길한수리에 맞도록 정한다

[**성씨별 길한수리 정렬표**]에서 성씨와 이름에 사용할 한자획수를 살펴본다.

8획 성씨 김(金)에서 사용할 수 있는 이름 1 획수는

3, 5, 7, 8, 9, 10, 13, 16, 17, 21, 23, 24, 27 이고,

이름 1 획수에서 7획의 한자를 선택한 경우,

이름 2에서 사용할 수 있는 한자획수는 8, 9, 10, 16, 17, 24 이다.

8획 성씨 김(金)

성씨 획수	이름1 획수	이름2 획수
8	3	5
8	3	10
8	3	13
8	3	21
8	5	3
8	5	8
8	5	10
8	5	16
8	5	24
8	7	8
8	7	9
8	7	10
8	7	16
8	7	17
8	7	24

성씨 획수	이름1 획수	이름2 획수
8	8	5
8	8	7
8	8	9
8	8	13
8	8	15
8	8	17
8	8	21
8	9	7
8	9	8
8	9	15
8	9	16
8	10	3
8	10	5
8	10	7
8	10	13

성씨 획수	이름1 획수	이름2 획수
8	10	15
8	10	21
8	10	23
8	13	3
8	13	8
8	13	10
8	13	16
8	15	8
8	15	9
8	15	10
8	15	16
8	16	5
8	16	7
8	16	9
8	16	13

성씨 획수	이름1 획수	이름2 획수
8	16	15
8	16	17
8	16	21
8	17	7
8	17	8
8	17	16
8	21	3
8	21	8
8	21	10
8	21	16
8	23	10
8	24	5
8	24	7
8	27	10

(5) 한글이름에 해당하고 자원오행과 수리오행을 동시에 충족하는 뜻이 좋은 한자를 선택한다

이름 감명서

		발음오행 (한글이름)	수리오행 (한자획수)	자원오행 (한자이름)
金		목	8	금(金)
紽	꼴. 끌어모을 **규**	목	7	목(木)
俐	똑똑할. 영리할 **리**	화	9	화(火))

[한글이름]

용신에 해당하는 한글자음이면서 성명이 차례대로 발음오행이 상생되어 잘 지은 이름이다.

[한자이름]

사주에 필요한 오행(용신)의 한자이면서, 한자획수가 음양의 조화를 이루고 수리사격이 성씨별 길한수리에 맞으며 뜻이 좋은 한자로 지어진 이름이다.

원격(元格)**16 획수** 덕망격, 재부운	형격(亨格)**15 획수** 통솔격, 복수운
이격(利格)**17 획수** 건창격, 용진운	정격(貞格)**24 획수** 입신격, 축재운

작명 사례 2 요약

1. 사주를 분석하고 필요한 오행(용신)을 정하여, 발음오행이나 자원오행에 적용한다

2. 한글이름자를 정한다 – 발음오행

    상생 또는 용신오행으로 하고, 동시에 둘 다 충족되면 물론 좋다

3. 한자이름자를 정한다

    1) **자원오행** : 용신오행의 한자를 선정한다

    2) **수리오행** : 성명의 한자획수가 성씨별 길한수리에 맞도록 정한다

작명 사례 2]

(1) 사주를 세우고 분석하여 필요한 오행(용신)을 정한다

사례 - 출생일. 양력 2022 년 7 월 8 일 (15 시 30 분) 여자. 전주 이(李)씨

시	(일)	월	연
戊토	壬수	丁화	壬수
申금	戌토	未토	寅목

(지장간) (戊壬庚) (辛丁戊) (丁乙己) (戊丙甲)

(일간)

비겁	壬 (壬)	
인성 申	식상 寅	
관성 戊	재성 丁	
戌 未		

임수(壬水) 일간이 월지(未)와 일지(戌)에 득령 득지 하지 못하고 득세하지 못하여 신약사주이고, 월지의 지장간 丁화가 투출하고 지지에 인술(寅戌) 화국(火局)으로 반합하여 화토(火土) 기운이 강하다.

용신 : 신금(申金)	희신 : 임수(壬水)

관성이 강하여 신약사주이므로 관성 무미술(戊未戌)토를 설(洩)하여 일간을 생(生)하는 인성 신금(申金)을 용신으로 한다.

신약한 임수(壬水) 일간을 극(剋) 하고 있는 戊未戌토는 모두 습기가 없는 메마른 조열(燥熱) 토(土)로 申금 용신을 제대로 생(生) 하지 못하고 壬수를 고갈시키고 있으므로, 申금에서 투출하여 생성된 연간의 비견 壬수를 일간을 돕는 희신으로 한다.

(2) 한글이름자를 정한다 – 발음오행

상생 또는 용신오행으로 하고, 동시에 둘 다 충족되면 물론 좋다.

| 용신 : 신금(申金) | 희신 : 임수(壬水) |

금(金)용신오행에 해당하는 한글자음 ㅅ, ㅈ, ㅊ으로 첫 번째 이름을 짓는다.
수(水)희신오행에 해당하는 한글자음 ㅁ, ㅂ, ㅍ으로 두 번째 이름을 짓는다.

용신 . 금(金) ㅅ.ㅈ.ㅊ	희신 . 수(水) ㅁ.ㅂ.ㅍ
수	빈
재	민
찬	표

성씨 **김** + 수 + 빈 → **목**(ㄱ) + 금(ㅅ) + 수(ㅂ) – 상극 (금극목)
성씨 **이** + 수 + 빈 → **토**(ㅇ) + 금(ㅅ) + 수(ㅂ) – 상생
성씨 **박** + 재 + 민 → **수**(ㅂ) + 금(ㅈ) + 수(ㅁ) – 상생
성씨 **최** + 찬 + 표 → **금**(ㅊ) + 금(ㅊ) + 수(ㅍ) – 상생

이름은 금 - 수 상생되지만 성씨에 따라 성과 이름이 상생되지 않는 경우가 있다. 상극되는 경우에 용신성명학을 우선하는 사람은 상생을 고집하지 않고, 용신오행이면 이름이 상극이라도 사용한다.

오행성명학을 우선하는 사람은 상극을 사용하지 않고, 용신오행이 아니더라도 성과 이름이 상생되는 한글이름으로 짓는다.

(3) 한자이름자를 정한다

① 자원오행

한글이름(이수빈)에 해당하는, 금수(金水) 용신오행의 한자들을 대법원 인명용 한자에서 찾아내어 자원오행으로 사용한다.

용신 : 신금(申金)   희신 : 임수(壬水)

발음	한자	뜻	획수	자원오행
수	隨	따를	21	토
	收	거둘	6	금
	琇	옥돌	12	금
	竪	세울	13	금
	賥	재물	15	금
	受	받을, 이룰	8	수
	售	팔, 살	11	수
	脺	윤택할	14	수

발음	한자	뜻	획수	자원오행
빈	彬	빛날	11	화
	嬪	아내	17	토
	玭	구슬이름	9	금
	璸	구슬이름	19	금
	鑌	강철	22	금
	浜	물가	11	수
	濱	물가	18	수
	霦	옥광채	19	수

② **수리오행**

자원오행으로 사용할 글자는, 한자획수가 성씨별 길한 수리에 맞도록 정한다.

7획 성씨 이(李)에서 사용할 수 있는 이름 1 획수는

1, 4, 6, 8, 9, 10, 11, 14, 16, 17, 18, 22, 24 이고,

이름 1 획수에서 8획의 한자를 선택한 경우,

이름 2에서 사용할 수 있는 한자획수는 8, 9, 10, 16, 17, 24 이다.

7획 성씨 이(李)

성씨 획수	이름1 획수	이름2 획수
7	1	10
7	1	16
7	4	4
7	4	14
7	6	10
7	6	11
7	6	18
7	8	8
7	8	9
7	8	10
7	8	16

성씨 획수	이름1 획수	이름2 획수
7	8	17
7	8	24
7	9	8
7	9	16
7	9	22
7	10	1
7	10	6
7	10	8
7	10	14
7	10	22
7	11	6

성씨 획수	이름1 획수	이름2 획수
7	11	14
7	14	4
7	14	10
7	14	11
7	14	17
7	14	18
7	16	1
7	16	8
7	16	9
7	16	16
7	16	22

성씨 획수	이름1 획수	이름2 획수
7	17	8
7	17	14
7	17	24
7	18	6
7	18	14
7	22	9
7	22	10
7	22	16
7	24	1
7	24	8
7	24	17

(4) 한글이름에 해당하는 - 필요한 오행(용신) 이면서 성씨별 길한 수리를 동시에 충족하는 - 뜻이 좋은 한자를 이름으로 결정한다

감명 사례

		발음오행 (한글이름)	수리오행 (한자획수)	자원오행 (한자이름)
李		토	7	목(木)
受	받을,거둘 수	금	8	수(水)
玭	구슬이름 빈	수	9	금(金)

[한글이름]

용신에 해당하는 한글자음이면서 성명이 차례대로 발음오행이 상생되어 소리가 좋은 이름이다.

[한자이름]

사주에 필요한 오행(용신)의 한자이면서, 한자획수가 음양의 조화를 갖추고 수리사격이 성씨별 길한수리로구성된, 뜻이 좋은 한자로 지어진 이름이다.

원격(元格)**17 획수** 건창격, 용진운	형격(亨格)**15 획수** 통솔격, 복수운
이격(利格)**16 획수** 덕망격, 재부운	정격(貞格)**24 획수** 입신격, 축재운

부록 1

엄마 아빠가 쉽게 짓는
예쁜 아기 좋은 이름

1. 휴대폰에서 작명 앱으로 쉽게 사주 세우고 용신찾기

시중에 많이 나와있는 여러 개의 '앱' 중에서 각자 원하는 것으로 사용하실 수 있으며, 여기에서는 『원광만세력』을 사용하여 사주 찾기를 한다.

1) 휴대폰에서 작명 앱(원광 만세력) 사용하는 방법

① **네이버** - 검색창에 입력

원광만세력

② **원광만세력 – Google Play 앱** (클릭) → ③ **열기** (클릭)

[만세력]

원광만세력	
만세력	

[만세력 입력화면]

만세력

이름 [   ]

성별   ◎남자   ◎여자

양/음력   ◎양력   ◎음력

출생정보

| 년 | 월 | 일 |

시.입력

| 시 | 분 |

조회하기

④ **만세력** (클릭) 하여 → 우측의 만세력 입력 화면 나오면
성별 - 양/음력 – 출생정보 – 시. 입력 → ⑤ **입력하고**
⑥ **조회하기** (클릭) 하면 → 사주가 세워진다.

2) 작명 앱(원광 만세력)으로 하는 사주 세우기 사례

(사례) 출생일. 양력. 2020 년 2 월 10 일. 08 시 30 분. 남자. 성씨 김(金)

만세력

이름 [   ]
성별 ◎남자   ◎여자
양/음력 ◎양력   ◎음력
출생정보
[2020 년 2 월 10 일]
시.입력
[08 시 30 분]

조회하기

① **출생정보** 입력 → ② **조회하기** → ③ 사주가 아래와 같이 세워진다.

시	(일)	월	연
정재	(일간)	정관	편인
丙화	癸수	戊토	庚금
辰토	未토	寅목	子수
정관	편관	상관	비견

오행(五行개수) - 목木(1) .화火(1) .토土(3) .금金(1) .수水(2)

3) 사주에 필요한 오행 용신 찾기 - 간지세력 추정점수 합계 10 점

1 점	1 점	1 점	0.8 점
시간	**(일간)**	**월간**	**연간**
시지	**일지**	**월지**	**연지**
1 점	1.2 점	3 점	1 점

↓ 사례

시	일	월	연
시간	(일간)	월간	연간
1점	1점	1점	0.8점
丙화	癸수	戊토	庚금
辰토	未토	寅목	子수
1점	1.2점	3점	1점
시지	일지	월지	연지

♣점수 - 목木(3점) 화火(1점) 토土(3.2점) 금金(0.8점) 수水(2점)

(일간)

일간癸수 1 + 비겁子수 1	
(癸)수 子수	
인성金 0.8 점 庚금	식상木 3 점 寅목
관성土 3.2 점 戊토 辰토 未토	재성火 1 점 丙화

■ 일간水(1 점) + 비겁水(1 점) + 인성金(0.8 점) < 식상木(월지 3 점) + 재성火(1 점) + 관성土(3.2 점) = **2.8 < 7.2**

— 일간이 < 약한 **"신약사주"**이므로 일간을 도와주는 금수(金水) 오행의 한자를 용신, 희신으로 사용하여 이름을 짓는다.

— 일간이 > 강한 **신강사주** (일간 + 비겁 + 인성) > (식상 + 재성 + 관성)일 경우에는

　　식상, 재성, 관성에서 용신, 희신 오행의 한자를 『대법원 인명용 한자』에서 찾아 사용한다.

☐ 『**4 장 격국·용신**』을 학습하시면 용신 찾기를 보다 더 정확하게 하실 수 있습니다.

2. 필요한 한자 획수 찾기 — 한자이름 짓기

성씨의 획수에 따라 이름의 획수를 맞추기 위하여 『성씨별 길한수리 정렬표』를 사용한다. 8획 성씨 김(金)씨의 경우 이름 1 획수가 7획일 경우, 이름 2 획수는 8, 9, 10, 16, 17, 24 획수를 사용해야 한다.

8획 성씨 김(金)   **- 성씨별 길한수리 정렬표 -** 부록

성씨 획수	이름1 획수	이름2 획수	성씨 획수	이름1 획수	이름2 획수	성씨 획수	이름1 획수	이름2 획수	성씨 획수	이름1 획수	이름2 획수
8	3	5	8	8	5	8	10	15	8	16	15
8	3	10	8	8	7	8	10	21	8	16	17
8	3	13	8	8	9	8	10	23	8	16	21
8	3	21	8	8	13	8	13	3	8	17	7
8	5	3	8	8	15	8	13	8	8	17	8
8	5	8	8	8	17	8	13	10	8	17	16
8	5	10	8	8	21	8	13	16	8	21	3
8	5	16	8	9	7	8	15	8	8	21	8
8	5	24	8	9	8	8	15	9	8	21	10
8	7	8	8	9	15	8	15	10	8	21	16
8	7	9	8	9	16	8	15	16	8	23	10
8	7	10	8	10	3	8	16	5	8	24	5
8	7	16	8	10	5	8	16	7	8	24	7
8	7	17	8	10	7	8	16	9	8	27	10
8	7	24	8	10	13	8	16	13			

3. 한글이름 짓기

발음(소리)오행

성씨와 이름의 소리가 차례대로 상생(相生) 되도록 하는 것으로, 한글 자음의 ① 초성을 사용하거나 ② 초성과 종성을 연결하여 사용하는 두 가지 방법 중에서, 하나 또는 겸용하여도 된다.

발음오행이 상생 되는
『성씨별 한글이름사전』

한글이름을 편리하게 지을 수 있도록 필자가 정리한 것으로 아빠 성씨에 따라 소리가 상생 되는 이름을 지을 때 참고하시기 바랍니다

『5 장 정통작명법으로 이름 짓기』
  1. 발음오행   3) **성씨별 한글이름사전**을
사용하여 마음에 드는 것으로 엄마 아빠가 결정한다

4. 한자이름 짓기

한글이름에 해당하는 용신오행의 漢字를 『**대법원 인명용 한자**』에서 모두 찾아내서 한자 획수가 길한 수리이고, 뜻이 좋은 글자를 이름으로 사용한다.

- 사례 -

한글 : 김정현	한자 용신 오행 : 금.수(金.水)	성씨별 한자 획수 : 8획 성씨

발음	한자	뜻	획수	자원오행
정	玎	옥소리	7	금
	訂	바로잡을	9	금
	釘	못	10	금
	呈	드러낼	7	수
	穽	함정	9	수
	淀	샘물	11	수

발음	한자	뜻	획수	자원오행
현	玹	옥돌	10	금
	鉉	솥귀	13	금
	賢	어질	15	금
	昡	소리	8	수
	泫	물깊을	9	수
	蜆	바지락	13	수

한글 : 김 정 현

한자 : 金 訂 昡	한자 오행 : 금.수(金.水)	한자 획수 : 8.9.8

한자 : 金 呈 玹	한자 오행 : 수.금(水.金)	한자 획수 : 8.7.10

끝.

부록 2

출생일에 타고나는 별자리

- **사주와 작명법을 사용하지 않고 이름 짓기** –

아기의 출생일에 의하여 정해지는 타고난 별자리의 기질과 천성을 바탕으로 소리가 좋은 한글이름은 필자가 정리한 『**성씨별 한글이름 사전**』의 이름 전체를 참고하여 지으며 이상과 소망을 담은 뜻이 좋은 한자는, 부록 『**대법원 인명용 한자**』에서 찾아 사용한다

점성술은 출생시간 또는 사건발생의 시각을 가지고 천궁도(天宮圖 horoscope)를 작성하여 운명감정이나 사건예측의 도구로 사용되는 것이므로 건강, 직업, 결혼, 재산 등을 알려면은 출생천궁도를 작성해야 한다.

그러나 여기에서는 그러한 것을 다루지 않고
해와 달, 떠돌이별 행성(行星)들이 황도 12 궁 중의 어떠한 별자리에 머물러 있을 때, 그때 출생한 아기의 천성이 어떻게 나타나는지를 알고자 하는 것이다.

자신의 생년월일에 따른 행성들이 머무른 별자리를 진단하여 알 수 있는 것이 개인의 **천성(天性)**이라고 한다.

출생일에 타고나는 별자리

출생일 (양력)	황도 12궁 (12 별자리)	10 행성	행운의 색	행운의 꽃	행운의 보석
03월 21일 - 4.20	양	화성	빨강	튜울립	다이아몬드
04월 21일 - 5.20	황소	금성	초록	제비꽃	에메랄드
05월 21일 - 6.21	쌍둥이	수성	노랑	레몬 꽃	수정
06월 22일 - 7.23	게	달	흰색	연꽃	진주
07월 24일 - 8.23	사자	해	노랑	해바라기	루비
08월 24일 - 9.23	처녀	수성	회색	은방울꽃	사파이어
09월 24일 - 10.23	천칭	금성	핑크	장미	오팔
10월 24일 - 11.22	전갈	명왕성, 화성	검정	민들레	토파즈
11월 23일 - 12.22	사수	목성	오랜지	카네이션	터키석
12월 23일 - 1.20	염소	토성	갈색	히아신스	카네트
01월 21일 - 2.19	물병	천왕성, 토성	보라	수선화	자수정
02월 20일 - 3.20	물고기	해왕성, 목성	파랑	아네모네	진주

— 10 행성과 황도 12 궁(12 별자리)의 지배관계 —

10 행성은 각각 황도 12 궁 중에서 자신의 에너지와 자연스럽게 융화될 수 있는 궁을 갖는데 이러한 궁과 행성사이의 관계를 『지배』라고 표현한다.

화성은 양자리와 전갈자리를 지배하고, **금성**은 황소자리와 천칭자리에서 품위를 얻고, **수성**은 쌍둥이자리와 처녀자리에에 있을 때 그 본성을 잘 발휘하고, **목성**은 사수자리와 물고기자리를 다스리며, **토성**은 염소자리와 물병자리에서 친화성을 갖고, **천왕성, 해왕성, 명왕성**은 각각 물병자리, 물고기자리, 전갈자리를 지배한다는 것이다.

행성의 기능을 이해할 때, 화성을 예로 들면 주지배궁인 양자리와 부지배궁인 전갈자리의 성질을 조합한 것이 화성의 기능이며 별자리의 기질을 이해할 때, 황소자리를 예로 들면 황소자리를 지배하는 금성의 기능과 "**황소좌의 금성**" 성질이 황소자리의 기질인 것이다.

출생일에 타고나는 별자리의 효과적인 학습방법은 ―

1. 12 별자리의 기질과 10 행성의 기능을 먼저 숙지한 후

2. 아기의 생년월일에 따른 별자리를 알아보고

3. 지배관계에 있는 행성(수호성) 및 행성과 별자리의 조합을 살펴보는 것이다.

황도 12궁(12 별자리)

12 별자리(양, 황소, 쌍둥이, 게, 사자, 처녀, 천칭, 전갈, 사수, 염소, 물병, 물고기)는 태양계 바깥 먼 하늘에 고정되어 있는 붙박이별 항성(恒星)이고,

태양이 지나는 길 황도(黃道)에 위치한 12개의 별자리를 12개의 궁전으로 비유하고 구획 정리하여 "황도 12궁"이라고 부르는 것이다.

10 행성(수호성, 행운의 별)

10 행성은 하늘에 고정되어 있는 12 별자리를 배경으로 하늘과 땅 사이에서 끊임없이 움직이는 방랑자(planet), 떠돌이 별이다.

땅에서 살아가는 인간이 바라보는 하늘에는 해와 달 그리고 수많은 별들이 있는데 한곳에 멈추어 있는 붙박이 별 항성(恒星)인 태양과 그 주위를 돌고 있는 떠돌이 별 행성(行星)인 수성, 금성, 지구, 화성, 목성, 토성, 천왕성, 해왕성, 명왕성과 지구의 위성(衛星)인 달을 태양계라고 하며 항성, 행성, 위성, 혜성(彗星), 유성(流星)으로 되어있는 태양계는 은하계의 한 부분이고 우주는 수많은 은하계로 이루어져있다.

점성술에서는 지구중심으로 파악하기 때문에 어법의 편의와 관례상 해와 달을 행성에 포함시키므로 수성. 금성. 화성. 목성. 토성. 천왕성. 해왕성. 명왕성에 해와 달을 합하면 모두 10개의 행성이 된다고 여기는 것이다.

황도(黃道, ecliptic)

천구상에서 태양의 궤도를 말하며 태양과 행성들은 황도의 배경이 되는 별자리를 지난다. 천문학에서는 태양의 둘레를 1년에 한 바퀴 도는 지구의 길을 황도라고 하고, 점성술에서는 지구에서 바라본 태양이 하늘 위에서 머물다 간 길을 황도라고 한다.

지구인이 볼 때 큰 원 황도는 태양이 일년 동안 운행하는 궤도로 황도 위 태양의 위치에 따라 지구에는 계절의 변화가 일어난다.

태양 배후의 하늘에 빙 둘러쳐지는 원주(圓周)를 상하로 약 9°씩의 너비를 갖는 띠 모양을 설정한 것을 황도대(黃道帶, zodiac)라 하고 황도대를 가로로 30°씩 12 개로 구분한 것이 황도 12 궁(12 별자리)이다.

12 별자리는 하늘에서 일 년 동안 태양과 행성들이 지나는 길 황도(黃道)의 배경을 이루고 있는데, 한 인간이 탄생할 때 열개의 행성들은 제각기 12 별자리 중의 어느 하나에 그 위치를 확보하므로, 출생 년 월 일에 따라 12 별자리 중의 하나로 아기의 탄생 별자리가 정해지는 것이다.

지구의 공전

지구가 태양을 중심으로 서쪽에서 동쪽으로 일 년에 한 바퀴씩 도는 운동이며 공전운동에서 23.5° 기울어진 자전축과 태양의 위치 이동으로 생기는 사계절(춘분. 추분. 하지. 동지)의 변화가 규칙적으로 반복되는 현상임을 파악하여 한 해(1 년)의 기준으로 여기게 되었다.

지구에서 관측하면 태양은 별자리를 배경으로 하루에 약 1°씩 서에서 동으로 이동하여 일 년 후 제자리로 돌아오는 것처럼 보이는 태양의 연주운동에 의해서 지구에서 보면 1 년 동안 태양이 12 별자리(황도 12 궁)를 지나 원점으로 돌아오는 것으로 느껴지는 것이다

해는 음직이지 않지만 지구가 음직이기 때문에 해도 12 별자리를 배경으로 하여 흐르는 것처럼 보이는 것이다.

1. 서양의 점성술과 동양의 사주명리

고대인류의 우주관은 동서양을 막론하고 시공간의 인식을 같이하여서 하늘은 공간을 지배하고 땅은 시간을 지배한다고 생각하여 동양의 사주명리는 10천간으로 하늘을 10개의 공간으로 나누고, 12지지로 땅을 12방향의 시간으로 나누었으며, 서양의 점성술은 10행성과 12별자리로 나누었다.

[점성술]	[사주명리]	
10행성	10천간	(일간)
해	갑甲	(목성)
달	을乙	(목성)
수성	병丙	(화성)
금성	정丁	(화성)
화성	무戊	(토성)
목성	기己	(토성)
토성	경庚	(금성)
천왕성	신辛	(금성)
해왕성	임壬	(수성)
명왕성	계癸	(수성)

12 별자리	12 지지	
양	인 (寅)	호랑이
황소	묘 (卯)	토끼
쌍둥이	진 (辰)	용
게	사 (巳)	뱀
사자	오 (午)	말

처녀	미 (未)	양
천칭	신 (申)	원숭이
전갈	유 (酉)	닭
사수	술 (戌)	개
염소	해 (亥)	돼지
물병	자 (子)	쥐
물고기	축 (丑)	소

2. 12 별자리 · 12 지지 · 24 절기의 시공(時空)

12 별자리	24 절기 (양력)		12 지지 (양력)
출생일(양력) **양** 3월 21일 ~ 4월 20일	춘분	갱신, 새로운 생명 낮이 길어짐. 희망이 생기는 시기 3월 21일경 ~ 4월 4일	
	청명	4월 5일경 ~ 4월 19일 하늘이 점점 맑아지고 농사 준비하는 시기	4월 5일경 ~ 5월 5일 **진 (辰)** 물을 담고 있는 논
황소 4월 21일 ~ 5월 20일	곡우	농사비가 내리고 생명의 씨앗을 틔우는 시기 4월 20일경 ~ 5월 5일	만물이 기개를 펴는 발전기상. 집중력이 뛰어나고 이상이 숭고하며 상서로운 기운과 성공의 상징이다
	입하	5월 6일경 ~ 5월 20일 여름의 시작, 폭풍 성장의 시기	5월 6일경 ~ 6월 5일 **사 (巳)** 양기(陽氣)가 충만하다 뛰어난 능력을 발휘하는 왕성한 기운
쌍둥이 5월 21일 ~ 6월 21일	소만	간절한 때. 햇볕이 풍부하고 본격적인 농사의 시작 5월 21일경 ~ 6월 5일	
	망종	6월 6일경 ~ 6월 21일 곡식의 씨를 뿌리는 날, 보리 익는 계절	6월 6일경 ~ 7월 6일 **오 (午)** 음양이 서로 배척하여 교체되는 것이고, 양(陽)의 기운이 극(極)에 달하여 음(陰)의 기운이 시작된다
게 6월 22일 ~ 7월 23일	하지	1년중 낮이 가장 긴 날, 급 피치의 성장시기 6월 22일경 ~ 7월 6일	
	소서	7월 7일경 ~ 7월 22일 여름 더위가 시작하는 날, 에너지와 열정이 굉장히 많은 때	7월 7일경 ~ 8월 7일 **미 (未)** 메마른 땅 양(陽)이 쇠잔해지는 것이고. 나무가 성장을 멈추고 아래로 늘어진 것이다.

12 별자리	24 절기 (양력)		12 지지 (양력)
출생일(양력) **사자** 7월 24일 ~ 8월 23일	대서	에너지가 넘치고 더위가 가장 심한 시기 7월 23일경 ~ 8월 7일	
	입추	8월 8일경 ~ 8월 22일 수확하는 시기, 가장 행복한 때	8월 8일경 ~ 9월 7일 **신 (申)** 만물의 형체가 완성되었음을 뜻한다. 여러 개의 밭에 열매가 주렁주렁 매달린 모양
처녀 8월 24일 ~ 9월 23일	처서	더위가 그치고 일교차가 커지는 시기 8월 23일경 ~ 9월 7일	
	백로	9월 8일경 ~ 9월 22일 이슬이 맺히기 시작하는 때	9월 8일 ~ 10월 7일 **유 (酉)** 만물의 결실이 이루어 지는 때 해가 저무는 일몰과 하늘에 떠 있는 달 또는 술 항아리를 상징한다
천칭 9월 24일 ~ 10월 23일	추분	밤이 길어지는 시기 9월 23일경 ~ 10월 7일	
	한로	10월 8일경 ~ 10월 23일 찬이슬 맺히는 시기 가장 화려하고 풍요로운 때	10월 8일경 ~ 11월 7일 **술 (戌)** 농사를 마친 휴경지 생산한 수확물을 보관하는 창고 숯불을 담는 화로 만물의 생성일대가 완료된 것
전갈 10월 24일~ 11월 22일	상강	서리가 내리기 시작, 모든 정기가 응결되는 때 10월 24일경 ~ 11월 7일	
	입동	11월 8일경 ~ 11월 22일 겨울이 시작되고 긴 휴식을 위한 준비하는 시기	11월 8일경 ~ 12월 6일 **해 (亥)** 핵(核)씨, 알갱이 만물의 일대는 끝났지만 씨앗이 수장된 것이다.

12 별자리	24 절기 (양력)		12 지지 (양력)
출생일(양력) **사수** 11월 23일~ 12월 22일	소설	첫눈이 내리고 얼음이 얼기 시작하는 시기 11월 23일경 ~ 12월 6일	
	대설	12월 7일경 ~ 12월 21일 눈이 많이 내리는 시기	12월 7일경 ~ 1월 5일 **자 (子)** 남자, 아들, 생명체를 상징하며 번식, 번영, 생존력과 영리하고 사업능력이 뛰어나다. 양기(陽氣)가 싹트는 때이다
염소 12월 23일~ 1월 20일	동지	연중 밤이 가장 긴 때, 빛이 가장 짧은 시기, 물러나야 할 때 12월 22일경 ~ 1월 5일	
	소한	1월 6일경 ~ 1월 19일 에너지 없음. 무력한 때	1월 6일경 ~ 2월 3일 **축 (丑)** 얼어붙은 땅 한기(寒氣)가 스스로 굴종(屈從)하기 시작한다. 생각이 깊고 끝까지 참고 견디며 근면하고 진실하다
물병 1월 21일 ~ 2월 19일	대한	겨울 추위의 절정기 1월 20일경 ~ 2월 3일	
	입춘	2월 4일경 ~ 2월 18일 봄의 시작. 생기를 세우는 시기	2월 4일경 ~ 3월 5일 **인 (寅)** 양기가 나와 만물이 활동하려는 의욕이 강하다 용기와 독립심이 강하고 성공을 위한 도전에 적극적이다
물고기 2월 20일 ~ 3월 20일	우수	얼음이 풀리고 새로운 생명이 태동하는 시기, 비가 내리고 싹이 틈, 움직임이 제일 적을 시기 2월 19일경 ~ 3월 5일	
	경칩	3월 6일경 ~ 3월 20일 새로운 출발, 동면에서 개구리가 깨어나는 때	3월 6일경 ~ 4월 4일 **묘 (卯)** 만물이 땅 위로 솟아 나와 벌어지려는 것이다. 영리하고 세심하며 개성이 강하다

3. 황도 12궁과 10행성

1) 황도 12궁 (12별자리)

별자리 기원

　오늘날 별자리의 기원은 서구 별자리로, 기원전 수천 년경 바빌로니아 지역에 살던 셈족계 유목민인 칼데아인 들로부터 시작되었다고 한다.

　그들은 가축을 키우고 푸른 초원을 따라 이동하는 생활을 하면서 밤하늘을 자주 쳐다보게 되었고 밝은 별들을 연결시켜 동물에 비유하면서 별자리가 만들어지기 시작하였다.

　BC 3,000년경에 만든 이 지역 표석에는 태양과 행성이 지나는 길목인 황도를 따라 배치된 12개의 별자리, 즉 황도 12궁을 포함한 20여 개의 별자리가 기록되어 있다고 하며 고대 이집트에서도 BC 2,000년경에 지중해 무역을 하던 페니키아인들에 의해 바빌로니아와 이집트의 천문학이 그리스로 전해져서 별 이름에 그리스 신화속의 신과 영웅, 동물들의 이름이 추가되었다는 것이다.

황도 12궁(12별자리)의 기질

기호	궁	별자리	극성	특질	원소	원리	기질	(수호성)
♈	백양	양	양(陽)	활동	화(火)	행위	**진취적, 공격적, 자주성**	화성
♉	금우	**황소**	음(陰)	고정	지(地)	반응	**평화적, 탐욕적, 순응성**	금성
♊	쌍자	**쌍둥이**	양(陽)	변통	풍(風)	교류	**사실적, 피상적, 민첩성**	수성
♋	거해	게	음(陰)	활동	수(水)	봉쇄	**방위적, 감상적, 가정적**	달
♌	사자	사자	양(陽)	고정	화(火)	개성	**표현적, 열정적, 창조적**	해
♍	처녀	처녀	음(陰)	변통	지(地)	분화	**분석적, 비판적, 실용적**	수성
♎	천평	**천칭**	양(陽)	활동	풍(風)	타협	**균형적, 평화적, 사교적**	금성
♏	천갈	전갈	음(陰)	고정	수(水)	재생	**격정적, 파괴적, 갱신적**	명왕성
♐	인마	**사수**	양(陽)	변통	화(火)	방침	**낙천적, 위선적, 사색적**	목성
♑	마갈	염소	음(陰)	활동	지(地)	실행	**조직적, 보수적, 야심적**	토성
♒	수병	**물병**	양(陽)	고정	풍(風)	분배	**민주적, 당파적, 보편적**	천왕성
♓	쌍어	**물고기**	음(陰)	변통	수(水)	구원	**헌신적, 몽상적, 신비적**	해왕성

출처 – 행성궁 점성학. 마셔무어·마크 더글러스 지음/유기천 편역. 정신세계사. 1995. 4. 18

궁(宮, Sign)과 별자리(星座, Constellation)는 사실상 다른 것이면서도 편의상 같은 어휘를 사용하는데 "궁"은 황도 360°를 춘분점에서부터 열두 개로 분할한 것이고 "좌"는 하늘의 실제 별자리이다.

극성 - [양 : 능동적, 외향적] [음 : 수동적, 내향적]
특질 - [활동 : 원심력, 발의] [고정 : 구심력, 지속] [변통 : 적응력, 파급]
원소 - [火 : 정신적] [地 : 현실적] [風 : 이지적] [水 : 감성적]

(1) 양자리   Aries ♈

태양이 지나는 시기 — 양력 (3월 21일 ~ 4월 20일경) 춘분, 청명
빛이 길어지고 희망이 생기는 때, 새 인생의 절기

궁	별자리	극성	특질	원소	기질	(수호성)
백양	양	양(陽)	활동	화(火)	진취적, 공격적, 자주성	화성

태양이 양자리를 지나고 있을 때 (양력. 3월 21일 ~ 4월 20일경) 출생한 아기의 별자리는 양자리이다.

새싹, 샘솟는 에너지, 의욕, 본능적, 순수, 정직, 직선적, 강직, 역동성, 반골기질, 개척자이고 공격적이면서도 목표를 달성하지 못해도 좌절하지 않고 용기와 투지를 가지고 또 다른 기회를 찾아 도전하며 자신이 속한 곳에서 우두머리가 되고자 하는 충동적이고 정열적이며 진취적이고 성취욕과 독립정신이 강한 개인주의자이다.

그리스 신화 – 양자리

테살리의 왕에게는 프릭소스와 헬레라는 남매가 있었는데 늘 계모에게 시달리며 살았다. 이것을 본 전령의 신 헤르메스는 남매를 불쌍히 여겨 황금가죽의 양을 보내 안전한 곳으로 보내려 하였다.

남매는 양의 등에 올라타고 하늘을 날던 중 헬레는 아시아와 유럽을 나누는 해협에 떨어져 버리고 만다. 홀로 남은 프릭소스는 흑해의 바닷가에 무사히 도착한다.

그곳에서 프릭소스는 양가죽을 벗겨 잠들지 않는 용이 지키게 한다. 황금가죽을 찾아 모험을 하던 영웅 이아손이 용을 무찌르고 황금가죽을 가져갔고 이 양은 별자리로 변하여 양자리가 되었다.

(2) 황소자리   Taurus ♉

태양이 지나는 시기 — 양력 (4월 21 ~ 5월 20일경) 곡우, 입하

의욕이 넘칠 때, 생명의 계절

궁	별자리	극성	특질	원소	기질	(수호성)
금우	황소	음(陰)	활동	지(地)	평화적, 탐욕적, 순응성	(금성)

대지에 뿌리를 내리는 힘과 끈기, 번식, 풍요, 번영, 금전관리 능력자이면서 변화를 싫어하고 안정을 추구하며 추상적이고 애매모호한 것이 아닌 현실적으로 쓸모 있는 실질적인 것을 원한다.

온화하고 견실하며 인내심이 강하고 침착하면서도 소유욕이 강하여 물질적인 만족을 추구하는 성품이다.

왕성한 활동력과 신중하고 집요하며 올곧아서 어떠한 고난이나 희생도 참아 내고 매진하면서도 나의 것을 획득하는 것에 삶의 의미를 부여하는 탐욕적이고 부와 권력을 얻는 현실감각이 뛰어나며 평화와 아름다움을 즐기는 탐미주의자이며 쾌락주의자이다.

그리스 신화 – 황소자리

페니키아의 공주 에우로페의 관심을 끌기위해서 황소로 변한 제우스가 바닷가에서 놀고 있던 에우로페가 다가와 장난치듯 황소 등에 올라타자 제우스는 에우로페를 등에 태운 채 곧장 크레타 섬으로 헤엄쳐 간다.

그곳에서 제우스는 에우로페에게 끈질긴 구애를 하고 마침내 아내로 맞아들인다. 그녀는 죽은 뒤 여신으로 숭배를 받았고 황소는 하늘의 별자리가 되었다.

(3) 쌍둥이자리   Gemini Ⅱ

태양이 지나는 시기 — 양력 (5월 21 ~ 6월 21일경) 소만, 망종
본격적인 농사의 시작, 늦은 봄의 미풍과 계절이 변화하는 때이다.
슬기롭고 호기심 왕성하다.

궁	별자리	극성	특질	원소	기질	(수호성)
쌍자	쌍둥이	양(陽)	변통	풍(風)	사실적, 피상적, 민첩성	(수성)

어디서나 새 바람을 일으키며 변화무쌍 하면서도 조용하고 완고하며 사색적이다. 자신감과 외로움의 이중성과 반복성으로 끊임없이 변화하고 새로운 것을 추구하며 호기심을 충족시키고 자신의 역량을 펼쳐 보일 수 있는 더 넓은 세상으로 나아가길 원하기 때문에 경험과 모험을 좋아한다.

학문이나 예술방면에서 명성을 얻을 수 있으며 재치와 연설에 능하고 문장력과 언어 아이디어를 잘 다루고 지적인 열망이 강한 지혜롭고 총명한 모험주의자이다.

그리스 신화 – 쌍둥이자리

스파르타 왕비 레다는 백조로 둔갑하여 찾아온 제우스와 정을 통하여 알을 낳는다. 그 알을 깨고 나온 것이 카스토르와 폴록스의 쌍둥이 형제다.

한번은 두 형제가 황금 양가죽을 찾으러 아르고선을 타고 바다로 나간다. 갑자기 폭풍우가 몰아쳐 배는 높은 파도에 휩쓸리고 위험에 처하지만 쌍둥이 형제가 힘써 침몰하는 배를 간신히 구해낸다.

이 때문에 지중해를 오가던 뱃사람들은 카스토르와 폴록스를 뱃길을 무사히 지켜주는 수호신으로 생각하게 되었고 이것이 밤하늘의 쌍둥이 자리가 되었다.

(4) 게자리   Cancer ♋

태양이 지나는 시기 — 양력 (6월 22일 ~ 7월 23일) 하지, 소서

1년 중 낮이 가장 긴 날, 에너지와 열정, 급상승의 성장, 여름 무더위가 시작하는 날

궁	별자리	극성	특질	원소	기질	(수호성)
거해	게	음(陰)	활동	수(水)	방위적, 감상적, 가정적	(달)

감응, 용기, 탐욕, 집념, 희생적이고 강인한 모성애로 부양정신이 철저하여 가족, 전통, 과거에 대해 관심을 갖고 있으며 창조, 생명의 보존, 바다와 모든 삶의 요람을 상징한다.

의협심이 강하고 주관이 뚜렷하며 생활력이 강하고 부지런하다. 재물이든 사람이든 어머니처럼 의지할 수 있는 존재를 필요로 하며 미래를 철저히 준비한다.

이들의 성향은 하나의 사랑, 하나의 사람, 하나의 삶, 하나의 평화를 찾아 한곳에 안착하는 것이다. 감정과 환경에 따라 지속적으로 변화하면서도 자신만의 고집이 없어 변화의 조류에 쉽게 빠져드는 감상주의자이다.

그리스 신화 – 게자리

헤라는 뱀(히드라)과 정신없이 싸우는 헤라클레스를 죽이려고 게를 보낸다. 게는 살그머니 기어가 헤라클레스의 발을 무는 데는 성공하지만 곧바로 헤라클레스의 발에 밟혀 죽었다.

헤라는 한쪽 다리가 부러진 채 죽은 게를 가엾게 여겨 그에 대한 보답으로 별자리로 만들어 주었다고 한다.

(5) 사자자리   Leo ♌

태양이 지나는 시기 — 양력 (7월 24일 ~ 8월 23일경) 대서, 입추

태양이 가장 위력을 떨치는 시기이다. 에너지가 넘치고 야망이 최고인 때, 가을의 시작

궁	별자리	극성	특질	원소	기질	(수호성)
사자	사자	양(陽)	고정	화(火)	표현적, 열정적, 창조적	(해)

목적을 달성하는 강한 추진력, 승부욕, 열정의 소유자이고 지위와 권력에 열광하며 사물을 꿰뚫어보는 지혜와 상상력이 뛰어나다.

용기, 자존심, 자기표현, 창조적, 장엄 화려하고 위풍당당하며 최선을 다하면서 개방적이고 지도력을 발휘한다.

눈에 보이는 결실을 원하며 과시적이고 강한 현세적 욕망과 자존심의 상징이다. 신중하면서 공명정대하며 매 순간 충실하게 살며 높은 이상을 추구하는 명예주의자이다.

그리스 신화 – 사자자리

제우스와 알크메나 사이에 태어난 헤라클레스는 제우스의 아내 헤라의 미움을 받는다. 헤라의 계략에 헤라클레스는 12가지 모험을 해야 하는데 첫 번째가 네메아 골짜기의 사자를 죽이는 일이다. 달에서 별똥별이 되어 네메아 골짜기에 떨어진 사자는 사람들을 괴롭히고 있었다.

헤라클레스가 네메아 계곡의 사자를 죽이는데 성공하자 그의 아버지인 제우스는 그 사자를 하늘의 별자리로 옮겨놓아 아들의 용맹을 기리게 하였다.

(6) 처녀자리   Virgo ♍

태양이 지나는 시기 — 양력 (8월 24일 ~ 9월 23일경) 처소, 백로

일교차가 커짐, 이슬이 내리기 시작, 여름을 마무리하고 수확을 준비하는 시기

궁	별자리	극성	특질	원소	기질	(수호성)
처녀	처녀	음(陰)	변통	지(地)	분석적, 비판적, 실용적	(수성)

자기가 가장 잘할 수 있는 분야와 정말로 할 수 없는 분야에서 실력의 격차가 매우 크며 사려가 깊고 비판정신이 풍부해 예리한 사람으로 그 무엇에도 도움을 요청하거나 의지하지 않고 특유의 근면함으로 스스로 애를 쓰며 살아가려고 한다.

분별심, 폐쇄적, 분석적, 중용, 근면, 노동, 세밀함, 지성, 순수함을 가지고 논리적으로 생각하고 방법을 모색하여 원하는 바를 현실에서 완전하게 추구하고자 한다.

감수성이 예민하고 천재성이 번쩍이며 높은 이상과 고결한 정의감으로 자신을 지키는 분석력이 뛰어난 상식주의자이다.

그리스 신화 – 처녀자리

아주 오래전 황금의 시대에 정의의 여신 아스트리아는 이 세상에서 인간과 함께 생활하였다.

그러나 사람들의 타락과 불의에 실망하여 하늘로 돌아가 처녀자리가 되었다.

(7) 천칭자리   Libra ♎

태양이 지나는 시기 — 양력 (9월 24일 ~ 10월 23일) 추분, 한로

찬 이슬이 맺힘, 지난여름의 과업을 저울에 달아 보는 본격적인 가을의 시작

궁	별자리	극성	특질	원소	기질	(수호성)
천평	천칭	양(陽)	활동	풍(風)	균형적, 평화적, 사교적	(금성)

상대를 파악하고 자신의 방침을 결정하는 적을 알고 나를 알아서 승리하는 능력자이고 억지로 애를 쓰는 일이 아니라 자신이 제일 잘하는 일에 집중해서 몰두하는 성향으로 질서를 잘 지키고 동요됨이 없으며 자기주관이 뚜렷하다.

성품이 온건하고 지적이며 이성적으로 매사에 논리와 책략을 추구하는 이들의 가장 큰 장점은 신중함과 올바른 판단력 그리고 타협정신이며 편견에 쉽게 휘말리지 않는 성향의 균형, 조화, 공평한 저울을 가지고 냉정하게 결단을 내리는 재판관이면서 이편과 저편의 이익을 공평하게 나누는 매개자, 협상가의 자질이 뛰어나다.

그리스 신화 – 천칭자리

그리스인은 정의의 여신 아스트라이아가 선악을 판단하는 데 사용하는 저울이라고 생각하였다. 아스트리아는 인간 세상의 정의와 악의 무게를 재기 위해 저울을 가지고 다녔다.

그런데 그녀가 인류의 타락에 실망하여 하늘로 돌아가 별자리(처녀자리)가 되자 그 저울도 별자리인 천칭자리가 되었다.

(8) 전갈자리   Scorpio ♏

태양이 지나는 시기 — 양력 (10월 24일 ~ 11월 22일경) 상강, 입동
서리가 내리고 단풍이 붉게 물들어 낙엽지는 만추이다. 겨울의 시작

궁	별자리	극성	특질	원소	기질	(수호성)
천갈	전갈	음(陰)	고정	수(水)	격정적, 파괴적, 갱신적	(명왕성)

뛰어난 지각력과 격렬함의 열정 및 집중력을 가지고 있으며, 한 가지 분야에 정통하여 널리 알려지게 되고, 적어도 자신이 선택한 분야에서만은 타의 추종을 불허할 지식을 습득한다.

꿰뚫어보는 통찰력과 의지력이 강한 특정분야 전문가이며, 살아가면서 겪는 일상다반사를 관통하면서 고통을 성장의 계기로 삼아 자신만의 삶의 방식을 추구한다.

정신과 물질에 대한 욕구가 매우 높으며 어려움을 두려워하지 않고 상당한 노력을 기울이면서 침착하고 신중하게 장래의 성공을 위해 빈틈이 없이 완벽에 가까운 처세를 하여 서서히 목적한 바를 기어이 달성하는 대기만성형이다.

그리스 신화 – 전갈자리

사냥꾼 오리온을 물어 죽인 전갈이 나타나는 그리스 신화에 따르면 오리온의 자만심은 하늘을 찌를 듯 높아 "이 세상에서 나보다 힘센 사람은 없다"라고 큰소리치고 다녔다고 한다.

이 말을 들은 헤라는 크게 화가 나 전갈을 보내 오리온을 죽였고, 전갈은 하늘의 별자리가 되었다.

(9) 사수자리 Sagittarius ♐

태양이 지나는 시기 — 양력 (11월 23일 ~ 12월 22일결) 소설, 대설
얼음이 얼기 시작, 눈이 많이 내림, 가을을 마무리하고 사색하는 시기

궁	별자리	극성	특질	원소	기질	(수호성)
인마	사수	양(陽)	변통	화(火)	낙천적, 위선적, 사색적	(목성)

학식과 정의와 진리에 대한 높은 기대를 안고 살아가며 왕성한 활동력과 독립심이 강하여 어디에도 얽매이지 않고 좌절하지도 않으며 한바탕 힘차게 뻗어나가려 하는, 냉철한 판단력과 직관, 총명한 두뇌와 불도저 같은 추진력을 지닌 낙천적인 행동가이다.

종교, 철학, 법률, 교육, 스포츠, 여행, 낙천적, 미래지향적, 목표의식, 선견지명으로 본능과 물질 약육강식이 지배하는 짐승의 세계에서 이성과 감성을 지닌 인간을 거쳐 신의 세계에 도달하려는 존재를 상징한다.

그리스 신화 – 사수자리

사수자리는 켄타우로스(허리 위는 사람이고 아래는 말)가 활을 든 모습이다. 난폭한 동물인 켄타우로스족 중에서 카이론이라는 이름의 그는 정의, 지혜, 예언, 활쏘기와 사냥, 음악과 의술에 뛰어났다.

카이론은 영웅 헤라클레스가 잘못 쏜 독화살을 맞고 극심한 고통을 이기지 못해 영원히 살 수 있는 권리를 누리지 못하고 죽었는데 제우스가 모든 사람이 다 볼 수 있도록 그가 활 쏘는 모습을 하늘에 남긴 것이 바로 이 사수자리이다.

(10) 염소자리   Capricorn

태양이 지나는 시기 — 양력 (12월 23일 ~ 1월 20일경) 동지, 소한

연중 밤이 가장 긴 때, 가장 추운 시기, 가장 남쪽에 있던 태양이 북상하기 시작하는 때

궁	별자리	극성	특질	원소	기질	(수호성)
마갈	염소	음(陰)	활동	지(地)	조직적, 보수적, 야심적	(토성)

결단력, 의지력과 독립심이 강하고 실행력이 뛰어나며 온순함과 강인함을 두루 갖추고 있는 이들은 꿈과 야망을 위해 장기적인 계획을 세우며 미래에 대한 믿음으로 삶을 실현한다.

자신을 둘러싼 조직과 규율 질서 속에서 편안함을 느끼고 근엄한 태도와 어떤 산이라도 오를 수 있는 힘을 지녔으며 포기와 망설임 없는 강한 마음의 고고한 사람으로 확실한 결과를 얻기 위하여 서두르지 않고 때를 기다리며 엄격한 절제와 인내로 자신의 목표를 성취해 나아가는 조직적이고 보수적이며 근면하고 현실적인 실용주의자이다.

그리스 신화 – 염소자리

별자리의 주인공은 반은 염소이고 반은 물고기인 가축의 신 판이다. 판이 나일 강변에서 열린 신의 잔치에서 흥겹게 노는데 갑자기 괴물 티폰이 쳐들어온다. 신은 제각기 변신하여 도망가기 시작했고 판도 주문을 외우며 변신을 시도한다. 하지만 너무나 급한 나머지 주문이 꼬이는 바람에 위는 염소 아래는 물고기꼬리가 되고 말았다. 이것을 제우스가 하늘의 별자리로 남긴 것이 염소자리이다.

(11) 물병자리   Aquarius ♒

태양이 지나는 시기 — 양력 (1월 21일 ~ 2월 19일경) 대한, 입춘
겨울 추위의 절정기, 봄의 시작, 발진, 발심, 자애, 생동

궁	별자리	극성	특질	원소	기질	(수호성)
수병	물병	양(陽)	고정	풍(風)	민주적, 당파적, 보편적	(천왕성)

지적이고 성실하며 그룹 참여도가 높고 애정보다는 우정과 신의 공정성과 평등함으로 다른 사람들과의 관계를 유지하고자 하고, 복종이나 사사로운 감정에 얽이지 않으려는 독립적이고 자유로운 개혁가이면서 이상주의자이며 혁신론자인 동시에 인도주의자이다.

추리력, 비판력이 예민하고 이해력, 설득력과 이론에 능하며 생각을 바꾸면 못할 일이 없다는 급진적이고 혁신적인 가치관을 갖고 있으면서도 겸허히 인내하고 받아들이는 고전적인 성품과 개방적인 사고방식을 지닌 초현실주의자이다.

그리스 신화 – 물병자리

제우스는 신들의 잔치에 술을 따르고 시중을 들게 할 사람을 구하다가 미소년 가니메데로 트로이 왕자를 찾아낸다.

제우스는 독수리로 변신하여 가니메데로를 납치해 올림포스 산에 데리고 가 그 일을 시켰다고 한다. 그때 그가 가지고 있던 물병이 변하여 하늘의 물병자리가 되었다.

(12) 물고기자리   Pisces ♓

태양이 지나는 시기 — 양력 (2월 20일 ~ 3월 20일경) 우수, 경칩
눈이 녹고 비가 내린다, 동면에서 깨어난다

궁	별자리	극성	특질	원소	기질	(수호성)
쌍어	물고기	음(陰)	변통	수(水)	헌신적, 몽상적, 신비적	(해왕성)

인간을 전체가 아니라 개개의 인간을 중요하게 여기고 신비주의적이면서 사색적이고 직관력이 뛰어나 다른 사람의 마음을 잘 헤아리며 정직하고 진실하면서 맡은 일에 책임을 다하는 성실함을 보인다.

포용, 창조, 꿈, 겸양, 청빈을 일상생활 보다도 더 중요한 현실로 여기는 적응력이 강한 현실주의자이다. 어떤 일을 해결할 때 그 일 한 가지 상황만을 검토하는 것이 아니라 여러 가지 일을 동시에 종합적으로 생각하는 폭넓은 관점의 사고력을 가졌기 때문에 여러 가지 일을 동시에 추진할 때 한순간에 파악하는 천부적인 직관능력의 소유자이다.

그리스 신화 – 물고기자리

신화에서 두 물고기는 미의 여신 아프로디테와 아들 에로스가 변신한 것으로 나타난다. 어느 날 모자가 한가로이 유프라테스강의 정취를 즐길 때 갑자기 괴물 티폰이 나타난다. 머리가 여럿 달린 이 괴물을 피하려고 둘은 곧장 물고기로 변해 강물에 뛰어들었다고 한다.

별자리에서 두 물고기를 잇는 끈은 위험이 각친 상황에서 더 커지는 모자 사이의 보이지 않는 사랑의 끈을 상징하는 것 같다. 이 둘을 여신 아테나가 하늘에 옮겨놓은 것이 이 물고기자리이다.

2) 10 행성의 기능

기호	행성	지배궁(별자리)	원리	기능
☉	해(태양)	사자	발산	**의지, 창조력**
☽	달(태음)	게	수용	**본능, 감수성**
☿	수성	쌍둥이, 처녀	실무, 연결	**지성, 사고력**
♀	금성	황소, 천칭	균형, 안정	**애정, 친화력**
♂	화성	양, 전갈	파괴, 투쟁	**추진, 공격성**
♃	목성	물고기, 사수	성장, 확산	**확장, 정신력**
♄	토성	물병, 염소	응집, 수렴	**응축, 현실성**
♅	천왕성	물병	분쇄	**파쇄, 독창성**
♆	해왕성	물고기	용해	**용융, 상상력**
♇	명왕성	전갈	씨앗	**변성, 갱신력**

출처 - 행성궁 점성학. 마셔무어·마크 더글러스 지음/유기천 편역. 정신세계사. 1995. 4.18

각 행성들은 황도 12궁을 운행하면서 지배궁뿐만 아니라 기능항진궁, 품위손상궁, 기능저하궁 등을 통과하는데 자신의 지배궁이나 기능항진궁에 위치할 때 유리하고 품위손상궁, 기능저하궁에 위치할 때 불리한 것으로 본다.

(1) 태양   Sun   ⊙

행성	지배궁(별자리)	원리	기능
해(태양)	사자	발산	의지, 창조력

사자자리를 지배하고, 사자자리의 행운의 별(수호성)인 태양은 ― 원초적인 생명의 씨앗이고 활력이며 삶의 최종적 꿈과 인간의 심장을 상징한다.

태양계의 중심이고 지구상에서의 삶의 원천이며 자아, 의지, 열정, 개성, 창조력, 주체성, 능동적, 표현욕, 관대, 지배욕, 리더, 명예를 의미한다.

태양계의 중심에 자리하여 지구를 포함한 9개의 행성과 위성, 혜성, 유성 등의 운동을 지배하고 있는 지구에서 가장 가까운 항성(恒星)이다.

사자자리의 태양

사자좌는 태양의 궁전이고, 태양은 빛과 열을 발산하는 자신의 힘에 의해 권좌를 유지하며 세상을 다스린다.

창조적인 자기표현을 통해 발현되는 개성의 힘을 의미하고, 화려한 예복을 걸치고 보좌에 앉아있는 왕을 상징한다.

태양의 왕성한 세력은 주위사람들의 삶을 좌우할 수 있으므로 자신의 에너지가 맹목적으로 표출되는 일이 없도록 하고 주위의 찬사를 받고 싶은 마음으로 능력 밖의 일을 시도하여 에너지를 낭비하는 일이 없도록 해야 한다.

(2) 달   Moon   ☽

행성	지배궁(별자리)	원리	기능
달(태음)	게	수용	본능, 감수성

게자리를 지배하는 행성이고, 게자리의 행운의 별(수호성)인 달은 — 변화와 감성의 별로서 인간 영혼의 뿌리를 상징한다.

지구의 위성인 달은 태양에서 비롯된 생명의 씨앗을 품어 양육하는 어머니이며 가정과 삶의 기반이고, 지구에서 본 태양과의 각도에 따라 그 크기가 나날이 변하면서 지구상의 모든 생물의 성장과 쇠퇴의 변화를 암시한다.

평화, 본능, 감수성, 상상력, 온화, 감정, 수용성, 무의식을 의미한다. 달이 인간의 영혼에 작용하는 가장 중요한 기능은 징조이다.

게자리의 달

게좌의 달은 무의식과 감정의 수동적인 본성을 깊게 구현하며 물처럼 감응하기 쉬운 달과 감성적인 게좌의 결합은 주위 환경에 대한 예민한 감수성을 갖게 한다.

상황의 필요조건을 충족시키는 감성의 능력을 의미하고, 아이를 돌보는 어머니를 상징한다.

달의 기능을 강하게 타고나면 자신이 겪어가는 모든 체험을 필연적인 것으로 자연스럽게 받아들이면서 끊임없이 다시 태어나는 삶을 영위한다.

(3) 수성   Mercury   ☿

행성	지배궁(별자리)	원리	기능
수성	쌍둥이 · 처녀	실무, 연결	지성, 사고력

쌍둥이자리와 처녀자리를 지배하는 행성이며 행운의 별인 수성(水星)은 인간이 살아가기 위한 도구와 수단, 지능과 지성의 별이다.

도구와 수단에는 말과 생각, 정보습득과 그것을 분석하여 타인에게 전달하는 이성적 능력을 말하며 논리, 지성, 사고력을 의미한다.
내면의 소리를 눈앞의 현실과 비교하면서 논리적인 이유를 살펴보는 비즈니스와 커뮤니케이션을 담당하는 별이다.

쌍둥이 자리의 수성
인간의 이성에 의해 행동하고 자신의 문제를 냉정하게 바라보는 합리적이고 논리적인 마음의 소유자이며 합리적이고 분명하게 교환되는 아이디어를 지니고, 사고력이 풍부한 사람들과 의견을 교환하고 미풍처럼 자유롭기를 원한다.

처녀자리의 수성
체계적이고 세부적인 마음의 기능을 의미하고, 예민하고 분별력이 있으며 지성적이고 여행을 통해 다른 세계를 보고 싶어하며 꿈을 꾸는 공상가이다.

(4) 금성　Venus　♀

행성	지배궁(별자리)	원리	기능
금성	황소 · 천칭	균형, 안정	애정, 친화력

황소자리와 천칭자리를 지배하는 행성이고 행운의 별인 금성(金星)은 풍요와 미의 여신을 상징한다.

사랑과 미의 여신이고 삶의 풍요와 안락을 원하므로 평화롭고 세련된 분위기를 조성하려고 한다.

평화, 안정, 물질적, 소유욕, 매력, 미의식, 애정, 친화력의 의미를 가지고 있는 인간의 본능적 욕구에 충실한 별이다.

황소자리의 금성

대지의 여신으로 고요하고 아름다우며 풍요롭고 물질적인 안정과 노력을 통해 무언가를 성취하고자 하며 그 결과물을 손에 쥘 때까지 버티어 기다리는 인내력을 가지고 있다.

윤택한 자신에 의해 유지되는 아름다움을 의미하고, 대지를 봄날의 초록빛으로 물들이는 자연의 여신을 상징한다.

천칭자리의 금성

수용, 수동, 응집의 에너지를 갖고 있으며 우아함과 매너, 세련미를 추구하는 심미주의자이다.

자선 무도회에서 손님들을 소개하는 아름다운 복장의 여주인을 상징한다.

(5) 화성   Mars   ♂

행성	지배궁(별자리)	원리	기능
화성	양 · 전갈	파괴, 투쟁	추진, 공격성

양자리와 전갈자리를 지배하는 행성이고 행운의 별인 화성(火星)은 ― 힘과 의지, 육체 에너지와 투쟁욕구를 상징한다.

상식의 범위를 크게 벗어나지 않으면서도 무사와 같은 화성의 충동적인 기질은 용맹성과 투쟁정신의 소유자로서 하늘의 전사라고 불려온 힘의 상징이다. 추진력, 개척정신, 공격성, 자기주장, 욕망, 동물근성, 불굴의 용기 등의 의미를 가지고 있는 생성과 소멸을 주관하는 별이다.

양자리의 화성

양좌의 화성인 사람은 자신이 곧 운명의 주인이라고 믿으며 결과가 오직 자신의 행동에 의한것이고 생각한다.

타고난 강인함과 활력이 넘치며 무언가를 달성하고자 하는 용기를 가지고 있지만 야망을 실현할 강한 인내심과 지구력이 있어야만 될 일이다.

행동적으로 나타나는 원기왕성한 에너지를 의미하고, 말을 타고 싸움터로 나아가는 용사를 상징한다.

전갈자리의 화성

전갈좌의 화성은 내면을 관통하는 힘이다. 단단히 비축되어 있던 힘의 폭발적 활성화를 의미하고, 땅속 깊이 구멍을 뚫어 유맥을 발견하는 광부를 상징한다.

(6) 목성   Jupiter   ♃

행성	지배궁(별자리)	원리	기능
목성	물고기 · 사수	성장, 확산	**확장, 정신력**

사수자리와 물고기자리를 지배하는 행성이고 행운의 별인 목성(木星)은 확대와 성장, 직관, 사유능력을 지배하는 별이다.

행운과 확장, 보호, 진보, 자비롭고 쾌활하며 희망과 믿음을 주는 기회의 별이라고 한다.

선견지명의 능력과 도량이 넓고 성실하며 큰 꿈을 가지고 명예를 추구하며 재앙과 위험한 순간에 우리를 지켜주는 수호신이다. 지혜, 관용, 풍요, 낙천성, 활발함, 겸손, 정의, 맑은 정신을 의미한다.

사수자리의 목성

사수좌의 목성은 관심의 영역을 넓히는 마음을 가지고 전통적으로 인정된 옳은 일을 실행하여 사람들을 기쁘게 하려는 보수성을 지니고 남들을 돕고자 원하며 그들의 인생을 보다 밝고 풍요로운 길로 인도하고자 한다.

물고기자리의 목성

물고기좌의 목성은 관계를 넓힘으로써 의식을 확장함을 의미하고, 물고기좌는 내향적이고 목성은 확장을 추구하여 잘 융화되며 종교적인 성향을 지니고 신비주의의 색채를 띠기도 한다.

(7) 토성   Saturn   ♄

행성	지배궁(별자리)	원리	기능
토성	물병 · 염소	응집, 수렴	**응축, 현실성**

염소자리와 물병자리를 지배하는 행성이고 행운의 별인 토성(土星)은 응축과 통제, 야심과 노력을 의미하는 별이다.

정확하고 냉정하며 성취감과 공정성의 성질을 가진 토성은 물질적으로는 응집력을 정신적으로는 통제력을 다스리며 책임, 냉정, 훈련, 응집, 수렴, 성취, 지속, 현실성을 의미한다.

시간의 흐름에 따라 모든 것이 수축응결 되는 과정을 주관하며 해야 할 일들에 끈기를 가지고 한계를 인내할 수 있도록 하는 별이다.

염소자리의 토성

토성은 사물을 응결시키고 염소좌는 조직하는 관계상 이 두 영향력이 조화된 사람들은 추상적인 개념을 언어로 전달하는 능력이 발달한다.

이들은 휴식과 오락을 통해 심신을 위로하기보다는 자신의 마음이 향하는 직업에 몰두함으로써 더 깊은 만족을 얻는다. 훈련과 제어를 통하여 달성되는 완숙의 경지를 의미하며 금강석을 다듬는 보석 세공인을 상징한다.

물병자리의 토성

물병좌의 토성은 행동의 자유를 얻기 위한 투쟁에서 장애물을 극복하기 위한 힘을 지원받을 수 있는 힘의 원천을 저장해두고 있는 것처럼 보인다.

순환하는 에너지의 방향조정에 의해 유도되는 힘을 의미하고, 주변 마을에 전기를 공급하는 큰 발전소의 댐을 상징한다.

(8) 천왕성   Uranus

행성	지배궁(별자리)	원리	기능
천왕성	물병	분쇄	파쇄, 독창성

　물병자리를 지배하는 행성이고 행운의 별인 천왕성은 ― 하늘의 왕이며, 지성과 독창성, 직관, 혁명가의 별이다.

　상식을 초월한 독창성과 지성을 가지며 직관적인 영감은 섬광처럼 번쩍이며 나타나고, 좋고 싫음의 감정을 갑작스럽고 격렬하게 나타낸다.
　과학적 영감의 근원으로 시간과 공간의 벽을 뛰어넘어서 단순한 개혁이 아니라 좀 더 높은 차원으로 탈바꿈시키기 위해서 존재하며 자유로움과 통찰력, 분리, 탈출, 장벽을 깨뜨리는 힘, 파쇄, 극복의 의미를 지니고 있다.

물병자리의 천왕성
　물병좌는 범우주적인 인류애와 평등주의를 그 이상으로 하고 군중심리와 단체의식, 순환의 원리를 다스리며 새로운 아이디어를 거부감 없이 받아들이면서도 과거로부터의 정신적, 도덕적 자세를 유지하며 그 지배성인 천왕성은 동료들을 위해 현상을 개혁하려는 의지를 나타낸다.

(9) 해왕성   Nepttune

행성	지배궁(별자리)	원리	기능
해왕성	물고기	용해	용융, 상상력

물고기자리를 지배하는 행성이고 행운의 별인 해왕성은 ─ 바다의 신이며 영혼과 육체를 관장하는 별이다.

영적 감수성, 상상력, 자기최면, 몽상, 형체 없음, 은용, 도취, 욕망, 염원, 애매모호함 등의 의미를 가지고 있으며

노을과 안개, 무지개와 신기루는 모두 해왕성 지배아래 들어오는 자연현상이다.

초현실의 별이고 바다의 제왕인 해왕성의 에너지는 빗물이 대지를 적시듯이 세상에 스며드는 성인들의 인류애와 같은 것으로 아름다운 이상을 보여주면서 왕국을 꿈꾸게 하는 신비주의자이다.

물고기자리의 해왕성

물고기좌의 해왕성은 바다와 같은 포용력을 발휘하고 음악, 미술 등의 예술적 영감이나 문학적 상상력, 직관 등을 통해서 나타난다.

(10) 명왕성   Pluto   ♇

행성	지배궁(별자리)	원리	기능
명왕성	전갈	씨앗	변성, 갱신력

전갈자리를 지배하는 행성이고 행운의 별인 명왕성은 — 지하세계의 왕으로, 부활과 삶의 영속성을 의미하는 별이다.

태양계에서 가장 멀리 떨어진 명왕성은 환골탈태를 상징하는 별이다. 안으로 파고들어 자신을 관통하면서 자체분열을 통하여 더욱 강렬하고 새로운 에너지로 변화되어 한 차원 높은 세계로 자신의 에너지를 분출한다.

보다 새로운 존재로 다시 태어날 기회를 갖기 위해 씨앗을 맺는 과정으로 명왕성의 에너지는 위험을 감수하고서라도 목표한 것을 쟁취하며 자기파괴까지도 불사하는 불사조의 성향을 가지고 있다.

전갈자리의 명왕성

전갈좌의 명왕성은 자체분열을 통하여 강렬하고 새로운 에너지로 변화하는 전갈좌에 친화성을 가지며 모든 것을 힘으로 다스리어 가는 곳마다 사건들은 신속, 확실하게 결판이 난다.

명왕성이 다스리는 것은 현상계에서의 옛것을 무너트리는 형태로 나타나서 평면적인 삶을 종결하고 보다 높은 존재로 다시 태어나기 위해 씨앗을 맺는 것이다.

부록 3

대법원 인명용 한자

대법원 인명용 한자(2018. 12. 28일 시행 8,279자)에서
뜻이 좋지 않아 쓸 수 없는 불용문자와 획수가 너무 많거나,
읽고 쓰기에 복잡한 것 등을 제외하였습니다.

발음(오행)	한자	뜻	획수 원획	자원 오행
가(木)	架	시렁, 횃대	9	木
	家	집, 건물	10	木
	舸	배, 선박	11	木
	笳	호드기, 갈대	11	木
	茄	연줄기	11	木
	榎	개오동나무	14	木
	稼	심을	15	木
	檟	개오동나무	17	木
	佳	아름다울	8	火
	斝	술잔	12	火
	街	거리	12	火
	暇	겨를, 틈	13	火
	價	값, 가치	15	火
	跏	책상다리	12	土
	嫁	시집갈	13	土
	珈	머리꾸미개	10	金
	珂	흰 옥돌	10	金
	枷	칼, 도리깨	11	金
	賈	값	13	金
	歌	노래	14	金

발음(오행)	한자	뜻	획수 원획	자원 오행
가	謌	노래	17	金
	可	옳을, 허락할	5	水
	加	더할	5	水
	哿	옳을, 좋을	10	水
	哥	소리, 노래	10	水
	嘉	아름다울	14	水
각(木)	桷	서까래	11	木
	推	두두릴, 칠	14	木
	閣	집, 누각	14	木
	恪	삼갈	10	火
	愨	성실할, 삼갈	15	火
	慤	성실할	14	火
	刻	새길	8	金
	珏	쌍옥	10	金
간(木)	干	방패	3	木
	幹	줄기, 몸	13	木
	揀	가릴	13	木
	杆	몽둥이, 방패	7	木
	柬	가릴, 선택	9	木
	看	볼	9	木

발음(오행)	한자	뜻	획수 원획	자원 오행
간 (木)	竿	낚싯대, 장대	9	木
	簡	편지, 대쪽	18	木
	栞	표할, 표지	10	木
	幹	줄기, 몸	14	木
	秆	볏짚	8	木
	侃	강직할	8	火
	懇	정성	17	火
	偘	굳셀, 강직할	11	火
	衎	즐길	9	火
	赶	달릴	10	火
	墾	개간할	16	土
	迀	구할	10	土
	刊	책 펴낼	5	金
	磵	산골 물	17	金
	諫	간할	16	金
	玕	옥돌	8	金
	澗	산골물	16	水
갈 (木)	罕	땅이름	6	木
	葛	칡, 덩굴	15	木
	褐	털옷	15	木
갈	楬	푯말	13	木
	秸	볏짚	11	木
	噶	다짐할	16	水
감 (木)	瞰	굽어볼	17	木
	感	느낄	13	火
	勘	조사할	11	土
	堪	견딜, 뛰어날	12	土
	甘	달, 맛이 좋을	5	土
	弇	덮을	9	土
	敢	감행할, 굳셀	12	金
	監	살필	14	金
	玲	옥돌	9	金
갑 (木)	岬	산허리	8	土
	鉀	갑옷	13	金
강 (木)	康	편안할	11	木
	絳	진홍	12	木
	綱	벼리, 주된	14	木
	舡	배, 선박	9	木
	杠	깃대, 다리	7	木
	罡	북두칠성	11	木

발음(오행)	한자	뜻	회수 원획	자원 오행	발음(오행)	한자	뜻	회수 원획	자원 오행
강(木)	彊	굳셀	17	木	개	闓	열, 개방될	18	木
	忼	강개할	8	火		价	착할, 클	6	火
	堈	언덕	11	土		皆	다, 모두	9	火
	姜	성 강, 강할	9	土		開	열, 펼	12	火
	岡	언덕	8	土		塏	높은 땅	13	土
	崗	언덕	11	土		改	고칠	7	金
	降	내릴, 하사할	14	土		玠	큰 홀	9	金
	嫌	편안할	14	土		漑	물댈	15	水
	剛	굳셀	10	金	거(木)	苣	상추	11	木
	强	굳셀	11	金		居	살	8	木
	講	익힐	17	金		据	일할	12	木
	鋼	굳셀	16	金		據	의지할	17	木
	玒	옥이름	8	金		擧	들, 일으킬	18	木
	鏗	강할	18	金		筥	광주리	13	木
	豇	광저기 콩	10	水		昛	밝을	9	火
개(木)	凱	승전, 개선할	12	木		車	수레	7	火
	槪	대게, 대강	15	木		巨	클	5	火
	蓋	덮을	11	木		炬	횃불	9	火
	揩	문지를	13	木		鉅	클, 강할	13	金
	槩	평미레, 풍채	15	木		渠	도랑	13	水

발음(오행)	한자	뜻	획수 원획	자원 오행
건(木)	睷	눈으로 셀	14	木
	建	세울	9	木
	楗	문빗장	13	木
	捷	멜	13	木
	健	굳셀	11	火
	鍵	열쇠, 자물쇠	17	金
	漣	물이름	13	水
	腱	힘줄	15	水
걸(木)	杰	뛰어날	8	木
	㐀	걸어둘	6	木
	傑	뛰어날,준걸	12	火
검(木)	檢	검사할	17	木
	撿	단속할	17	木
	儉	검소할	15	火
격(木)	格	격식	10	木
	挌	칠	10	木
	闃	고요할	17	木
견(木)	絹	비단	13	木
	縳	명주, 횔	17	木
	見	볼	7	火

발음(오행)	한자	뜻	획수 원획	자원 오행
견	堅	굳을	11	土
	牽	이끌	11	土
	甄	살필	14	土
결(木)	結	맺을	12	木
	缺	서운해할	11	木
	焆	불빛	11	火
	絜	맑을, 깨끗할	9	土
	趬	뛸	13	土
	玦	패옥	9	金
	潔	깨끗할, 맑을	16	水
	潔	깨끗할, 바를	14	水
겸(木)	縑	합사비단, 명주	16	木
	槏	문설주, 단속할	14	木
	兼	겸할, 쌓을	10	金
	謙	겸손할	17	金
	嗛	겸손할	13	金
경(木)	擎	들, 받들	17	木
	經	지날, 글	13	木
	檠	도지개	17	木
	徑	지름길, 곧	9	火

발음(오행)	한자	뜻	획수 원획	자원 오행
경(木)	倞	굳셀	10	火
	俓	지름길, 빠를	10	火
	憬	깨달을	16	火
	炅	빛날, 밝을	8	火
	烱	빛날	11	火
	耿	빛, 환할	10	火
	景	볕, 해, 경치	12	火
	曔	볕, 해, 밝을	16	火
	憼	공경할, 경계할	17	火
	熲	빛날, 불빛	15	火
	京	서울, 언덕	8	土
	境	지경, 경계	14	土
	勁	굳셀, 단단할	9	金
	勍	셀, 강할	10	金
	敬	공경할	13	金
	璟	옥빛	17	金
	璥	옥이름	18	金
	鏡	거울, 모범	19	金
	涇	통할	11	水
계	契	맺을	9	木

발음(오행)	한자	뜻	획수 원획	자원 오행
계(木)	屆	이를, 다다를	8	木
	桂	계수나무	10	木
	棨	나무 창	12	木
	稽	상고할, 헤아릴	15	木
	烓	화덕, 밝을	10	火
	堺	지경, 경계	12	土
	界	지경, 경계	9	土
	階	섬돌, 사다리	12	土
	磎	시내	15	金
	計	셀, 셈할	9	金
	誡	경계할	14	金
	啓	열, 밝힐	11	水
	季	계절, 끝	8	水
	溪	시내	14	水
	谿	시냇물	17	水
고(木)	庫	창고	10	木
	稿	볏집	15	木
	杲	밝을	8	木
	篙	상앗대	16	木
	暠	흴	14	火

발음(오행)	한자	뜻	획수 원획	자원 오행
고	高	높을	10	火
	考	헤아릴	8	土
	攷	생각할	6	金
	敲	두드릴	14	金
	賈	장사, 살	13	金
	鼓	북칠	13	金
	詁	주낼	12	金
	沽	팔	9	水
	皋	못, 늪, 언덕	11	水
	皐	못, 언덕	10	水
곡(木)	穀	곡식	15	木
	槲	떡갈나무	15	木
	縠	주름비단	16	木
	觳	뿔잔	17	木
	轂	바퀴통	17	火
곤(木)	梱	문지방	11	木
	袞	곤룡포	11	木
	捆	두드릴	11	木
	裍	걷어 올릴	13	木
	閫	문지방	15	木

발음(오행)	한자	뜻	획수 원획	자원 오행
곤	昆	맏, 형, 많을	8	火
	悃	정성	11	火
	坤	땅	8	土
	崑	산이름	11	土
	錕	붉은 쇠	16	金
	琨	옥돌	13	金
	滾	흐를	15	水
공(木)	功	공로	5	木
	控	당길	12	木
	栱	두공, 말뚝	10	木
	供	이바지할	8	火
	恭	공손할	10	火
	公	공변될, 공평할	4	金
	共	함께	6	金
	珙	큰옥	11	金
	貢	바칠	10	金
	孔	구멍, 클	4	水
과(木)	果	열매	8	木
	科	과목, 과정	9	木
	課	매길	15	金

발음(오행)	한자	뜻	획수 원획	자원 오행
과	夥	많을	14	水
	窠	보금자리	13	水
관(木)	冠	갓, 으뜸	9	木
	官	벼슬	8	木
	寬	너그러울	15	木
	管	대롱, 주관할	14	木
	筦	다스릴, 피리	13	木
	輨	줏대	15	火
	款	항목, 정성	12	金
	琯	옥피리	13	金
	貫	꿸, 이룰	11	金
	錧	줏대, 비녀장	16	金
	館	집, 별관	17	水
괄(木)	括	묶을, 헤아릴	10	木
	佸	이를, 다다를	8	火
	适	빠를	13	土
광(木)	廣	넓을, 널리	15	木
	桄	광랑나무, 베틀	10	木
	絖	솜	12	木
	広	넓을	5	木

발음(오행)	한자	뜻	획수 원획	자원 오행
광	侊	클	8	火
	昳	비칠, 밝을	8	火
	炛	빛, 빛날	8	火
	珖	옥피리	11	金
	洸	물 솟을	10	水
교(木)	校	학교, 바로잡을	10	木
	橋	다리	16	木
	僑	높을	14	火
	較	견줄, 비교할	13	火
	晈	밝을, 햇빛, 달빛	10	火
	暞	달빛, 밝을	14	火
	嬌	아리따울	15	土
	郊	들, 교외, 시골	13	土
	姣	아리따울	9	土
	敎	가르칠, 본받을	11	金
	皎	달 밝을, 햇빛	11	金
	喬	높을	12	水
구(木)	構	얽을	14	木
	苟	진실로	11	木
	韝	깔, 쌓을	10	木

발음(오행)	한자	뜻	획수(원획)	자원(오행)
구(木)	捄	담을	11	木
	裘	갖옷	13	木
	扣	두두릴, 당길	7	木
	俱	함께	10	火
	倃	공손할	9	火
	昫	따뜻할, 현명할	9	火
	覯	만날, 합칠	17	火
	丘	언덕	5	土
	區	구역	11	土
	耇	늙을	11	土
	邱	언덕, 땅이름	12	土
	姤	만날	9	土
	媾	화친할	13	土
	岣	산꼭대기	8	土
	遘	만날	17	土
	具	갖출, 함께	8	金
	救	구원할	11	金
	玖	옥돌	8	金
	球	공, 옥, 구슬	12	金
	矩	곱자, 법도	10	金
구	謳	노래할	18	金
	購	살, 구할	17	金
	銶	끌	15	金
	摳	추어올릴	15	金
	璆	옥	16	金
	釦	금테 두를	11	金
	珣	옥돌	10	金
	九	아홉	9	水
	劬	수고로울, 애쓸	7	水
	漚	담글	15	水
	句	글	5	水
	求	구할	6	水
	究	연구할	7	水
	呟	소리 높일	5	水
국(木)	國	나라	8	木
	局	판, 사태	7	木
	匊	움킬	8	木
	掬	움킬	12	木
군(木)	捃	주울	11	木
	軍	군사	9	火

발음(오행)	한자	뜻	획수 원획	자원 오행
군	群	무리	13	土
	郡	고을	14	土
굴	倔	고집 셀	10	火
	崛	우뚝 솟을	11	土
궁(木)	宮	집, 대궐	10	木
	躬	몸	10	水
	躳	몸, 신체	14	水
권(木)	卷	책, 공문서	8	木
	拳	주먹	10	木
	捲	거둘, 말	12	木
	眷	돌볼, 돌아볼	11	木
	睠	돌볼, 베풀	13	木
	綣	정다울	14	木
	權	권세	15	木
	惓	삼갈	12	火
	勸	권할	20	土
	券	문서,계약서	8	金
	港	물돌아 흐를	12	水
궐(木)	蕨	고사리	18	木
	闕	대궐	18	木

발음(오행)	한자	뜻	획수 원획	자원 오행
궐	厥	그것	12	土
궤(木)	机	책상	6	木
	櫃	함, 궤짝	18	木
	繢	수놓을	18	木
	軌	수레바퀴, 법	9	火
	氿	샘	6	水
규(木)	揆	헤아릴	13	木
	糾	살필, 얽힐	8	木
	閨	안방, 부녀자	14	木
	紏	꼴, 끌어모을	7	木
	規	법	11	火
	頍	머리 들	13	火
	煃	불꽃	13	火
	圭	홀, 서옥	6	土
	奎	별, 별이름	9	土
	赳	헌걸찰, 용감할	9	土
	逵	길거리	15	土
	珪	서옥, 홀	11	金
	湀	물 솟아오를	13	水
균	覠	크게 볼	14	火

발음(오행)	한자	뜻	획수 원획	자원 오행
균(木)	均	고를	7	土
	畇	개간할	9	土
	鈞	서른 근, 고를	12	金
극(木)	克	이길	7	木
	極	빠를	9	火
	剋	이길	9	金
	尅	이길	10	金
	劇	연극할	15	金
근(木)	根	뿌리	10	木
	懃	은근할, 힘쓸	17	火
	覲	뵐	18	火
	勤	부지런할	13	土
	近	가까울	11	土
	嫤	예쁠, 아름다울	14	土
	劤	힘, 힘이 셀	6	金
	瑾	아름다운 옥	16	金
	謹	삼갈	18	金
	漌	물 맑을	15	水
글(木)	契	맺을	9	木
	劶	뜻, 힘있는	6	土

발음(오행)	한자	뜻	획수 원획	자원 오행
금(木)	芩	풀이름	10	木
	衿	옷깃	10	木
	昑	밝을	8	火
	妗	외숙모	7	土
	黅	누른빛	16	土
급(木)	扱	거둘, 미칠	8	木
	笈	책 상자	10	木
	級	등급	10	木
	給	줄, 넉넉할	12	木
	急	급할, 중요할	9	火
	汲	물길을	8	水
	及	미칠	4	水
긍(木)	亘	뻗칠, 건널	6	火
	亙	뻗칠, 연결할	6	火
	矜	자랑할	9	金
	肯	즐길	10	水
기(木)	寄	부칠, 부탁할	11	木
	技	재주	8	木
	祁	성할	8	木
	祈	빌	9	木

발음(오행)	한자	뜻	획수 원획	자원 오행
기(木)	祺	길할, 복	13	木
	紀	벼리, 실마리	9	木
	綺	비단, 고울	14	木
	機	밭갈	18	木
	企	꾀할, 바랄	6	火
	伎	재주	6	火
	起	일어날	10	火
	暣	날씨	14	火
	炁	기운, 기백	8	火
	冀	바랄	16	土
	圻	경기, 영토	7	土
	基	터, 근본	11	土
	奇	기이할	8	土
	攲	기울, 높이 솟을	12	土
	嶜	높을	15	土
	玘	패옥	8	金
	琦	옥 이름	13	金
	琪	아름다운 옥	13	金
	璂	옥, 피변 꾸미개	16	金
	璣	구슬, 별이름	17	金

발음(오행)	한자	뜻	획수 원획	자원 오행
기	記	기록할	10	金
	嗜	즐길	13	水
	器	그릇	16	水
	期	기약할	12	水
	氣	기운	10	水
길(木)	拮	일할	10	木
	佶	바를, 건장할	8	火
	姞	삼갈	9	土
나(火)	拏	붙잡을	9	木
	拿	잡을	10	木
	挐	붙잡을	10	木
	挪	옮길	11	木
	娜	아름다울	10	土
	那	어찌	11	土
	誋	붙잡을	13	金
낙	諾	허락할	16	金
난(火)	暖	따뜻할	13	火
	煖	더울	13	火
	偄	연약할	11	火
	赧	얼굴 붉힐	12	火

발음(오행)	한자	뜻	획수 원획	자원 오행
날 (火)	捏	꾸밀, 반죽할	11	木
	捺	누를, 문지를	12	木
남 (火)	枏	녹나무	8	木
	湳	강이름	13	水
념 (火)	拈	집을	9	木
	念	생각할	8	火
	恬	편안할	10	火
녕 (火)	寧	편안할	14	木
	寗	차라리	13	木
	嚀	간곡할	17	水
노 (火)	努	힘쓸	7	土
	弩	쇠뇌	8	金
	瑙	옥돌	14	金
	譹	기뻐할	14	金
농 (火)	穠	무성할	18	木
	農	농사	13	土
	濃	짙을	17	水
누 (火)	耨	김맬	16	金
	啂	젖 먹을	11	水
뉴 (火)	紐	맺을, 묶을	10	木

발음(오행)	한자	뜻	획수 원획	자원 오행
뉴 (火)	忸	익을, 익숙할	8	火
	鈕	단추	12	金
니 (火)	柅	무성할	9	木
	馜	향기로울	14	木
	惄	마음좋을	16	火
	泥	진흙	9	水
닐 (火)	昵	친할	9	火
	暱	친할	15	火
다 (火)	茶	차	12	木
	爹	아비	10	木
	艍	뿌리 밑동	16	木
	多	많을, 두텁다	6	水
	夛	많을, 뛰어나다		水
단 (火)	緞	비단	15	木
	担	떨칠	9	木
	丹	붉을	4	火
	彖	판단할	9	火
	旦	아침	5	火
	胆	밝을	9	火
	煓	빛날	13	火

발음(오행)	한자	뜻	획수 원획	자원 오행
단	亶	믿을	13	土
	壇	제터	16	土
	端	단정할	14	金
	鍛	단련할	17	金
	團	둥글	14	水
	湍	여울, 급류	13	水
	溥	이슬 많을	15	水
달(火)	達	통달할, 통할	16	土
	靼	다룸가죽	14	金
담(火)	倓	편안할	10	火
	覃	깊을, 미칠	12	金
	談	말씀	15	金
	譚	말씀, 클	19	金
	淡	맑을	12	水
	澹	맑을, 담박할	17	水
	啿	넉넉할	12	水
답(火)	答	대답할	12	木
	畓	논	9	土
	踏	밟을	15	土
	沓	유창할	8	水

발음(오행)	한자	뜻	획수 원획	자원 오행
당(火)	幢	휘장, 기	15	木
	檔	의자	17	木
	瞠	볼	16	木
	堂	집	11	土
	塘	못, 방죽	13	土
	當	마땅할	13	土
	瑭	옥이름	15	金
	鐺	종소리	19	金
	唐	당나라	10	水
	璫	귀고리 옥	18	水
대(火)	大	큰	3	木
	對	대답할	14	木
	帶	띠	11	木
	袋	자루, 부대	11	木
	代	대신할	5	火
	待	기다릴	9	火
	昊	햇빛	7	火
	曼	해가 돋을	13	火
	垈	집터	8	土
	岱	산이름, 클	8	土

발음(오행)	한자	뜻	획수 원획	자원 오행
대	臺	돈대, 누각	14	土
	隊	무리	17	土
	坮	대, 돈대	8	土
	玳	대모	10	金
	汰	씻을, 일	7	水
댁	宅	댁, 집	6	木
덕(火)	德	클, 베풀	15	火
	悳	클, 베풀	12	火
도(火)	度	법도	9	木
	挑	돋을	10	木
	搗	찧을, 다듬을	14	木
	棹	노, 배	12	木
	睹	볼	14	木
	掏	꺼낼, 퍼낼	14	木
	檮	등걸	18	木
	祹	복, 신, 행복	13	木
	闍	망루	17	木
	夲	나아갈	5	木
	馟	향기로울	16	木
	徒	무리	10	火

발음(오행)	한자	뜻	획수 원획	자원 오행
도	覩	볼	16	火
	慆	기뻐할	14	火
	島	섬	10	土
	跳	뛸	13	土
	途	길	14	土
	道	길, 이치	16	土
	都	도읍	16	土
	陶	질그릇	16	土
	壔	성채	17	土
	到	이를	8	金
	鍍	도금할	17	金
	鋾	쇳덩이	16	金
	圖	그림	14	水
	淘	쌀 일, 씻을	12	水
	渡	건널	13	水
	涂	길, 칠할	11	水
독(火)	牘	서찰, 편지	19	木
	督	살필	13	木
	篤	도타울	16	木
	讀	읽을	22	金

발음(오행)	한자	뜻	획수 원획	자원 오행
돈 (火)	惇	도타울	12	火
	旽	밝을	8	火
	暾	아침 해	16	火
	焞	어스레할	12	火
	燉	불빛	16	火
	墩	돈대, 집	15	土
	敦	도타울	12	金
	潡	큰물	16	水
동 (火)	桐	오동나무	10	木
	棟	마룻대, 용마루	12	木
	仝	한 가지, 같을	5	火
	憧	동경할	16	火
	侗	정성	8	火
	曈	동틀	16	火
	垌	항아리	9	土
	峒	산이름	9	土
	勭	자랄	14	土
	銅	구리	14	金
	動	움직일	11	水
	同	한 가지, 같을	6	水

발음(오행)	한자	뜻	획수 원획	자원 오행
동	洞	고을	10	水
	瞳	달 뜰	16	水
두 (火)	杜	막을	7	木
	枓	기둥머리	8	木
	荳	콩	13	木
	抖	떨, 구할	8	木
	斗	말, 별이름	4	火
	肚	배, 복부	9	水
둔 (火)	屯	진칠, 모일	4	木
	芚	싹 나올	10	木
	迍	머뭇거릴	11	土
둘	乧	우리나라 한자	5	木
득	得	얻을	11	火
등 (火)	等	등급, 무리	12	木
	燈	등잔, 등불	16	火
	登	오를	12	火
	縢	물 솟을	14	水
라 (火)	羅	벌일, 그물	20	木
	摞	정돈할	15	木
	覶	자세할	19	火

발음(오행)	한자	뜻	획수 원획	자원 오행
라	砢	돌 쌓일	10	金
	螺	소라	17	水
락 (火)	樂	즐길	15	木
	絡	이을, 얽을	12	木
	珞	구슬 목거리	11	金
	洛	물	10	水
란 (火)	欄	난간	21	木
	丹	정성스러울	4	火
	爛	빛날	21	火
	瓓	옥무늬	22	金
	瀾	물결	21	水
람 (火)	擥	잡을, 쥘	18	木
	惏	탐할	12	火
	婪	탐할	11	土
	燣	고울, 예쁠	11	土
	燣	불 번질	18	土
	璼	옥 이름	19	金
랑 (火)	廊	행랑, 복도	13	木
	閬	솟을 대문	15	木
	㫰	높을	10	木

발음(오행)	한자	뜻	획수 원획	자원 오행
랑	烺	빛 밝을	11	火
	郎	사내	13	土
	琅	옥돌	12	金
	瑯	옥이름	15	金
	硠	돌 소리	12	金
	朗	밝을	11	水
래 (火)	萊	쑥, 명아주	14	木
	来	올, 부를	7	木
	來	올, 돌아올	8	火
	徠	올, 위로할	11	火
	崍	산이름	11	土
략 (火)	略	대략	11	土
	畧	다스릴	11	土
량 (火)	糧	양식	18	木
	梁	대들보	11	木
	樑	들보	15	木
	粮	양식	13	木
	粱	기장	13	木
	倆	재주, 공교할	10	火
	亮	밝을	9	火

발음(오행)	한자	뜻	획수 원획	자원 오행
량	輛	수레	15	火
	量	헤아릴	12	火
	俍	어질	9	火
	踉	높이 뛸	14	土
	諒	믿을, 살필	15	金
	喨	소리 맑을	12	水
려(火)	閭	마을, 이문	15	木
	梠	평고대	11	木
	侶	짝	9	火
	勵	힘쓸	17	土
	旅	나그네, 군사	10	土
	麗	고울, 빛날	19	土
	呂	음률, 법칙	7	水
	濾	거를	19	水
력(火)	曆	책력	16	火
	力	힘쓸	2	土
	歷	지날	16	土
	礫	조약돌	20	金
련(火)	練	익힐	15	木
	憐	불쌍히, 어여삐	16	火

발음(오행)	한자	뜻	획수 원획	자원 오행
련(火)	煉	쇠 불릴, 달굴	13	火
	聯	이을, 잇닿을	17	火
	輦	가마, 손수레	15	火
	連	연할, 이을	14	土
	變	아름다울	22	土
	璉	호련	16	金
	鍊	단련할	17	金
	鏈	쇠사슬	19	金
	漣	잔물결칠	15	水
	湅	익힐, 단련할	13	水
렬(火)	烈	매울, 세찰	10	火
	列	벌릴	6	金
	洌	맑을	10	水
렴(火)	廉	청렴할	13	木
	簾	발	19	木
	斂	거둘	17	金
	濂	물이름, 엷을	17	水
령(火)	秎	벼 처음 익을	10	木
	令	하여금, 규칙	5	火
	伶	영리할	7	火

발음(오행)	한자	뜻	획수 원획	자원 오행
령 (火)	怜	영리할	9	火
	昤	밝을	9	火
	翎	깃, 날개	11	火
	聆	들을	11	火
	領	거느릴	14	火
	軨	사냥 수레	12	火
	嶺	고개, 재	17	土
	岺	재	8	土
	姈	슬기로운	8	土
	岭	고개	8	土
	玲	옥소리	10	金
	鈴	방울	13	金
	呤	속삭일	8	水
	泠	깨우칠	9	水
	齡	소금	16	水
례 (火)	礼	예절	6	木
	例	법식	8	火
로 (火)	撈	잡을	16	木
	櫓	방패	19	木
	壚	웃을	19	木

발음(오행)	한자	뜻	획수 원획	자원 오행
로 (火)	勞	힘쓸, 일할	12	火
	爐	화로	20	火
	輅	수레	13	火
	路	길	13	土
	壚	흙토	19	土
	璐	아름다운 옥	18	金
	瓐	비취옥	21	金
	潞	강이름	17	水
	盧	밥그릇	16	水
	玈	검을	11	水
록 (火)	祿	녹봉, 복	13	木
	綠	푸를, 초록빛	14	木
	菉	조개풀	14	木
	彔	나무새길, 근본	8	火
	轆	도르래	18	火
	鹿	사슴	11	土
	碌	돌모양, 푸른돌	13	金
	錄	기록할	16	金
	淥	밭칠, 거를	12	水
	漉	거를	15	水

발음(오행)	한자	뜻	획수(원획)	자원(오행)
론	論	논의할	15	金
롱 (火)	攏	누를	20	木
	朧	어스레할	20	火
	壟	언덕, 밭두덕	19	土
	瓏	옥소리, 환할	21	金
	瀧	비올, 적실	20	水
뢰 (火)	耒	쟁기, 가래	6	木
	賂	선물, 뇌물	13	金
	賚	줄, 하사품	15	金
	賴	의지할	16	金
	礌	돌무더기, 바위	18	金
	酹	부을	14	金
료 (火)	寮	동료, 벼슬아치	15	木
	瞭	눈 밝을	17	木
	撩	다스릴, 돋을	16	木
	僚	벗, 동료	14	火
	料	다스릴, 헤아릴	10	火
	燎	횃불, 밝을	16	火
	暸	밝을, 환할	16	火
	嫽	예쁠	15	土

발음(오행)	한자	뜻	획수(원획)	자원(오행)
료	療	극복할, 병 고칠	17	水
	嘹	맑은 소리	15	水
룡 (火)	龔	용, 임금	21	土
	竜	용, 임금	10	土
루 (火)	累	여러, 자주	11	木
	縷	실, 명주	17	木
	慺	정성스러울	15	火
	熡	불꽃	15	火
	婁	별이름, 끌	11	土
	嶁	봉우리	14	土
	鏤	새길	19	金
	屢	여러, 자주	14	水
류 (火)	柳	버들	9	木
	榴	석류나무	14	木
	類	무리	19	火
	旒	깃발	13	土
	留	머무를	10	土
	琉	유리	12	金
	瑠	맑은 유리	15	金
	流	흐를, 펼	11	水

발음(오행)	한자	뜻	획수 원획	자원 오행
류	溜	물방울	14	水
	瀏	맑을	19	水
륙(火)	勠	합할	13	土
	陸	뭍, 육지	16	土
륜(火)	綸	낚싯줄, 벼리	14	木
	掄	가릴, 분간할	12	木
	侖	뭉치, 생각할	8	火
	倫	인륜, 차례	10	火
	輪	바퀴	15	火
	崙	뫼, 산이름	11	土
	圇	완전할, 둥글	11	土
	崘	산이름	11	土
	錀	금	16	金
률(火)	栗	밤	10	木
	律	법	9	火
	率	비율, 거느릴	11	火
	瑮	옥 무늬	15	金
륭	隆	높을	17	土
름(火)	廩	곳집, 쌀광	16	木
	菻	쑥	14	木

발음(오행)	한자	뜻	획수 원획	자원 오행
름	凛	찰, 늠름할	15	水
	凜	찰, 늠름할	15	水
	澟	서늘할, 찰	17	水
릉(火)	楞	모, 네모질	13	木
	綾	비단	14	木
	菱	마름	14	木
	蓤	마름, 모가 날	17	木
리(火)	梨	배나무	11	木
	裏	속	13	木
	裡	속, 안쪽	13	木
	莅	다다를, 지위	13	木
	摛	퍼질, 표현할	15	木
	俐	똑똑할	9	火
	悧	영리할	11	火
	厘	다스릴, 정리할	9	土
	里	마을	7	土
	釐	다스릴, 정리할	18	土
	利	이로울	7	金
	理	다스릴, 도리	12	金
	璃	유리, 구슬이름	16	金

발음(오행)	한자	뜻	획수 원획	자원 오행
리	吏	벼슬아치, 관리	6	水
	浬	해리	11	水
	涖	다다를	11	水
린 (火)	潾	물 맑을	14	木
	繗	이을, 실 뽑을	18	木
	橉	문지방,	16	木
	撛	붙들, 구원할	16	木
	轔	수레소리	19	火
	燐	도깨비불,	16	火
	恡	아낄, 소중히 할	11	火
	獜	튼튼할	16	土
	隣	이웃	20	土
	嶙	가파를, 강직할	15	土
	鏻	굳셀	20	金
	璘	옥빛	17	金
	磷	물 흐르는 모양	17	金
	吝	아낄, 소중히 할	7	水
	潾	맑을	16	水
림 (火)	林	수풀	8	木
	棽	무성할	12	木

발음(오행)	한자	뜻	획수 원획	자원 오행
림	臨	임할, 볼	17	火
	琳	알고자 할	12	火
	琳	아름다운 옥	13	金
	碄	깊을	13	金
립 (火)	笠	삿갓	11	木
	粒	쌀알	11	木
	砬	돌소리	10	金
마 (水)	摩	연마할, 문지를	15	木
	瑪	옥돌, 마노	15	金
	碼	저울추, 마노	15	金
	磨	갈	16	金
만 (水)	幔	막, 장막	14	木
	挽	당길	11	木
	蔓	덩굴, 퍼질	17	木
	鬘	머리장식	21	火
	巒	뫼, 산봉우리	22	土
	曼	끝, 아름다울	11	土
	墁	흙손, 바를	14	土
	蹣	넘을	18	土
	鏝	황금	19	金

발음(오행)	한자	뜻	획수 원획	자원 오행
말 (水)	抹	바를, 칠할	9	木
	帕	머리띠	8	木
망 (水)	網	그물	14	木
	芒	가시랭이, 싹	9	木
	邙	산이름	10	土
	望	바랄	11	水
	漭	넓을	15	水
	望	보름	14	水
매 (水)	每	매양, 늘	7	土
	玫	붉은 옥	9	金
맥 (水)	麥	보리	11	木
	驀	말탈	21	火
	陌	두렁, 밭둑	14	土
	脈	맥, 줄기	12	水
맹 (水)	萌	싹	14	木
	氓	백성	8	火
	盟	맹세할	13	土
	甍	용마루	16	土
	甿	백성	8	土
	孟	맏, 첫	8	水

발음(오행)	한자	뜻	획수 원획	자원 오행
멱 (水)	幎	덮을	13	木
	覓	찾을	11	火
	冪	덮을, 막	16	土
면 (水)	免	면할	7	木
	冕	면류관	11	木
	棉	목화, 솜	12	木
	綿	솜	14	木
	緜	햇솜, 이어질	15	木
	面	낯, 얼굴	9	火
	俛	힘쓸, 부지런할	9	火
	勉	힘쓸, 권면할	9	金
	沔	내이름, 물 흐를	8	水
명 (水)	明	밝을	9	木
	茗	차 싹	12	木
	蓂	명협, 약초이름	16	木
	慏	맘 너그러울	14	火
	銘	새길	14	金
	溟	어두울, 바다	14	水
	名	이름	6	水
	洺	강이름	10	水

발음(오행)	한자	뜻	획수 원획	자원 오행
모 (水)	摸	찾을, 본뜰	15	木
	模	법, 본보기	15	木
	芼	풀 우거질	10	木
	茅	띠	11	木
	橅	법	16	木
	慕	그릴, 생각할	15	火
	侔	가지런할, 힘쓸	8	火
	悼	탐할	10	火
	慔	힘쓸	15	火
	軞	병거, 군용수레	11	火
	募	모을, 뽑을	13	土
	牟	소 우는 소리, 보리	6	土
	牡	수컷	7	土
	旄	깃대 장식	10	土
	瑁	옥홀	14	金
	矛	창	5	金
	謀	꾀, 계책	16	金
	謨	꾀할	18	金
	皃	모양, 얼굴	7	金
	冒	무릅쓸, 나아갈	9	水

발음(오행)	한자	뜻	획수 원획	자원 오행
목 (水)	木	나무	4	木
	睦	화목할, 친할	13	木
	穆	온화할, 화목할	16	木
	牧	칠, 기를	8	土
몽 (水)	夢	꿈	14	木
	懞	덮을, 무성할	17	木
묘 (水)	描	그릴	13	木
	苗	묘, 싹	11	木
	昴	별자리 이름	9	火
	妙	묘할	7	土
	玅	땅이름	9	金
	錨	닻	17	金
	淼	물 가득할	12	水
무 (水)	拇	엄지손가락	9	木
	撫	어루만질	16	木
	楙	무성할, 힘쓸	13	木
	舞	춤출	14	木
	茂	무성할, 힘쓸	11	木
	廡	집, 곁채	15	木
	憮	어루만질	16	火

발음(오행)	한자	뜻	획수 원획	자원 오행
무	懋	힘쓸	17	火
	儛	춤출	16	火
	鶩	달릴, 힘쓸	19	火
	務	힘쓸	11	土
	戊	다섯 번째 천간	5	土
	武	굳셀	8	土
	畝	밭이랑	10	土
	珷	옥돌	13	金
	貿	무역할	12	金
	膴	포, 두터울	18	水
묵(水)	默	잠잠할	16	水
	嘿	고요할	15	水
문(水)	門	문	8	木
	抆	닦을	8	木
	紋	무늬	10	木
	抆	어루만질	12	木
	聞	들을	14	火
	炆	따뜻할	8	火
	璊	붉은 옥	16	金
	問	물을	11	水

발음(오행)	한자	뜻	획수 원획	자원 오행
문	雯	구름무늬	12	水
물	物	만물, 헤아릴	8	土
미(水)	梶	나무 끝, 처마	11	木
	楣	문미, 처마	13	木
	味	맛	11	木
	侎	어루만질	8	火
	煝	빛날, 불꽃	13	火
	躾	예절 가르칠	16	火
	媚	아첨할, 예쁠	12	土
	娓	장황할	10	土
	媄	아름다울	12	土
	嫩	착하고 아름다울	13	土
	采	더욱, 점점	8	土
	嵄	깊은 산	12	土
	彌	미륵, 두루	17	金
	弥	미륵, 두루	8	金
	敉	어루만질	10	金
	瑂	옥돌	14	金
	味	맛	8	水
	渼	물결무늬	13	水

발음(오행)	한자	뜻	획수 원획	자원 오행		발음(오행)	한자	뜻	획수 원획	자원 오행
미	湄	물가	13	水		민	瑉	옥돌	13	金
	洣	강이름	10	水			瑉	옥돌	14	金
민(水)	閔	위문할	12	木			砇	옥돌	9	金
	緡	낚시줄	14	木			鈱	돈꿰미, 철판	13	金
	盿	볼	9	木			敏	민첩할, 총명할	11	金
	旻	하늘	8	火			潣	물 흘러내릴	16	水
	旼	화할, 화락할	8	火		밀(水)	密	빽빽할	11	木
	民	백성	5	火			謐	고요할, 편안할	17	金
	忞	힘쓸	8	火			蜜	꿀	14	水
	忟	힘쓸, 노력할	8	火			滵	빨리 흐르는 물	15	水
	暋	굳셀	13	火		박(水)	拍	손뼉 칠	9	木
	頣	굳셀, 강할	14	火			朴	후박나무, 순박할	6	木
	頣	강할	14	火			樸	통나무, 순박할	16	木
	慜	총명할	15	火			箔	발, 금박	14	木
	岷	산이름	8	土			縛	묶을	16	木
	玟	아름다운 돌	9	金			舶	큰 배	11	木
	珉	옥돌	10	金			亳	땅이름	10	土
	磻	옥돌	14	金			珀	호박	10	金
	敃	강인할, 굳셀	9	金			璞	옥돌	17	金
	瑉	옥돌	13	金			鎛	종, 호미	18	金

발음(오행)	한자	뜻	획수 원획	자원 오행
박	鉑	금박	13	金
	博	넓을	12	水
	泊	배 댈	9	水
반(水)	槃	소반	14	木
	畔	밭두둑	10	木
	盼	눈 예쁠	9	木
	般	돌릴, 일반	10	木
	扳	끌어당길	8	木
	伴	짝	7	火
	頒	나눌	13	火
	頖	학교 이름	14	火
	盤	소반, 바탕	15	金
	磐	너럭바위	15	金
	磻	강이름	17	金
	礬	명반, 꽃이름	20	金
	泮	학교	9	水
	飯	밥	13	水
	胖	편안할, 클	11	水
발(水)	拔	뺄, 뽑을	9	木
	發	쏠, 일으킬	12	火

발음(오행)	한자	뜻	획수 원획	자원 오행
발	炦	불기운	9	火
	勃	노할	9	土
	鉢	바리때	13	金
	渤	바다 이름	13	水
	潑	물 뿌릴	16	水
	浡	일어날	11	水
방(水)	幫	도울	12	木
	幇	도울	17	木
	房	방	8	木
	枋	다목	8	木
	紡	실 뽑을	10	木
	舫	배	10	木
	芳	꽃다울	10	木
	搒	배 저을	14	木
	艕	배, 선박	12	木
	倣	본뜰	10	火
	傍	곁, 의지할	12	火
	昉	마침, 밝을	8	火
	仿	헤멜, 본뜰	6	火
	坊	동네	7	土

발음(오행)	한자	뜻	획수 원획	자원 오행
방	方	모, 방위	4	土
	旁	두루	10	土
	邦	나라	11	土
	磅	돌 소리	15	金
	訪	찾을	11	金
	厖	클, 두터울	9	水
배 (水)	拜	절, 공경할	9	木
	倍	곱	10	火
	焙	불에 쬘	12	火
	陪	모실	16	土
	坏	언덕	7	土
	琲	구슬 꿰미	13	金
	湃	물결칠	13	水
백 (水)	帛	비단	8	木
	伯	맏, 첫, 우두머리	7	火
	佰	백사람, 일백	8	火
	白	흰, 깨끗할	5	金
	百	많을, 일백	6	水
번 (水)	樊	울타리	15	木
	繁	번성할	17	木

발음(오행)	한자	뜻	획수 원획	자원 오행
번	蕃	우거질	18	木
	藩	가릴, 울타리	21	木
	繙	되풀이할	18	木
	袢	속옷	11	木
	燔	구울	16	火
	番	차례	12	土
	磻	강 이름	17	金
벌 (水)	閥	문벌	14	木
	橃	뗏목	16	木
범 (水)	帆	돛단배	6	木
	梵	범어, 불경	11	木
	范	법, 풀이름	11	木
	笵	법, 풀이름	11	木
	机	뗏목	7	木
	範	법, 모범	15	木
	颿	돛, 달릴	19	木
	釩	떨칠	11	金
	凡	무릇	3	水
	氾	넘칠	6	水
	汎	넓을, 뜰	7	水

발음(오행)	한자	뜻	획수 원획	자원 오행
범	泛	뜰, 넓을	9	水
법 (水)	琺	법랑, 법당	13	金
	法	법, 본받을	9	水
벽 (水)	闢	열, 물리칠	21	木
	擗	가슴 칠	17	木
	壁	바람벽	16	土
	碧	푸를, 구슬	14	金
변 (水)	弁	고깔	5	木
	抃	손뼉칠	8	木
	釆	분별할	7	木
	忭	기뻐할	8	火
	骿	나란히 할	16	火
	辨	분별할	16	金
	辯	판별할	21	金
	賆	더할	13	金
별 (水)	馝	짙지 않은 향기	17	木
	莂	모종낼	13	木
	勘	클, 힘셀	12	土
병	柄	자루, 권세	9	木
	秉	잡을, 지킬	8	木

발음(오행)	한자	뜻	획수 원획	자원 오행
병 (水)	并	아우를, 어울릴	6	木
	抦	잡을	9	木
	棅	자루, 근본	12	木
	絣	이을, 섞을	14	木
	丙	남녁, 셋째 천간	5	火
	倂	나란히 할	10	火
	幷	아우를	8	火
	昞	불꽃, 밝을, 빛날	9	火
	昺	밝을, 불꽃	9	火
	炳	불꽃, 밝을, 빛날	9	火
	軿	수레, 거마소리	15	火
	騈	나란히 할	18	火
	並	나란히	8	火
	缾	두레박	14	土
	瓶	병, 항아리, 시루	13	土
	兵	군사, 무기	7	金
	竝	나란히, 아우를	10	金
	鈵	굳을	13	金
	鉼	판금	14	金
	屛	병풍	11	水

발음(오행)	한자	뜻	획수 원획	자원 오행
병	餠	떡	17	水
보 (水)	菩	보살	14	木
	補	도울	13	木
	葆	풀 더부룩할	15	木
	黼	수, 무늬	19	木
	保	보전할	9	火
	普	넓을	12	火
	輔	도울	14	火
	俌	도울	9	火
	睄	볼	12	火
	堡	작은성, 둑	12	土
	報	갚을, 알릴	12	土
	步	걸음	7	土
	歩	걸음	8	土
	寶	보배	20	金
	珤	보배	11	金
	譜	계보, 족보	19	金
	琔	보배, 국새	11	金
	宝	보배	8	金
	湺	보	10	水

발음(오행)	한자	뜻	획수 원획	자원 오행
보	洑	보	13	水
	潽	물이름	16	水
	甫	클	7	水
복 (水)	宓	성, 편안할	8	木
	茯	복령	12	木
	葍	무, 치자꽃	17	木
	馥	향기로울	18	木
	復	돌아올, 회복할	12	火
	輻	바퀴살	16	火
	墣	흙덩이	15	土
	鍑	가마솥	17	金
	服	옷, 직책	8	水
본	本	근본	5	木
봉 (水)	奉	받들, 드릴	8	木
	捧	받들, 어울릴	12	木
	丰	예쁠, 풍채날	4	木
	菶	풀 무성할	14	木
	芃	풀이 무성할	9	木
	俸	녹봉	10	火
	烽	봉화	11	火

발음(오행)	한자	뜻	획수 원획	자원 오행
봉	燧	연기자욱할	15	火
	峯	봉우리	10	土
	峰	봉우리	10	土
	逢	맞이할	14	土
	琫	칼집 장식	13	金
	夆	이끌, 만날	7	水
	浲	강이름	11	水
	漨	강이름	15	水
부(水)	符	부신, 부호	11	木
	艀	작은 배	13	木
	莩	풀이름	13	木
	拊	어루만질	9	木
	掊	끌어 모을	12	木
	桴	마룻대, 뗏목	11	木
	祔	합사할	10	木
	袝	나들이옷	11	木
	裒	모을	13	木
	富	부자, 넉넉할	12	木
	傅	스승, 도울	12	火
	付	줄, 부칠	5	火

발음(오행)	한자	뜻	획수 원획	자원 오행
부	赴	다다를, 나아갈	9	火
	駙	곁마, 빠를	15	火
	府	관청, 마을	8	土
	趺	책상다리할	11	土
	阜	언덕, 클	8	土
	孚	미쁠, 믿을	7	水
	附	붙일	13	土
	副	버금	11	金
	扶	도울	8	金
	敷	펼, 베풀	15	金
	釜	가마	10	金
	玞	옥돌	9	金
	溥	넓을	14	水
분(水)	奮	떨칠, 힘쓸	16	木
	扮	꾸밀, 잡을	8	木
	芬	향기로울	10	木
	盼	햇빛	8	火
	轒	병거, 전차	19	火
	犇	달아날, 달릴	12	土
	盆	동이, 화분	9	金

발음(오행)	한자	뜻	획수 원획	자원 오행
분	賁	밀, 클	12	金
	吩	뿜을	7	水
	汾	클, 물 흐를	8	水
	湓	용솟음할	13	水
	噴	뿜을	16	水
불(水)	髴	비슷할	15	火
	岪	산길	8	土
붕(水)	棚	시렁, 사다리	12	木
	繃	묶을	17	木
	硼	붕산, 돌이름	13	金
	朋	벗	8	水
비(水)	緋	붉은 빛, 비단	14	木
	裨	도울	14	木
	庀	갖출, 다스릴	5	木
	庇	덮을	7	木
	扉	문짝	12	木
	枇	비파나무	8	木
	榧	비자나무	14	木
	庳	집 낮을	11	木
	棐	도지개. 클	11	木

발음(오행)	한자	뜻	획수 원획	자원 오행
비	馡	향기로울	17	木
	備	갖출	12	火
	比	견줄	4	火
	俾	더할	10	火
	騑	곁마	18	火
	伾	힘셀	7	火
	妃	왕비	6	土
	埤	더할, 낮을	11	土
	邳	클	12	土
	陴	성가퀴, 도울	16	土
	琵	비파	13	金
	譬	비유할, 팔	20	金
	費	쓸	12	金
	丕	클, 으뜸	5	水
	泌	샘물 흐를	9	水
	沘	강이름	8	水
	淝	강이름	12	水
	渒	강이름	12	水
	濞	물소리	18	水
빈	斌	빛날	12	木

발음(오행)	한자	뜻	획수 원획	자원 오행
빈(水)	檳	빈랑나무	18	木
	擯	물리칠	18	木
	馪	향기	19	木
	彬	빛날	11	火
	頻	자주	16	火
	儐	인도할	16	火
	份	빛날	6	火
	嬪	아내, 궁녀	17	土
	邠	나라이름	11	土
	玭	구슬 이름	9	金
	鑌	강철	22	金
	璸	구슬 이름	19	金
	浜	물가	11	水
	濱	물가	18	水
	瀕	물가, 가까울	20	水
	霦	옥광채	19	水
빙(水)	凭	기댈, 의지할	8	木
	憑	의지할	16	火
	聘	부를, 방문할	13	火
	騁	달릴	17	火

발음(오행)	한자	뜻	획수 원획	자원 오행
빙	娉	장가들	10	土
사(金)	事	일, 섬길	8	木
	士	선비, 벼슬	3	木
	師	스승	10	木
	梭	북	11	木
	社	모일, 단체	8	木
	紗	비단, 깁	10	木
	莎	향부자, 사초	13	木
	卸	풀, 부릴	8	木
	楂	뗏목	13	木
	榭	정자, 사당	14	木
	笥	상자	11	木
	仕	벼슬할, 살필	5	火
	伺	엿볼, 살필	7	火
	使	부릴, 사귈	8	火
	俟	기다릴, 클	9	火
	駟	네필의 말	15	火
	詞	말씀	12	金
	謝	사례할, 말씀	17	金
	賜	줄, 베풀	15	金

발음(오행)	한자	뜻	획수 원획	자원 오행
사	竢	기다릴	12	金
	史	역사	5	水
	司	맡을	5	水
	唆	부추길, 대답할	10	水
	嗣	이을	13	水
	渣	찌꺼기, 강이름	13	水
	乍	잠깐	8	水
	汜	지류	7	水
삭(金)	索	새끼꼴, 노	10	木
	爍	빛날	19	火
	數	셀, 자주	15	金
산(金)	産	낳을	11	木
	算	셈할	14	木
	憪	온전한 덕	15	火
	珊	산호	10	金
삽(金)	揷	꽂을	13	木
	鈒	창	12	金
	歃	마실	13	金
상	庠	학교	9	木
	桑	뽕나무	10	木

발음(오행)	한자	뜻	획수 원획	자원 오행
상(金)	橡	상수리나무	15	木
	牀	평상	8	木
	相	서로	9	木
	箱	상자	15	木
	像	형상, 모양	14	火
	償	갚을	17	火
	想	생각할	13	火
	爽	시원할, 밝을	11	火
	翔	날, 빙빙 돌아 날	12	火
	晌	정오, 때	10	火
	慡	성품 밝을	15	火
	嘗	맛볼, 경험할	13	土
	峠	고개	9	土
	狀	형상, 모양	8	土
	塽	높고 밝은 땅	14	土
	尙	오히려, 숭상할	8	金
	祥	상서로울	11	金
	賞	상줄	15	金
	商	장사, 헤아릴	11	水
	象	코끼리, 형상	12	水

발음(오행)	한자	뜻	획수 원획	자원 오행
상	潒	세찰	16	水
색 (金)	穡	거둘	18	木
	索	찾을	10	木
생 (金)	生	날	5	木
	省	덜	9	木
서 (金)	序	차례	7	木
	庶	여러, 무리	11	木
	抒	풀, 펼	8	木
	書	글, 문장	10	木
	栖	살, 깃들일	10	木
	棲	깃들일, 살	12	木
	署	마을, 관청	15	木
	黍	기장	12	木
	紓	느슨할,	10	木
	芧	아름다울	20	木
	穑	추수할	14	木
	緖	실마리	15	木
	繡	서로, 함께	15	木
	徐	천천히	10	火
	恕	용서할, 어질	10	火

발음(오행)	한자	뜻	획수 원획	자원 오행
서	曙	새벽, 밝을	18	火
	舒	펼	12	火
	恋	용서할	7	火
	惰	지혜로울	13	火
	晲	밝을	12	火
	偦	재주있을	11	火
	墅	농막	14	土
	敍	펼, 차례	11	金
	瑞	상서로울	14	金
	誓	맹세할	14	金
	鋤	호미	15	金
	諝	슬기로울	16	金
	叙	베풀, 차례	9	水
	胥	서로, 모두	11	水
석 (金)	席	자리, 베풀	10	木
	秳	섬, 십두	10	木
	蓆	자리, 클	16	木
	晳	밝을	12	火
	奭	클, 성할	15	火
	晳	밝을	12	火

발음(오행)	한자	뜻	획수 원획	자원 오행
석	釋	풀, 설명할	20	火
	錫	놋쇠	13	金
	碩	클	14	金
	錫	주석, 구리	16	金
	淅	쌀 일	12	水
선 (金)	先	먼저	6	木
	珗	옥돌	11	木
	旋	돌, 회전할	11	木
	禪	선, 좌선	17	木
	線	줄, 선	15	木
	繕	기울	18	木
	船	배, 선박	11	木
	綫	줄, 실	14	木
	暶	아름다울	16	木
	敾	고울, 다스릴	16	火
	僊	춤출, 신선	13	火
	宣	베풀	9	火
	煽	부채질할, 성할	14	火
	愃	잊을	13	火
	璿	백토, 좋은 흙	15	土

발음(오행)	한자	뜻	획수 원획	자원 오행
선	羨	부러워할	13	土
	嫙	예쁠	14	土
	嬋	고울	15	土
	選	가릴선	19	土
	譔	가르칠	19	金
	敹	기울, 고칠	16	金
	琁	옥 붉은 옥	12	金
	瑄	도리옥	14	金
	璇	옥돌, 아름다운 옥	16	金
	璿	구슬, 옥	19	金
	詵	많을	13	金
	銑	무쇠	14	金
	鐥	복자, 좋은쇠	20	金
	善	착할, 길할	12	水
	渲	물 적실	13	水
	腺	샘	15	水
	膳	선물, 반찬	18	水
	鮮	고울	17	水
	尠	적을	13	水
	洗	깨끗할	10	水

발음(오행)	한자	뜻	획수 원획	자원 오행
설(金)	楔	문설주	13	木
	薛	맑은 대쑥	19	木
	揲	셀	13	木
	䜼	향초, 향내날	17	木
	偰	맑을	11	火
	卨	높을, 사람이름	12	火
	禼	사람이름	11	土
	設	베풀, 세울	11	金
	說	말씀, 설명할	14	金
섬(金)	摻	가늘	15	木
	暹	해 돋을	16	火
	陝	고을이름	15	土
	剡	날카로울	10	金
	贍	넉넉할	20	金
섭(金)	葉	땅 이름, 성씨	15	木
	欇	삿자리	21	木
	燮	불꽃	17	火
	涉	건널	11	水
성(金)	𢦏	서고	10	木
	省	살필	9	木

발음(오행)	한자	뜻	획수 원획	자원 오행
성(金)	筬	바디, 베틀	13	木
	性	성품	9	火
	惺	깨달을, 영리할	13	火
	成	이룰	7	火
	晟	밝을	11	火
	盛	성할	12	火
	聖	성인, 뛰어날	13	火
	聲	소리	17	火
	晠	밝을, 빛날	11	火
	城	재, 도읍	10	土
	娍	아름다울	10	土
	珹	옥이름	12	金
	誠	정성	14	金
	瑆	옥빛	14	金
세(金)	世	인간, 세대	5	火
	洗	씻을	10	水
	洒	씻을	10	水
	涗	잿물	11	水
	歲	해, 세월, 나이	13	土
	勢	형세, 기세	13	金

발음(오행)	한자	뜻	획수 원획	자원 오행
세	說	달랠	14	金
소 (金)	素	본디, 바탕, 흴	10	木
	紹	이을	11	木
	招	흔들릴	9	木
	炤	밝을	9	火
	佋	소목, 도울	7	火
	卲	높을, 뛰어날	7	火
	傃	향할, 분수 지킬	12	火
	愫	정성스러울	14	火
	疎	트일, 성길	12	土
	埽	쓸	11	土
	韶	풍류이름,	14	金
	召	부를	5	水
	少	적을, 많지 않을,	4	水
	溯	거슬러 올라갈	14	水
	疏	소통할, 트일	11	水
	泝	거슬러 올라갈	9	水
	咲	웃음	9	水
속 (金)	束	묶을	7	木
	續	이을, 소개할	21	木

발음(오행)	한자	뜻	획수 원획	자원 오행
속	俗	풍속	9	火
	速	빠를	14	土
	遬	빠를, 변할	18	土
	謖	일어날	17	金
손 (金)	巽	부드러울	12	木
	蓀	향풀이름	16	木
	遜	겸손할	17	土
	孫	손자	10	水
	飧	먹을	11	水
	飱	저녁밥, 먹을	12	水
솔 (金)	達	거느릴	18	木
	帥	거느릴, 앞장설	9	木
	率	거느릴, 따를	11	火
	窣	갑자기 나올	13	水
송 (金)	宋	송나라	7	木
	頌	칭송할, 기릴	13	火
	憽	똑똑할	17	火
	誦	욀	14	金
	竦	공경할	12	金
쇄	曬	볕에 쬘	23	火

발음(오행)	한자	뜻	획수 원획	자원 오행
쇄	刷	솔질할, 인쇄할	8	金
쇠	釗	힘쓸	10	金
수(金)	守	지킬, 기다릴	6	木
	手	손	4	木
	授	줄	12	木
	秀	빼어날	7	木
	穗	이삭	17	木
	粹	순수할, 아름다울	14	木
	綏	편안할	13	木
	綬	끈, 이을	14	木
	茱	수유나무	12	木
	睟	바로 볼	13	木
	修	닦을	10	火
	燧	부싯돌, 횃불	17	火
	輸	보낼, 실어 낼	16	火
	須	모름지기, 반드시	12	火
	晬	돌, 일주년	12	火
	垂	드리울	8	土
	岫	산굴, 산봉우리	8	土
	峀	산굴, 산꼭대기	8	土

발음(오행)	한자	뜻	획수 원획	자원 오행
수	隨	따를	21	土
	壽	목숨	7	土
	戍	지킬, 수자리	6	金
	收	거둘	6	金
	數	셈, 셀, 헤아리다	15	金
	琇	옥돌	12	金
	璲	패옥, 노리개	18	金
	豎	세울, 서다	13	金
	賥	재물, 재화	15	金
	受	받을, 이루다	8	水
	首	머리, 으뜸	9	水
	售	팔, 살, 실현할	11	水
	泅	헤엄 칠	9	水
	脺	윤택할	14	水
	汓	헤엄칠	7	水
	需	쓰일, 구할	14	水
숙(金)	菽	콩, 대두	14	木
	肅	엄숙할, 공경할	13	火
	熟	익을, 익숙할	15	火
	塾	글방, 사랑방	14	土

발음(오행)	한자	뜻	획수 원획	자원 오행
순(金)	舜	순임금, 무궁화	12	木
	盾	방패	9	木
	紃	끈, 법	9	木
	純	순수할	10	木
	徇	돌, 주창할	9	火
	恂	정성, 믿을	10	火
	旬	열흘, 열번	6	火
	馴	길들일, 따를	13	火
	循	쫓을, 돌	12	火
	詢	물을, 꾀할	13	金
	珣	옥이름, 옥그릇	11	金
	諄	타이를, 도울	15	金
	錞	악기이름	16	金
	洵	참으로, 받을	10	水
	巡	돌, 순행할	7	水
	淳	순박할	12	水
술(金)	絉	끈, 줄	11	木
	術	재주	11	火
	述	지을	12	土
숭	崇	높을	11	土
숭(金)	崧	우뚝솟을	11	土
	嵩	높을	13	土
쉬	倅	버금	10	火
슬(金)	瑟	거문고, 비파	14	金
	璱	푸른구슬	16	金
	瑟	푸른구슬, 진주	18	金
습(金)	拾	주울	10	木
	槢	쐐기	15	木
	習	익힐	11	火
승(金)	升	되, 오를, 나아갈	4	木
	丞	정승, 도울	6	木
	承	이을	8	木
	乘	탈, 오를	10	火
	昇	오를	8	火
	陞	오를, 승진할	15	土
	塍	밭두둑	13	土
	氶	정승, 도울	8	土
	阩	오를	12	土
	階	오를	16	土
	氶	이을, 받들	5	水

발음(오행)	한자	뜻	획수 원획	자원 오행
시(金)	蓍	톱풀, 시초, 서죽	16	木
	眂	볼, 맡을	9	木
	侍	모실	8	火
	恃	믿을, 어머니	10	火
	偲	굳셀	11	火
	翄	날개, 마칠	14	火
	始	처음, 비로소	8	土
	施	베풀	9	土
	試	시험할, 쓸	13	金
	諟	이, 바를	16	金
	翅	날개	10	水
식(金)	拭	닦을	10	木
	植	심을	12	木
	軾	수레 앞턱	13	火
	埴	찰흙	11	土
	式	법, 제도	6	金
	識	알, 식견	19	金
	湜	물맑을	13	水
	殖	번성할	12	水
신	宸	집, 대궐	10	木

발음(오행)	한자	뜻	획수 원획	자원 오행
신(金)	紳	큰 띠, 벼슬아치	11	木
	伸	펼, 늘일	7	火
	愼	삼갈, 따를	14	火
	晨	새벽, 샛별	11	火
	迅	빠를	10	土
	訊	물을, 다스릴	10	金
	璶	옥돌	19	金
실(金)	実	열매	8	木
	悉	모두, 다할	11	火
심(金)	審	살필	15	木
	甚	심할, 더욱	9	土
	尋	찾을	12	金
	諶	진실, 믿을	16	金
	沁	스며들, 물 적실	8	水
	深	깊을	12	水
	瀋	즙 낼	19	水
십(金)	拾	열	10	木
	什	열 사람	4	火
쌍(金)	双	쌍, 두	4	木
	雙	쌍, 둘, 견줄	18	水

발음(오행)	한자	뜻	획수 원획	자원 오행
아 (土)	莪	쑥	13	木
	笌	대순, 죽순	10	木
	亞	버금	8	火
	衙	마을, 관청	13	火
	雅	맑을, 바를	12	火
	亜	버금	7	火
	娥	예쁠, 아름다울	10	土
	峨	높을	10	土
	阿	언덕, 아름다울	13	土
	娿	아리따울	11	土
	婀	아리따울	11	土
	峩	높을	10	土
	迓	마중할	11	土
	妸	아름다울	8	土
	我	나	7	金
	砑	갈, 광택 낼	9	金
	硪	바위	12	金
	啊	사랑할	11	水
악 (土)	幄	휘장, 천막	12	木
	樂	풍류, 노래	15	木

발음(오행)	한자	뜻	획수 원획	자원 오행
악	堊	백토	11	土
	岳	큰산, 뫼	8	土
	嶽	큰 산, 큰 뫼	17	土
	諤	직언할	16	金
	渥	두터울	13	水
안 (土)	按	누를	10	木
	案	책상, 생각할	10	木
	桉	안석, 책상	10	木
	晏	늦을, 편안할	10	火
	俊	편안할, 잔치할	8	火
	姲	종용할	9	土
	岸	언덕, 높은 지위	8	土
알 (土)	斡	관리할, 돌볼	14	火
	謁	아뢸	16	金
암 (土)	馣	향기로울	17	木
	岩	바위	8	土
	嵓	바위	12	土
	諳	외울	16	金
앙 (土)	秧	모, 재배할	10	木
	仰	우러를	6	火

발음 (오행)	한자	뜻	획수 원획	자원 오행
앙	昂	높이 오를, 밝을	9	火
	昻	밝을	8	火
	央	가운데, 넓을	5	土
	盎	동이, 넘칠	10	金
	泱	깊을, 넓을	9	水
애 (土)	厓	언덕	8	木
	焃	빛날	11	火
	磑	맷돌	15	金
	瞹	넉넉할	15	金
	唉	물을, 대답할	10	水
	漄	물가	12	水
야 (土)	若	반야, 같을, 어릴	11	木
	惹	이끌	13	火
	倻	땅이름	11	土
	埜	들	11	土
	冶	풀무, 대장간	7	水
약 (土)	約	맺을	9	木
	若	같을	11	木
	藥	약	21	木
	躍	뛸	21	土

발음 (오행)	한자	뜻	획수 원획	자원 오행
양 (土)	揚	날릴	13	木
	楊	버들	13	木
	樣	모양	15	木
	襄	도울	17	木
	暘	해돋이	13	火
	煬	쬘	13	火
	壤	고운 흙, 풍족할	20	土
	陽	볕, 양기	17	土
	敭	오를, 밝을	13	金
	洋	큰 바다	10	水
어 (土)	禦	막을	16	木
	御	거느릴, 모실	11	火
	語	말씀	14	金
억 (土)	億	억, 헤아릴	15	火
	憶	생각할, 기억할	17	火
	臆	가슴, 생각	19	水
언 (土)	彦	선비, 뛰어날, 클	9	火
	堰	둑, 방죽	12	土
	嫣	아름다울	14	土
	言	말씀	7	金

발음(오행)	한자	뜻	획수 원획	자원 오행
얼 (土)	臬	말뚝	10	木
	乻	땅이름	9	土
엄 (土)	俺	나, 클	10	火
	崦	산이름	11	土
	嚴	엄할	20	水
	淹	담글	12	水
업 (土)	業	업무, 일	13	木
	嶪	높고 험할	16	土
	嶫	높고 험할	16	土
	鄴	땅이름	20	土
여 (土)	妤	여관, 아름다울	7	土
	璵	옥	19	金
	餘	남을, 넉넉할	16	水
역 (土)	繹	끌어낼, 풀	19	木
	懌	기뻐할	17	火
	暘	볕, 날	12	火
	嶧	산이름	16	土
	譯	통변할, 번역	20	金
연	宴	잔치, 편안할	10	木
	椽	서까래	13	木

발음(오행)	한자	뜻	획수 원획	자원 오행
	筵	대자리	13	木
	緣	인연	15	木
	縯	길, 당길	17	木
	燕	제비	16	火
	衍	넓을, 넘칠	9	火
	軟	연할, 부두러울	11	火
	妍	고울, 총명할	9	土
	娟	예쁠, 고울	10	土
연 (土)	延	늘일, 인도할	7	土
	嬿	아름다울, 자태	15	土
	兗	바를, 단정할	8	土
	姸	고울, 예쁠	7	土
	娫	빛날, 예쁠	10	土
	硯	벼루	12	金
	瑌	옥돌	14	金
	沿	물 따라갈	9	水
	淵	못, 깊을	13	水
	演	펼, 멀리 흐를	15	水
열 (土)	悅	기쁠	11	火
	熱	더울	15	火

발음(오행)	한자	뜻	획수 원획	자원 오행
열	說	기뻐할	14	金
	閱	검열할	15	金
	澨	물 흐를	16	水
염 (土)	染	물들	9	木
	閻	이문, 마을	16	木
	念	생각할	8	火
	焰	불 당길, 불꽃	12	火
	艷	고울, 탐스러울	19	土
	琰	비취, 옥	13	金
엽 (土)	葉	잎, 잎새	15	木
	曄	빛날, 밝을	16	火
	燁	빛날	16	火
	暈	빛날	16	火
	熀	불빛 이글거릴	14	火
	爗	빛날	20	火
	靨	보조개	23	火
영 (土)	穎	이삭	16	木
	英	꽃부리, 뛰어날	11	木
	映	비칠	9	火
	營	경영할	17	火

발음(오행)	한자	뜻	획수 원획	자원 오행
영	瑛	옥빛	14	金
	瑩	밝을	15	金
	鍈	방울 소리	17	金
	永	길	5	水
	泳	헤엄칠	9	水
	盈	찰, 가득할	9	水
예 (土)	叡	밝을, 오를	16	火
	睿	슬기, 총명할	14	火
	預	미리, 맡길	13	火
	嬰	간난아이, 유순할	14	土
	藝	재주, 기예	15	土
	埶	심을	11	土
	睿	밝을, 어질	19	土
	詣	이르다, 나아가다	13	金
	譽	기릴, 명예	21	金
	玴	옥돌	10	金
	豫	미리, 즐길	16	水
	濬	밝을, 총명할	12	水
오	奧	깊을, 속	13	木
	寤	잠깰, 깨달을	14	木

발음(오행)	한자	뜻	획수 원획	자원 오행
오 (土)	梧	오동나무, 책상	11	木
	俉	맞이할	9	火
	悟	깨달을, 슬기로울	11	火
	旿	밝을, 한낮	8	火
	晤	밝을, 총명할	11	火
	塢	둑, 성채	13	土
	墺	물가, 육지	16	土
	圬	흙손, 칠할	6	土
	澳	깊을	17	水
	浯	글 읽는 소리	10	水
	寤	부엌	16	水
옥 (土)	屋	집	9	木
	鈺	보배	13	金
	沃	기름질, 물 댈	8	水
온 (土)	穩	편안할	19	木
	縕	헌솜	16	木
	薀	붕어마름, 쌓일	19	木
	榅	기둥	14	木
	馧	향기로울	19	木
	昷	어질	9	火

발음(오행)	한자	뜻	획수 원획	자원 오행
온	熅	숯불	14	火
	輼	수레	17	火
	瑥	사람이름	15	金
	醞	술 빚을	17	金
	溫	따뜻할	14	水
	氳	기운어릴	14	水
올	膃	살찔	16	水
옹 (土)	擁	안을	17	木
	雍	화락할, 화할	13	火
	甕	항아리, 독	18	土
	邕	화락할	10	土
	禺	땅이름	9	土
	滃	구름일	14	水
와 (土)	瓦	기와	5	土
	臥	누울, 업드릴	8	土
	婐	날씬할, 정숙할	11	土
	渦	물솟을	13	水
완	梡	도마	11	木
	緩	느릴, 느슨할	15	木
	頑	완고할	13	火

발음 (오행)	한자	뜻	획수 원획	자원 오행
완 (土)	岏	가파를	7	土
	婠	예쁠, 품성 좋을	11	土
	婉	예쁠, 아름다울	11	土
	宛	굽을, 완연할	8	土
	妧	고울, 좋을	7	土
	阮	나라이름	12	土
	琓	옥이름	12	金
	琬	아름다울 옥	13	金
	涴	물 굽이쳐 흐를	12	水
왕 (土)	往	갈	8	火
	旺	왕성할	8	火
	迬	갈	12	土
	汪	깊고 넓을	8	水
	瀇	물 깊을	19	水
왜	娃	예쁠, 미인	9	土
	媧	여신	12	土
외	偎	가까이할	11	火
	嵬	산 높을	13	土
	崴	산 높을	12	土
	隗	험할, 높을	18	土

발음 (오행)	한자	뜻	획수 원획	자원 오행
요 (土)	樂	즐거울	15	木
	曜	빛날, 요일	18	火
	燿	빛날	18	火
	耀	빛날, 요일	20	火
	晱	밝을, 햇빛	14	火
	堯	요임금, 높을	12	土
	姚	예쁠, 아름다울	9	土
	嬈	예쁠, 아리따울	15	土
	遶	두를, 에워쌀	19	土
	要	중요할	9	金
	瑤	아름다운 옥	15	金
	謠	노래	17	金
	饒	넉넉할, 배부를	21	水
욕	縟	꾸밀, 채색	16	木
용 (土)	容	얼굴	10	木
	庸	떳떳할, 쓸	11	木
	茸	풀 날, 우거질	12	木
	蓉	연꽃	16	木
	榕	나무 이름	15	木
	熔	쇠 녹일	14	火

발음(오행)	한자	뜻	획수 원획	자원 오행
용 (土)	聳	솟을	17	火
	埇	길 돋울	10	土
	墉	담	14	土
	踊	뛸	14	土
	嵱	봉우리, 산이름	13	土
	瑢	옥소리, 패옥	15	金
	鎔	쇠 녹일	18	金
	鏞	쇠 북, 큰 종	19	金
	湧	물 솟을	11	水
	用	쓸	5	水
	甬	길, 물 솟을	7	水
우 (土)	宇	집, 세계, 하늘	6	木
	寓	부칠, 맡길	12	木
	禑	복	14	木
	盱	쳐다볼	8	木
	佑	도울	7	火
	旴	클, 해돋을	7	火
	羽	깃, 날개	6	火
	偶	짝, 허수아비	11	火
	優	넉넉할, 뛰어날	17	火

발음(오행)	한자	뜻	획수 원획	자원 오행
우	禹	성씨 우	9	土
	郵	우편	15	土
	祐	도울, 복	10	金
	釪	악기이름	11	金
	瑀	패옥	14	金
	玗	옥돌	8	金
	友	벗	4	水
	右	오른쪽, 도울	5	水
	雩	기우제	11	水
	霸	물소리, 깃	14	水
욱 (土)	栯	산앵두	10	木
	稶	서직, 우거질	15	木
	稢	서직, 무성할	13	木
	彧	문채빛날	10	火
	旭	아침해, 빛날	6	火
	昱	햇빛 밝을, 빛날	9	火
	煜	빛날, 비칠	13	火
	燠	따뜻할, 선명할	17	火
	勖	힘쓸, 노력	11	土
	郁	성할	13	土

발음(오행)	한자	뜻	획수 원획	자원 오행
욱	項	삼갈	13	金
운(土)	橒	나무 무늬	16	木
	芸	평지, 향기	10	木
	会	높을	7	木
	蕓	평지, 향기	18	木
	惲	혼후할, 도타울	13	火
	煩	노란모양	14	火
	運	옮길, 운전할	16	土
	韵	운취, 정취	13	金
	暉	넉넉할, 많을	16	金
	澐	큰 물결	16	水
울(土)	蔚	우거질	17	木
	亏	땅이름	4	木
	菀	무성할	14	木
웅(土)	熊	곰, 빛날	14	火
	雄	수컷, 굳셀	12	火
원(土)	援	도울	13	木
	苑	동산	11	木
	薗	동산, 뜰	19	木
	愿	원할, 성실할	14	火

발음(오행)	한자	뜻	획수 원획	자원 오행
원(土)	轅	수레, 끌채	17	火
	願	원할	19	火
	垣	담, 관아	9	土
	媛	여자, 예쁠	12	土
	嫄	사람 이름	13	土
	院	집, 담, 관아	12	土
	瑗	구슬, 옥	14	金
	貟	수효, 둥글	9	金
	鋺	저울판	16	金
	謜	천천히 말할	17	金
	園	동산	13	水
	洹	물 이름	10	水
	湲	흐를	13	水
	源	근원	14	水
	員	인원, 관원	10	水
	圓	둥글	13	水
월	越	넘을, 떨칠	12	火
위(土)	幃	휘장, 향낭	12	木
	緯	씨줄, 경위	15	木
	闈	문, 대궐	17	木

발음(오행)	한자	뜻	획수 원획	자원 오행	발음(오행)	한자	뜻	획수 원획	자원 오행
위 (土)	位	자리, 벼슬	7	火	유 (土)	楡	느릅나무	13	木
	偉	위대할, 클	11	火		維	이을, 벼리	14	木
	暐	햇빛, 빛날	13	火		裕	넉넉할	13	木
	衛	지킬	16	火		揉	주무를	13	木
	慰	위로할	15	火		楢	고울	15	木
	魏	위나라, 높을	18	火		儒	선비	16	火
	威	위엄	9	土		愈	나을, 뛰어날	13	火
	尉	벼슬이름	11	土		侑	도울, 권할	8	火
	謂	이를, 고할	16	金		幼	어릴	5	火
	瑋	옥이름	14	金		惟	생각할	12	火
	韙	옳을, 바를	18	金		愉	즐거울, 기쁠	13	火
	韡	활짝필, 성할	21	金		曘	햇빛	18	火
	圍	둘레	12	水		囿	동산	9	土
	渭	강이름	13	水		猷	꾀, 법칙	13	土
유	柳	버들	9	木		俞	대답할, 그럴	9	土
	由	말미암을	5	木		姷	짝	9	土
	帷	휘장, 덮다	11	木		㜅	아리따울	11	土
	兪	대답할, 그럴	9	木		瑜	아름다운 옥	14	金
	庾	곳집, 노적가리	12	木		諭	깨우칠, 타이를	16	金
	柔	부드러울	9	木		鍮	놋쇠	17	金

발음(오행)	한자	뜻	획수(원획)	자원(오행)
유	有	있을	6	水
	喩	깨우칠	12	水
	唯	오직, 대답	11	水
	喩	깨우칠	12	水
	濡	적실, 베풀	18	水
	癒	병 나을	14	水
육 (土)	儥	팔	17	火
	堉	기름진 땅	11	土
	毓	기를	14	土
	育	기를	10	水
윤 (土)	橍	나무이름	16	木
	筠	연뿌리, 대순	13	木
	昀	햇빛	8	火
	胤	자손	11	火
	允	맏, 진실	4	土
	阭	높을	12	土
	玧	귀막이 구슬	9	金
	贇	예쁠	19	金
	鈗	병기, 창	12	金
	鋆	금, 쇠	15	金

발음(오행)	한자	뜻	획수(원획)	자원(오행)
윤	奫	물 깊고 넓을	15	水
	尹	다스릴, 믿을	4	水
	潤	윤택할	16	水
	胤	이을, 맏아들	11	水
율 (土)	颶	큰 바람	13	木
	聿	붓, 스스로	6	火
	燏	빛날	16	火
	欥	빨리 날	16	火
	建	걸어가는 모양	13	土
	潏	샘솟을	16	水
융 (土)	瀜	물 깊을	20	水
	融	화할, 녹을	16	水
	檃	마룻대	18	木
	蔉	풀빛 푸른	16	木
	蒽	풀이름	16	木
은 (土)	恩	은혜	10	火
	垠	가장자리, 경계,	9	土
	珢	옥돌	11	金
	殷	성할, 은나라	10	金
	誾	온화할, 향기	15	金

발음(오행)	한자	뜻	획수 원획	자원 오행
은	听	웃을	7	水
	泿	물가	10	水
	圁	물이름	10	水
을(土)	乙	새, 둘째 천간	1	木
	圪	흙더미 우뚝할	6	土
음(土)	愔	조용할, 고요할	13	火
	崟	험준할, 높을	11	土
	音	소리	9	金
	馨	화할	20	金
	吟	읊을	7	水
읍(土)	揖	읍할, 사양할	13	木
	邑	고을	7	土
	浥	젖을	11	水
응	應	응할	17	火
의(土)	宜	마땅할, 옳을	8	木
	衣	옷	6	木
	依	의지할	8	火
	儀	거동, 예의	15	火
	意	뜻, 생각	13	火
	懿	아름다울, 클	22	火

발음(오행)	한자	뜻	획수 원획	자원 오행
의	猗	아름다울	12	土
	妶	여자의 자	9	土
	毅	굳셀	15	金
	誼	옳을	15	金
	議	의논할	20	金
	醫	의원	18	金
이(土)	苡	질경이, 율무	11	木
	廙	공경할	14	木
	彝	떳떳할	16	火
	怡	기쁠	9	火
	易	쉬울	8	火
	爾	너, 같이	14	火
	肄	익힐	13	火
	媐	기쁠	12	土
	栯	아름다울, 성장할	9	土
	珥	귀고리	11	金
	貽	끼칠, 남길	12	金
	珆	옥돌	10	金
	隶	미칠, 닿을	8	水
익	翊	도울	11	火

발음(오행)	한자	뜻	획수 원획	자원 오행
익 (土)	翌	다음 날, 도울	11	火
	熤	빛날, 사람이름	15	火
	謚	웃을	17	金
인 (土)	絪	기운, 요, 깔개	12	木
	夤	조심할, 공경할	14	木
	人	사람	2	火
	引	끌, 당길	4	火
	仞	길, 잴, 높을	5	火
	忎	어질, 사랑	6	火
	忈	어질, 사랑	7	火
	認	알, 인정할	14	金
	璌	사람이름	16	金
	因	인할, 의지할	6	水
	濥	물줄기	18	水
일 (土)	佚	편안할	7	火
	佾	춤, 춤출	8	火
	馹	역마	14	火
	軼	지나칠, 뛰어날	12	火
	逸	편안할	15	土
	劮	기쁠	7	土

발음(오행)	한자	뜻	획수 원획	자원 오행
일 (土)	鎰	중량	18	金
	溢	넘칠, 가득할	14	水
	稔	풍년들, 곡식	13	木
	荏	들깨, 부드러울	12	木
	紝	짤, 길쌈	12	木
	衽	옷깃	10	木
임 (土)	任	맡길	6	火
	恁	생각할	10	火
	誈	생각할	11	金
	誰	믿을, 생각할	13	金
	飪	익힐	13	水
입	入	들께, 부드러울	2	木
잉 (土)	仍	인할, 거듭할	4	火
	剩	남을, 넉넉할	12	金
자 (金)	玆	검을	12	木
	紫	자주빛, 붉을	11	木
	自	스스로	6	木
	蔗	사탕수수, 맛좋을	17	木
	仔	자세할, 견딜	5	火
	慈	사랑, 동정	14	火

발음(오행)	한자	뜻	획수 원획	자원 오행
자 (金)	玆	검을, 흐릴	10	火
	雌	암컷	13	火
	赭	붉은 흙	16	火
	姿	맵시, 모양	9	土
	孈	너그럽고 순할	17	土
	磁	자석	14	金
	資	재물, 바탕	13	金
	諮	물을, 자문할	16	金
	貲	재물, 자본	12	金
	字	글자	6	水
	孜	힘쓸, 부지런할	7	水
	滋	붙을, 번식	13	水
	孳	부지런할	13	水
	泚	강이름	9	水
작 (金)	綽	너그러울, 여유	14	木
	作	지을, 일할	7	火
	灼	불사를, 밝을	7	火
	焯	밝을	12	火
	岝	산 높을	8	土
	爵	벼슬, 작위	18	金

발음(오행)	한자	뜻	획수 원획	자원 오행
작	碏	삼갈	13	金
	汋	샘솟을, 퍼낼	7	水
잔 (金)	棧	사다리, 잔도	12	木
	潺	물 흐르는 소리	16	水
잠	岑	산봉우리, 높을	7	土
잡 (金)	卡	지킬	5	金
	磼	높을	17	金
장 (金)	丈	어른, 지팡이	3	木
	長	긴, 길, 맏이	8	木
	壯	장할, 씩씩할	7	木
	奬	장려할, 권면할	14	木
	帳	휘장, 장부	11	木
	粧	단장할	12	木
	蔣	줄, 나라이름	17	木
	薔	장미	19	木
	裝	클, 든든할	10	木
	糚	꾸밀, 단장할	17	木
	暲	밝을, 해 돋을	15	火
	匠	장인, 기술자	6	土
	墻	담장	16	土

발음(오행)	한자	뜻	획수(원획)	자원(오행)
장(金)	將	장수	11	土
	狀	모양, 형상	8	土
	妝	꾸밀, 단장할	7	土
	嶂	산봉우리	14	土
	鄣	막을, 나라이름	18	土
	張	베풀, 향할	11	金
	璋	구슬, 반쪽, 홀	16	金
	章	글, 문장	11	金
	鏘	금옥, 소리	19	金
	漳	강이름	15	水
재(金)	再	두 번, 다시	6	木
	才	재주	4	木
	材	재목, 재능	7	木
	栽	심을	10	木
	梓	가래나무, 책판	11	木
	裁	마를, 분별	12	木
	扗	있을	7	木
	榟	가래나무	14	木
	宰	재상, 주관할	10	木
	縡	일할, 실을	16	木
재	纔	재주, 재능	23	木
	捚	손바닥에 받을	11	木
	載	실을, 가득할	13	火
	在	있을, 살필	6	土
	崽	자식, 어린이	12	土
	財	재물	10	金
	賊	재물, 재화	16	金
	渽	맑을	13	水
	斋	재계, 공손할	9	水
	溨	물이름	14	水
쟁(金)	箏	쟁, 풍경	14	木
	錚	쇳소리, 징	16	金
	琤	옥소리	13	金
	鎗	종소리, 술그릇	18	金
저(金)	楮	닥나무	13	木
	著	지을, 나타날	15	木
	宁	뜰, 멈추어 설	5	木
	柢	뿌리, 근본	9	木
	舐	닿을, 도달할	12	木
	儲	쌓을, 저축할	18	火

발음(오행)	한자	뜻	획수 원획	자원 오행
저 (金)	氐	근본	5	火
	邸	집, 저택, 바탕	12	土
	牴	부딪힐, 만날	9	土
	陼	물가, 삼각주	17	土
	貯	쌓을, 저축할	12	金
	渚	물가, 모래섬	13	水
적 (金)	摘	딸, 추릴	15	木
	積	쌓을, 모을	16	木
	籍	호적, 서적	20	木
	績	길쌈, 지을	17	木
	菂	연밥	14	木
	的	과녁, 표준	8	火
	赤	붉을	7	火
	駒	별박이, 준마	13	火
	覿	볼, 만날	22	火
	勣	공적, 업적	13	土
	跡	발자취, 밟을	13	土
	蹟	자취, 사적	18	土
	迪	나아갈	12	土
	滴	물방울	15	水

발음(오행)	한자	뜻	획수 원획	자원 오행
전 (金)	奠	정할, 제사지낼	12	木
	氈	양탄자, 모	17	木
	筌	통발	12	木
	篆	전자, 도장	15	木
	靛	청대	16	木
	箭	화살	15	木
	佃	밭갈	7	火
	佺	신선이름	8	火
	傳	전할, 말할	13	火
	輾	반전할, 구를	17	火
	轉	구를	18	火
	顓	오로지, 착할	18	火
	悛	고칠, 깨달을	11	火
	畑	화전	9	土
	全	온전할, 온통	6	土
	塡	채울, 가득 찰	13	土
	塼	벽돌	14	土
	專	오로지	11	土
	田	밭, 밭갈	5	土
	甸	경기, 경계	7	土

발음(오행)	한자	뜻	획수 원획	자원 오행
전(金)	嫥	오로지	14	土
	甎	벽돌	16	土
	畋	밭갈	9	土
	典	법	8	金
	前	앞, 먼저	9	金
	殿	대궐	13	金
	琠	옥이름, 귀막이	13	金
	詮	설명할, 갖출	13	金
	鈿	비녀	13	金
	銓	사람 가릴	14	金
	錢	돈, 동전	16	金
	鐫	새길, 쪼을	21	金
	戩	다할, 멸할	14	金
	磚	벽돌	16	金
	鎮	가마, 가마솥	16	金
	電	번개, 전기	13	水
	餞	전송할, 보낼	17	水
	囀	지저귈	21	水
	展	펼	10	水
	湔	씻을	13	水

발음(오행)	한자	뜻	획수 원획	자원 오행
전	澶	물 흐를	17	水
	腆	두터울	14	水
절(金)	節	마디	15	木
	晢	밝을, 총명할	11	火
	峜	산굽이	7	土
	浙	강이름	11	水
점(金)	店	가게, 점포	8	木
	粘	붙을, 끈끈할	11	木
	簟	대자리	18	木
	蔪	우거질	17	木
	颭	물결 일	14	木
	黏	차질, 붙을	17	木
	岾	땅이름, 재, 고개	8	土
	漸	점점, 적실	15	水
	點	점	17	水
접	接	접할, 모일	12	木
	楪	평상, 마루	13	木
	跕	밟을, 서행	12	土
	蹀	밟을, 장식	16	土
정	定	정할, 편안할	8	木

발음(오행)	한자	뜻	획수 원획	자원 오행
정(金)	庭	뜰, 집안, 조정	10	木
	廷	조정, 관청	7	木
	挺	빼어날, 뺄	11	木
	柾	사람 이름	9	木
	綎	가죽띠	13	木
	桯	기둥, 탁자	11	木
	棖	문설주	12	木
	精	깨끗할, 세밀할	14	木
	艇	배, 거룻배	13	木
	禎	상서, 길조	14	木
	旌	기, 표할	11	木
	程	법, 한도, 길	12	木
	靜	고요할, 조용할	16	木
	靚	단장할	15	木
	靘	검푸른 빛	14	木
	静	고요할	14	木
	靖	편안할, 꾀할	13	木
	亭	정자, 집	9	火
	情	뜻, 사랑, 정성	12	火
	晶	수정, 맑을	12	火

발음(오행)	한자	뜻	획수 원획	자원 오행
정	晸	해뜰, 햇빛들	12	火
	炡	빛날	9	火
	頂	정수리, 이마	11	火
	鼎	솥	13	火
	灯	등잔	6	火
	侹	평탄, 평평할	9	火
	顁	곧을	16	火
	姃	단정할	8	土
	正	바를, 떳떳할	5	土
	町	밭두둑	7	土
	鄭	나라이름	19	土
	婧	날씬할, 단정할	11	土
	婷	예쁠	12	土
	珽	옥이름, 옥돌	12	金
	訂	바로잡을, 고칠	9	金
	鋌	쇳덩이, 살촉	15	金
	錠	쇳덩이, 신선로	16	金
	鋥	칼날 세울	15	金
	政	정사, 바를	9	金
	整	정돈할	16	金

발음(오행)	한자	뜻	획수 원획	자원 오행
정(金)	玎	옥소리	7	金
	碇	닻, 배를 멈출	13	金
	諄	고를, 조정할	16	金
	貞	곧을	9	金
	釘	못	10	金
	珵	패옥, 옥이름	12	金
	証	간할, 충고할	12	金
	井	우물	4	水
	呈	드릴, 드러낼	7	水
	汀	물가	6	水
	淨	깨끗할, 맑을	12	水
	湞	물이름	13	水
	涏	곧을, 윤택할	11	水
제(金)	帝	임금	9	木
	提	끌, 당길	13	木
	梯	사다리	11	木
	第	차례	11	木
	製	지을, 만들	14	木
	禔	복, 즐거움	14	木
	緹	붉을	15	木

발음(오행)	한자	뜻	획수 원획	자원 오행
제	悌	공경할, 공손할	11	火
	題	제목, 머리말	18	火
	偙	준걸	11	火
	祭	제사	11	土
	齊	가지런할, 다스릴	14	土
	媞	안존할, 아름다울	12	土
	姼	예쁠, 아름다울	9	土
	堤	둑, 방죽	12	土
	際	즈음, 만날, 때	19	土
	制	절제할, 지을	8	金
	劑	약제, 조절	16	金
	瑅	옥이름	14	金
	鍗	큰 가마	17	金
	濟	건널, 구제할	18	水
조(金)	艚	거룻배	17	木
	措	둘, 베풀	12	木
	操	지조, 잡을, 부릴	17	木
	眺	바라볼, 살필	11	木
	稠	빽빽할	13	木
	組	짤, 인끈	11	木

발음(오행)	한자	뜻	획수 원획	자원 오행
조(金)	找	채울	8	木
	條	끈	13	木
	彫	새길	11	火
	早	이를, 일찍	6	火
	晁	아침	10	火
	琱	새길	11	火
	曺	성	10	火
	照	비칠, 빛날	13	火
	燥	마를	17	火
	肇	비로소, 비롯할	14	火
	傮	마칠	13	火
	助	도울	7	土
	曹	마을, 무리	11	土
	造	지을, 세울	14	土
	遭	만날, 마주칠	18	土
	嬥	날씬할	17	土
	曌	아침	18	土
	譟	떠들, 기뻐할	20	金
	璪	면류관 옥	18	金
	祚	복	10	金

발음(오행)	한자	뜻	획수 원획	자원 오행
조	詔	조서, 고할	12	金
	調	고를, 균형 잡힐	15	金
	釣	낚시, 구할	11	金
	琱	아로새길	13	金
	朝	아침	12	水
	漕	배로 실어 나를	15	水
	潮	조수, 밀물, 썰물	16	水
	窕	고요할	11	水
	澡	씻을	17	水
족	簇	조릿대	17	木
존(金)	尊	높을, 공경할	12	木
	拵	의거할	10	木
	存	있을, 보존할	6	水
종(金)	宗	마루, 근본	8	木
	棕	종려나무	12	木
	種	씨, 종족, 심을	14	木
	綜	모을, 통할	14	木
	柊	나무이름, 망치	9	木
	樅	전나무	15	木
	倧	상고 신인	10	火

발음(오행)	한자	뜻	획수 원획	자원 오행
종 (金)	從	좇을, 나아갈	11	火
	悰	즐거울	12	火
	慒	생각할, 꾀할	15	火
	踪	자취, 사적	15	土
	蹤	발자취	18	土
	琮	옥홀	13	金
	鍾	쇠북, 술잔	17	金
	鐘	쇠북, 종, 시계	20	金
	瑽	패옥소리	16	金
	淙	물소리	12	水
좌 (金)	座	자리, 지위	10	木
	佐	도울	7	火
	左	왼쪽, 도울	5	火
	坐	앉을, 자리, 지위	7	土
주 (金)	主	주인, 임금	5	木
	奏	아뢸, 연주할	9	木
	宙	집, 하늘	8	木
	朱	붉을	6	木
	柱	기둥, 버틸	9	木
	株	그루, 뿌리	10	木

발음(오행)	한자	뜻	획수 원획	자원 오행
주 (金)	紬	명주	11	木
	拄	버틸, 떠받칠	9	木
	蔟	대주, 정월	17	木
	椆	영수목, 삿대	12	木
	紸	댈, 서로 닿을	11	木
	絑	붉을	12	木
	輳	모일, 몰려들	16	火
	儔	무리, 필적할	16	火
	晭	밝을	12	火
	睭	햇빛	12	火
	住	머무를, 살	7	火
	做	지을, 만들	11	火
	晝	낮	11	火
	炷	심지	9	火
	趎	사람이름	13	火
	輈	끌채, 굳셀	13	火
	燽	밝을, 드러날	18	火
	姝	예쁠, 사람이름	9	土
	週	돌, 회전할, 주일	15	土
	遒	닥칠, 다할	14	土

발음(오행)	한자	뜻	획수 원획	자원 오행
주 (金)	姝	예쁠	8	土
	珠	구슬, 진주	11	金
	註	글 뜻 풀, 기록	12	金
	賙	진휼할, 보탤	15	金
	鉒	쇳돌, 두다	13	金
	貯	재물	12	金
	珘	구슬	11	金
	周	두루, 둘레	8	水
	州	고을	6	水
	注	부을, 물댈, 흐를	9	水
	洲	물가, 섬	10	水
	澍	단비, 젖을	16	水
준 (金)	寯	모일, 뛰어날	16	木
	葰	클	15	木
	俊	준걸, 뛰어날	9	火
	儁	준걸, 영특할	15	火
	准	준할, 승인할	10	火
	晙	밝을, 일찍	11	火
	焌	구울	11	火
	駿	준마	17	火

발음(오행)	한자	뜻	획수 원획	자원 오행
준	鵔	금계	18	火
	僔	모일, 많을	14	火
	儁	똑똑할, 슬기로울	17	火
	埈	높을, 준엄할	10	土
	畯	농부	12	土
	蹲	기쁠	17	金
	準	준할, 법도	12	水
	濬	깊을	18	水
줄 (金)	茁	풀싹, 성할	11	木
	乼	줄	9	木
중 (金)	衆	무리, 백성	11	木
	仲	버금, 둘째	6	火
	中	가운데	4	土
	重	무거울, 두터울	9	土
	衆	무리, 백성	12	水
즙 (金)	楫	노, 돛대	13	木
	檝	노, 배	17	木
증 (金)	拯	건질, 구원할	10	木
	繒	비단, 명주	18	木
	罾	그물, 어망	18	木

발음(오행)	한자	뜻	획수 원획	자원 오행
증	曾	거듭, 일찍	12	火
	增	더할, 높을	15	土
	嶒	산 높을	15	土
	證	증거, 증명할	19	金
	贈	줄, 더할	19	金
지(金)	摯	잡을, 극진할	15	木
	持	가질, 지닐	10	木
	祉	복, 행복	9	木
	紙	종이	10	木
	芝	지초, 버섯, 영지	10	木
	榰	주춧돌, 버틸	14	木
	秪	곡식여물	10	木
	舐	만날, 합할	11	木
	志	뜻, 마음	7	火
	智	지혜, 슬기	12	火
	恀	기댈, 믿을	8	火
	駛	굳셀	14	火
	地	땅	6	土
	址	터, 토대	7	土
	至	이를, 지극할	6	土

발음(오행)	한자	뜻	획수 원획	자원 오행
지	劧	굳건할	6	土
	知	알, 지혜	8	金
	砥	숫돌, 평평할	10	金
	誌	기록할	14	金
	識	적을, 표할	19	金
	池	연못, 도랑	7	水
	沚	물가	8	水
	泜	물이름	9	水
직(金)	直	곧을	8	木
	織	짤, 만들	18	木
	禝	사람이름	15	木
	職	직업, 벼슬	18	火
진(金)	振	떨칠, 구원할	11	木
	眞	참	10	木
	榛	우거질, 개암나무	14	木
	秦	나라이름	10	木
	縉	붉은비단, 분홍빛	16	木
	縝	고을, 맺을	16	木
	蓁	우거질	16	木
	稹	빽빽할, 촘촘할	15	木

발음(오행)	한자	뜻	획수 원획	자원 오행
진(金)	捈	되돌릴, 붙다	9	木
	真	참, 진리, 본성	10	木
	瑱	바를	13	木
	晉	나아갈, 진나라	10	火
	儘	다할, 완수할	16	火
	趁	좇을, 따를	12	火
	晪	밝을, 명랑할	11	火
	昣	밝을, 빛날	9	火
	晋	나아갈	10	火
	臻	이를, 모일, 성할	16	土
	進	나아갈, 오를	15	土
	陣	진칠, 전쟁	15	土
	畛	두둑, 두렁길	10	土
	陳	베풀, 묶을	16	土
	尽	다할, 완수할	6	金
	珍	보배	10	金
	瑨	아름다운 옥돌	15	金
	璡	옥돌	17	金
	盡	다할, 완수할	14	金
	賑	구휼할, 넉넉할	14	金

발음(오행)	한자	뜻	획수 원획	자원 오행
진	珒	옥 이름	11	金
	鉁	보배	13	金
	診	볼, 진찰할	12	金
	鎭	진압할, 진정할	18	金
	津	나루, 물가	10	水
	溱	성할, 많을	14	水
	震	우레, 벼락, 진동	15	水
질(金)	帙	책권, 차례	8	木
	秩	차례	10	木
	郅	성할, 고을이름	13	土
	瓆	사람이름	20	金
	質	바탕	15	金
짐	朕	나, 조짐	10	水
집(金)	緝	모을, 낳을	15	木
	集	모을, 이룰	12	火
	執	잡을, 가질	11	火
	輯	모을	16	火
	鏶	쇳조각, 판금	20	金
	戢	거둘, 보관할	13	金
	潗	샘솟을, 세찰	16	水

발음(오행)	한자	뜻	획수 원획	자원 오행
징(金)	瞪	바로 볼	17	木
	徵	부를, 거둘	15	火
	澄	맑을	16	水
	澂	맑을	16	水
	瀓	맑을	19	水
차(金)	槎	나무 벨	14	木
	車	수레	7	火
	佽	잴, 도울	8	火
	借	빌릴, 꾸밀	11	火
	姹	아리따울	9	土
	嵯	우뚝 솟을	13	土
	磋	갈	15	金
	瑳	깨끗할, 고울	15	金
	硨	옥돌, 조개이름	12	金
착(金)	捉	잡을	11	木
	着	붙을, 입을	12	土
찬(金)	撰	지을, 만들	16	木
	纂	모을, 편찬할	20	木
	粲	정미, 밝을	13	木
	纘	이을	25	木

발음(오행)	한자	뜻	획수 원획	자원 오행
찬	攢	모일, 뚫을	23	木
	欑	모을	23	木
	燦	빛날	17	火
	儧	모을	17	火
	巑	산 뾰족할	22	土
	孏	희고 환할	22	土
	璨	옥빛, 빛날	18	金
	瓚	옥잔, 제기	24	金
	贊	도울, 밝힐	19	金
	讚	기릴, 도울	22	金
	賛	도울	15	金
	澯	맑을	17	水
찰(金)	察	살필, 자세할	14	木
	札	편지, 패, 조각	5	木
	扎	뽑을, 편지	14	木
참(金)	槧	판목, 편지,	15	木
	參	참여할, 별	11	火
	鏨	새길	19	金
	站	일어설	10	金
창	槍	창, 무기	14	木

발음(오행)	한자	뜻	획수 원획	자원 오행
창(金)	艙	선창, 부두	16	木
	蒼	푸를, 우거질	16	木
	閶	문	16	木
	倉	창고, 곳집	10	火
	唱	부를, 인도할	12	火
	彰	드러날, 밝을	14	火
	昌	창성할	8	火
	昶	해 길, 밝을	9	火
	暢	화창할, 펼	14	火
	創	비롯할, 다칠	12	金
	敞	시원할, 높을	12	金
	刱	비롯할	8	金
	刱	비롯할, 시작할	14	金
	瑲	옥 소리	15	金
	滄	큰 바다	14	水
	漲	넘칠	15	水
	窓	창문	11	水
	窻	창, 창문	12	水
	淐	물이름	12	水
채	寀	녹봉	11	木

발음(오행)	한자	뜻	획수 원획	자원 오행
채(金)	寨	목책, 울타리	14	木
	採	캘, 풍채, 채색	12	木
	綵	비단, 문채	14	木
	蔡	풀, 거북	17	木
	采	캘, 풍채, 채색	8	木
	婇	여자이름	11	土
	砦	진터, 목책	10	金
책(金)	冊	책, 문서	5	木
	柵	울타리, 목책	9	木
	策	꾀, 대책, 채찍	12	木
	筞	책, 칙서	11	木
	簀	살평상, 대자리	17	木
처(金)	萋	우거질, 공손할	14	木
	處	곳, 머무를	11	土
	郪	고을이름	15	土
척(金)	撫	주울	15	木
	尺	자	4	木
	拓	열, 개척할	9	木
	倜	대범할, 뛰어날	10	火
	蹠	밟을, 나아갈	18	土

발음(오행)	한자	뜻	획수 원획	자원 오행
척	陟	오를, 올릴	15	土
	坧	터, 기지	8	土
	墌	터, 기지	14	土
	滌	씻을, 헹굴	15	水
천(金)	薦	천거할, 드릴	19	木
	闡	열, 밝힐, 넓힐	20	木
	芊	우거질, 무성할	9	木
	荐	천거할, 드릴	12	木
	蒨	꼭두서니, 선명할	16	木
	蔵	갖출, 경계할	18	木
	仟	무성할	5	火
	倩	예쁠	10	火
	踐	밟을, 오를	15	土
	阡	밭둑, 언덕	11	土
	玔	거듭	12	土
	辿	천천히 걸을	10	土
	玔	옥고리	8	金
	泉	샘	9	水
	洊	이를, 자주	10	水
철	綴	맺을, 엮을	14	木

발음(오행)	한자	뜻	획수 원획	자원 오행
철(金)	瞮	눈 밝을	17	木
	徹	통할, 뚫을	15	火
	悊	밝을, 공경할	11	火
	埑	밝을, 슬기로울	10	土
	銕	쇠, 무기	14	金
	鐵	쇠, 무기	13	金
	哲	밝을, 슬기로울	10	水
	喆	밝을, 총명할	12	水
	澈	물맑을	16	水
첨(金)	瞻	우러러 볼	18	木
	僉	다, 여럿	13	火
	甛	달, 곤이 잘	11	土
	甜	달, 곤이 잘	11	土
	詹	이를, 도달할	13	金
	沾	더할, 첨가할	9	水
	添	더할, 덧붙일	12	水
첩(金)	帖	표제, 문서	8	木
	捷	빠를, 이길	12	木
	牒	편지, 계보	13	木
	倢	빠를	10	火

발음(오행)	한자	뜻	획수 원획	자원 오행
첩	怗	고요할, 복종할	9	火
	貼	붙일, 붙을	12	金
청(金)	菁	우거질, 화려할	14	木
	靑	푸를	8	木
	青	푸를	8	木
	晴	갤, 맑을	12	火
	請	청할, 물을	15	金
	凊	서늘할, 추울	10	水
	淸	맑을, 깨끗할	12	수
체(金)	締	맺을	15	木
	替	바꿀, 대신할	12	火
	逮	잡을, 미칠	15	土
	遞	갈마들, 갈릴	17	土
	諦	살필, 이치	16	金
	體	몸, 근본	23	金
초(金)	招	부를	9	木
	樵	땔나무할	16	木
	超	뛰어넘을	12	火
	僬	밝게 볼	14	火
	趠	넘을, 뛸	15	火

발음(오행)	한자	뜻	획수 원획	자원 오행
초	軺	수레	12	火
	岧	높을, 산우뚝할	8	土
	迢	멀, 높을	12	土
	硝	초석, 화약	12	金
	礎	주춧돌, 기초	18	金
	鈔	좋은 쇠	11	金
	肖	닮을, 같을	9	水
	噍	씹을, 지저귈	15	水
촉(金)	燭	촛불	17	火
	蜀	나라이름	13	水
촌(金)	村	마을	7	木
	忖	헤아릴	7	火
	寸	마디	3	土
	邨	마을, 시골	11	土
	吋	마디	6	水
총(金)	寵	사랑할, 은혜	19	木
	摠	거느릴, 모두	15	木
	總	합할, 다	17	木
	蔥	푸를, 파	17	木
	総	거느릴, 모을	14	木

발음(오행)	한자	뜻	획수 원획	자원 오행
총	聡	귀밝을, 총명할	14	火
	聰	귀밝을, 총명할	17	火
	叢	모을, 떨기	18	水
찰	撮	사진찍을, 모을	16	木
최(金)	榱	서까레	14	木
	催	재촉할, 열, 베풀	13	火
	崔	높을	11	土
	璀	빛날, 옥광채	16	金
	磪	산높을	16	金
	最	가장, 제일	12	水
	濢	깊을, 선명	15	水
추(金)	推	밀, 읊을	12	木
	椎	뭉치, 방망이	12	木
	樞	지도리, 근원	15	木
	帚	빗자루, 깨끗할	8	木
	摰	모을, 묶을	13	木
	簉	버금자리, 부거	17	木
	縋	매어달, 줄	16	木
	媰	별이름, 미녀	11	土
	諏	물을	15	金

발음(오행)	한자	뜻	획수 원획	자원 오행
추	酋	우두머리	9	金
	錘	저울추	16	金
	鎚	쇠망치, 저울	18	金
	啾	작은소리	12	水
축(金)	畜	쌓을, 둘	16	木
	竺	대나무	8	木
	築	쌓을, 집지을	16	木
	軸	굴대, 굴레	12	火
	祝	빌, 축원할	10	金
춘	瑃	옥이름	14	金
	賰	넉넉할	16	金
충(金)	充	가득찰, 채울	6	木
	衷	속마음, 정성	10	木
	珫	귀고리 옥	11	金
췌(金)	萃	모일, 모을	14	木
	揣	헤아릴	13	木
취(金)	炊	불땔, 밥지을	8	火
	聚	모을, 무리	14	火
	趣	달릴, 재미, 뜻	15	火
	就	나아갈, 이룰	12	土

발음(오행)	한자	뜻	획수 원획	자원 오행
취	冣	모을, 쌓을	10	土
	取	취할, 가질	8	水
측	測	측량할, 잴	13	水
치 (金)	緻	빽빽할, 이를	15	木
	置	둘, 베풀, 버릴	14	木
	寘	둘, 다할	13	木
	幟	기, 표지	15	木
	値	값, 만날	10	火
	熾	성할, 맹렬할	16	火
	輜	짐수레	15	火
	馳	달릴	13	火
	峙	언덕, 산우뚝할	9	土
	治	다스릴	9	水
칙 (金)	勅	칙서, 타이를	9	土
	則	법칙, 본받을	9	金
	敕	칙서, 조서	11	金
	飭	삼갈, 신칙할	13	水
친	親	친할, 부지런할	16	火
침 (金)	寑	잠잘, 쉴	14	木
	忱	정성, 참마음	8	火

발음(오행)	한자	뜻	획수 원획	자원 오행
침	駸	달릴, 빠를	17	火
	郴	고을이름	15	土
	琛	보배, 옥	13	金
칭 (金)	秤	저울	10	木
	稱	일컬을, 부를	14	木
쾌 (木)	夬	터놓을	4	木
	快	빠를	8	火
	噲	목구멍, 상쾌할	16	水
타 (火)	拖	끌어당길	9	木
	椿	깊고 둥글	13	木
	舵	선박키	11	木
	拕	끌, 당길	9	木
	柁	키, 선박키	9	木
	橢	길쭉할	16	木
	馱	실을, 태울	13	火
	妥	온당할, 편안할	7	土
탁 (火)	卓	높을, 뛰어날	8	木
	度	헤아릴, 꾀할	9	木
	托	맡길, 의지할	7	木
	倬	클, 밝을	10	火

발음(오행)	한자	뜻	획수 원획	자원 오행
탁 (火)	晫	밝을, 환할	12	火
	踔	멀, 아득할	15	土
	逴	멀, 아득할	15	土
	琢	옥다듬을, 닦을	13	金
	琸	사람이름	13	金
	託	부탁할, 의탁할	10	金
	鐸	방울, 요령	21	金
	濯	씻을, 클, 빛날	18	水
탄 (火)	炭	숯, 석탄	9	火
	憻	평평할, 너그러울	17	火
	暺	밝을, 환할	16	火
	坦	평평할, 넓을	8	土
탈 (火)	侻	가벼울	9	火
탐 (火)	探	찾을, 정탐할	12	木
	耽	즐길, 기쁨을 누릴	10	火
탑	塔	탑	13	土
탕 (火)	帑	금고, 처자	8	木
	燙	데울	16	火
	碭	무늬있는 돌	14	金
	盪	씻을, 밀	17	水

발음(오행)	한자	뜻	획수 원획	자원 오행
태 (火)	太	클, 밝을	4	木
	娧	아름다울	10	土
	邰	나라이름	12	土
	埭	둑, 보	11	土
	迨	미칠, 이를	12	土
	兌	기쁠	7	金
	鈦	티타늄	12	金
	台	별이름, 태풍	5	水
택 (火)	宅	집	6	木
	擇	가릴, 고를	17	木
	澤	못, 윤택할	17	水
탱 (火)	撐	버틸, 버팀목	16	木
	撑	버틸	16	木
	掌	버틸, 버팀목	12	木
터	攄	펼, 나타낼	19	木
토	討	칠, 다스릴	10	金
톤	噋	느릿할	15	水
통 (火)	桶	통, 용기	11	木
	筒	대통, 대롱	12	木
	統	거느릴, 통솔할	12	木

발음(오행)	한자	뜻	획수 원획	자원 오행
통	樋	나무이름	15	木
	筒	대통	13	木
	通	통할, 형통할	14	土
	洞	밝을, 꿰뚫을	10	水
퇴	堆	언덕, 쌓을	11	土
투(火)	透	통할, 사무칠	14	土
	渝	변할	13	水
퉁	佟	강이름	7	火
특	特	특별할, 수컷	10	土
파(水)	把	잡을	8	木
	播	씨뿌릴, 심을	16	木
	皤	흴, 볼록할	17	木
	坡	고개, 언덕	8	土
	巴	땅이름, 꼬리	4	土
	岥	비탈, 고개	8	土
	鄱	고을이름	19	土
	波	물결, 움직일	9	水
	派	물결, 보낼	10	水
판(水)	坂	고개, 언덕	7	土
	阪	비탈, 언덕, 둑	12	土

발음(오행)	한자	뜻	획수 원획	자원 오행
판	判	판단할, 쪼갤	7	金
	辦	힘쓸, 갖출	16	金
	鈑	금박	12	金
팔	汃	물결치는 소리	6	水
패(水)	牌	패, 호패	12	木
	旆	기, 선구	10	木
	覇	으뜸, 두목	19	金
	珮	찰, 지닐	11	金
	浿	강이름, 물가	11	水
	孛	살별, 혜성	7	水
	霈	비 쏟아질	15	水
	霸	으뜸, 두목	21	水
팽(水)	彭	땅이름	12	火
	砰	돌구르는 소리	10	金
	澎	물소리	16	水
	膨	부풀, 불을	18	水
편(水)	篇	책	15	木
	編	엮을	15	木
	艑	거룻배, 큰배	15	木
	便	편할, 소식	9	火

발음(오행)	한자	뜻	획수 원획	자원 오행
편	翩	나부낄, 펄럭일	15	火
	遍	두루, 모든	16	土
	匾	납작할	11	金
	諞	말 잘할	16	金
평(水)	枰	바둑판	9	木
	坪	들, 평평할	8	土
	評	평론할, 의논할	12	金
	泙	물소리	9	水
폐(水)	嬖	사랑할	16	土
	陛	섬돌, 층계	15	土
포(水)	匍	길쭉할	9	木
	匏	박, 악기	11	木
	布	베, 펼, 베풀	5	木
	抱	안을, 가질	9	木
	捕	사로잡을	11	木
	苞	쌀	11	木
	袍	도포, 웃옷	11	木
	褒	기릴, 칭찬할	15	木
	庖	부엌, 음식	8	木
	佈	펼, 알릴	7	火

발음(오행)	한자	뜻	획수 원획	자원 오행
포	包	감쌀, 용납할	5	金
	砲	대포	10	金
	鋪	펼, 베풀, 가게	15	金
	誧	도울, 간할	14	金
	圃	밭, 들일, 넓을	10	水
	浦	물가, 바닷가	11	水
	飽	배부를	14	水
폭(水)	幅	폭, 너비	12	木
	曝	햇빛 쬘	19	火
	輻	바퀴살	16	火
표(水)	杓	자루, 별이름	7	木
	標	표할, 기록할	15	木
	表	겉, 나타날	9	木
	縹	휘날릴, 옥색	17	木
	票	표, 쪽지	11	火
	驃	날쌜,	21	火
	僄	날랠, 가벼울	13	火
	瞟	들을	17	火
품(水)	稟	여쭐, 줄, 밝을	13	木
	品	물건	9	水

발음(오행)	한자	뜻	획수 원획	자원 오행
풍 (水)	楓	단풍나무	13	木
	豊	풍년	18	木
	馮	성씨	12	火
	諷	욀, 풍자할	16	金
피 (水)	被	이불, 덮을	11	木
	陂	방죽, 연못	13	土
필 (水)	筆	붓	12	木
	苾	향기로울	11	木
	馝	좋은 향내날	14	木
	必	반드시, 꼭	5	火
	佖	점잖을, 가득찰	7	火
	馜	살찔	15	火
	畢	마칠, 다할	11	土
	疋	짝, 배필, 홀	5	土
	弼	도울, 보필	12	金
	珌	칼집 장식	10	金
	斁	다할, 불모양	15	金
	鉍	창자루	13	金
	泌	스며흐를	9	水
	咇	향내날	8	水

발음(오행)	한자	뜻	획수 원획	자원 오행
필	潷	용솟음칠	15	水
	滭	샘이 용솟을	12	水
하 (土)	厦	큰 집, 문간방	12	木
	廈	큰 집, 문간방	13	木
	荷	멜, 책임질, 연꽃	13	木
	抲	지휘할	9	木
	閜	크게 열릴	13	木
	昰	여름, 클	9	火
	煆	붉을, 노을	16	火
	賀	하례할, 경사	12	金
	欱	껄껄 웃을	9	金
	河	물, 강	9	水
	嚇	웃음소리	17	水
	閜	웃을	16	水
	嘏	클, 복	14	水
학 (土)	壑	도랑, 산골짜기	17	土
	郝	땅이름	14	土
	學	배울, 글방	16	水
	嗃	엄숙할	13	水
	学	배울, 학교	8	水

발음(오행)	한자	뜻	획수 원획	자원 오행
한 (土)	捍	막을, 방어할	11	木
	閑	익힐, 법	16	木
	橺	큰 나무	16	木
	翰	편지, 날개, 글	16	火
	僩	굳셀	14	火
	暵	마를, 말릴	15	火
	閒	한가할, 틈	12	土
	限	한할, 한정	14	土
	嫺	우아할, 조용할	15	土
	嫻	우아할, 조용할	15	土
	閈	이문, 마을	11	土
	邗	땅이름	10	土
	韓	나라이름	17	金
	漢	한수, 한나라	15	水
	瀚	넓고 클	20	水
	閑	한가할, 틈	12	水
	澖	넓을	16	水
할	轄	다스릴	17	火
함 (土)	函	상자, 함	8	木
	艦	싸움배, 군함	20	木

발음(오행)	한자	뜻	획수 원획	자원 오행
함	諴	화동할	16	金
	含	머금을	7	水
	咸	다, 모두	9	水
합 (土)	郃	고을 이름	13	土
	匌	돌, 만날	8	金
	盍	덮을, 합할	10	金
	合	합할, 맞을	6	水
	哈	웃는 소리	9	水
항 (土)	杭	건널, 나룻배	8	木
	夯	멜, 힘주어 들	5	木
	航	배, 건널	10	木
	伉	짝, 굳셀, 맞설	6	火
	恒	항상, 옛	10	火
	行	항렬, 굳셀	6	火
	項	조목, 목덜미	12	火
	恆	항상, 옛	10	火
	姮	항아, 계집이름	9	土
	嫦	항아, 계집이름	14	土
	缸	항아리	9	土
	缿	푸서함, 저금통	12	土

발음(오행)	한자	뜻	획수 원획	자원 오행
항	亢	목, 높을	4	水
	沆	큰물, 흐를	8	水
	港	항구	13	水
해 (土)	楷	본보기, 나무이름	13	木
	解	풀, 가를	13	木
	偕	함께할, 굳셀	11	火
	晐	갖출, 햇빛비칠	10	火
	垓	지경, 경계, 끝	9	土
	邂	만날	20	土
	嶰	산골짜기	16	土
	該	마땅, 갖출	13	金
	諧	화할, 고를	16	金
	瑎	검은 옥돌	14	金
	瀣	바다이름	17	水
핵	核	씨	10	木
행	涬	기운, 끌	12	水
향 (土)	晑	밝을	10	火
	享	누릴, 드릴	8	土
	鄕	시골, 마을, 고향	17	土
	珦	옥이름, 구슬	11	金

발음(오행)	한자	뜻	획수 원획	자원 오행
향	向	향할, 나아갈	6	水
	嚮	향할, 누릴	19	水
허 (土)	墟	언덕, 빈터	15	土
	許	허락할, 바랄	11	金
헌 (土)	櫶	나무이름	20	木
	幰	수레 휘장	19	木
	憲	법, 가르칠	16	火
	軒	집, 추녀	10	火
	憪	총명할	20	火
	獻	드릴, 바칠	20	土
험	驗	시험할, 증거	23	火
혁 (土)	奕	클, 아름다울	9	木
	爀	붉은빛, 빛날	18	火
	赫	빛날, 붉을	14	火
	煉	빛날, 붉을, 밝을	11	火
	侐	고요할	8	火
	革	가죽, 고칠	9	金
	洫	봇도랑, 수문	10	水
현 (土)	弦	활시위, 악기줄	8	木
	絃	줄, 현악기	11	木

발음(오행)	한자	뜻	획수 원획	자원 오행
현(土)	絢	무늬, 문채	12	木
	縣	고을	16	木
	舷	뱃전	11	木
	繯	맬, 휘감다	19	木
	楬	땅이름	12	木
	顕	나타날, 명확할	18	火
	晛	햇살, 밝을, 환할	11	火
	懸	매달릴, 걸	20	火
	炫	밝을, 빛날	9	火
	衒	자랑할	11	火
	見	뵈올, 나타날	7	火
	顯	나타날, 드러날	23	火
	儇	영리할, 빠를	15	火
	眩	햇빛, 당혹할	9	火
	翾	날, 빠를	19	火
	怰	팔, 팔다	9	火
	姽	허리 가늘	10	土
	峴	고개, 재, 산이름	10	土
	嬛	산뜻할	16	土
	睍	한정할, 한계	15	土

발음(오행)	한자	뜻	획수 원획	자원 오행
현	妶	여자의 자	8	土
	譞	영리할, 슬기	20	金
	玹	옥돌, 옥빛	10	金
	現	나타날, 드러내다	12	金
	賢	어질, 현명할	15	金
	鉉	솥귀	13	金
	琄	옥모양, 패옥	12	金
	鋗	노구솥, 냄비	15	金
	弦	활	11	金
	灦	물 깊고 맑을	27	水
	泫	이슬 빛날	9	水
혈(土)	絜	헤아릴, 잴	12	木
	趐	나아갈	13	火
협(土)	挾	끼일, 가질, 품을	11	木
	夾	끼일, 가질, 품을	11	木
	俠	호협할	9	火
	協	화합할, 으뜸	10	火
	悏	쾌할, 만족할	10	火
	愜	쾌할, 만족할	13	火
	峽	골짜기, 산골	10	土

발음(오행)	한자	뜻	획수 원획	자원 오행
협	埉	물가	10	土
	協	화합할, 화할	8	水
	浹	젖을, 두루 미칠	11	水
	叶	맞을, 화합할	5	水
	洽	화할, 젖을	8	水
형(土)	馨	향기로울, 꽃다울	20	木
	形	형상, 모양	7	火
	炯	빛날, 밝을	9	火
	熒	반짝일, 밝을	14	火
	衡	저울, 평평할	16	火
	侀	거푸집, 모양이룰	8	火
	亨	형통할, 드릴	7	土
	型	거푸집, 모형	9	土
	逈	통달할, 멀	13	土
	邢	나라이름	11	土
	迥	멀	12	土
	珩	노리개, 구슬	11	金
	瑩	의혹할, 밝을	15	金
	鎣	꾸밀, 줄	18	金
	夐	멀, 아득할	14	金

발음(오행)	한자	뜻	획수 원획	자원 오행
형	滎	실개천	14	水
	瀅	물맑을	19	水
혜(土)	蕙	풀 이름, 혜초	18	木
	憓	밝힐, 깨달을	15	木
	彗	혜성, 총명할	11	火
	惠	은혜, 베풀, 어질	12	火
	慧	슬기로울, 지혜	15	火
	暳	별 반짝일	15	火
	徯	기다릴, 샛길	13	火
	恵	은혜	10	火
	憓	사랑할, 따를	16	火
	蹊	좁은길, 지름길	17	土
	譿	슬기로울	22	金
	訡	진실한 말	11	金
	譓	슬기로울, 순할	19	金
호(土)	壺	병, 단지	12	木
	弧	활	8	木
	戶	집, 지게	4	木
	瓠	박, 표주박	11	木
	縞	명주	16	木

발음(오행)	한자	뜻	획수 원획	자원 오행
호 (土)	號	이름, 부호, 차례	13	木
	号	이름, 부호, 번호	5	木
	薧	빛	17	木
	昊	하늘, 큰 모양	8	火
	晧	해돋을, 밝을	11	火
	儫	호걸, 귀인	16	火
	怙	믿을, 의지할	9	火
	晫	밝을, 화락할	15	火
	聕	들릴, 긴 귀	13	火
	熩	빛날	15	火
	顥	클, 넓을, 빛날	21	火
	虍	반호	10	土
	犒	호궤할	14	土
	嫭	아름다울	14	土
	嫮	아름다울	14	土
	壕	해자, 도랑	17	土
	祜	복, 행복	10	金
	皓	흴, 깨끗할, 밝을	12	金
	琥	호박, 서옥	13	金
	瑚	산호	14	金

발음(오행)	한자	뜻	획수 원획	자원 오행
호	護	도울, 보호할	21	金
	頀	구할, 지킬	23	金
	皞	흴, 깨끗할, 밝을	15	金
	鎬	호경, 밝은 모양	18	金
	呼	부를, 숨을 내쉴	8	水
	浩	넓을, 클	11	水
	淏	맑을	12	水
	湖	호수	13	水
	豪	호걸, 우두머리	14	水
	滸	물가	15	水
	澔	넓을, 클	16	水
	頀	퍼질	18	水
	濠	호주, 해자, 도랑	18	水
	滬	물 이름, 강 이름	15	水
혼 (土)	焜	빛날	12	火
	琿	아름다운 옥	14	金
홀 (土)	笏	홀	10	木
	囫	온전할	7	土
홍 (土)	弘	넓을, 클	5	火
	烘	횃불, 불땔	10	火

발음(오행)	한자	뜻	획수 원획	자원 오행
홍	哄	날밝을, 먼동이틀	10	火
	泓	물깊을, 물맑을	9	水
	洪	큰물, 넓을	10	水
화(土)	華	빛날, 번성할	14	木
	化	될, 변화할	4	火
	俰	화할	10	火
	畵	그림	13	土
	畫	그림	12	土
	嬅	탐스러울, 아름다울	15	土
	貨	재물, 돈, 상품	11	金
	話	말씀, 이야기	13	金
	和	화할, 화목할	8	水
	澕	물 깊을	16	水
확(土)	廓	클	14	木
	穫	곡식거둘, 벼벨	19	木
	擴	넓힐, 늘릴	19	木
	確	확실할, 굳을	15	金
	碻	확실할, 굳을	15	金
	鑊	가마솥	22	金
환	宦	벼슬, 관직	9	木

발음(오행)	한자	뜻	획수 원획	자원 오행
환(土)	紈	흰 비단, 맺을	9	木
	奐	빛날, 성대할	9	木
	桓	굳셀, 클	10	木
	換	바꿀, 고칠	13	木
	梡	가득찰	12	木
	絙	끈	12	木
	擐	꿸, 입을	17	木
	晥	환할, 밝은 별	11	火
	煥	불꽃, 빛날	13	火
	懽	기뻐할	22	火
	丸	둥글, 알, 방울	3	土
	歡	기쁠, 사랑할	22	金
	環	고리, 둥근 옥	18	金
	鐶	고리, 귀걸이	21	金
	喚	부를, 소환할	12	水
활(土)	闊	넓을, 트일	17	木
	活	살, 생기있을	10	水
	豁	소통할, 열릴	17	水
	濶	넓을, 거칠	18	水
황	榥	책상, 차양	14	木

발음(오행)	한자	뜻	획수 원획	자원 오행
황 (土)	篁	대숲	15	木
	楻	깃대	13	木
	幌	휘장, 덮개	13	木
	愰	마음밝을	14	火
	晃	밝을	10	火
	晄	밝을	10	火
	恍	황홀할	10	火
	煌	빛날, 성할	13	火
	黃	누루, 누를	12	土
	媓	여자이름, 어미	12	土
	堭	전각	12	土
	隍	해자	17	土
	瑝	옥소리	14	金
	貺	줄, 하사할	12	金
	璜	패옥, 반달옥	17	金
	鎤	종소리, 방울	18	金
	皇	임금, 클, 성할	9	金
	滉	물깊고 넓을	14	水
	潢	은하수, 웅덩이	16	水
	況	상황, 형편	9	水

발음(오행)	한자	뜻	획수 원획	자원 오행
회 (土)	會	모일, 모을	13	木
	繪	그림	19	木
	会	모일, 기회	八	木
	絵	그림, 채색	12	木
	懷	품을, 생각할	20	火
	頮	세수할	16	火
	恢	넓을, 클	10	火
	迴	돌아흐를	13	土
	誨	가르칠	14	金
	回	돌아올	6	水
	廻	돌, 선회할	9	水
	淮	물 이름	12	水
	澮	봇도랑, 시내	17	水
	匯	물 돌아나갈	13	水
획	劃	그을, 나눌	14	金
횡 (土)	宖	클, 집 울릴	8	木
	橫	가로지를, 동서	16	木
	鐄	종, 쇠북	20	金
	鈜	쇳소리	12	金
	潫	물 돌아나갈	16	水

발음(오행)	한자	뜻	획수(원획)	자원(오행)
효 (土)	斈	높을, 깊을	10	木
	俲	본받을	12	火
	曉	새벽, 밝을	16	火
	峭	산이름	11	土
	婋	재치있을	11	土
	效	본받을, 힘쓸	10	金
	斅	가르칠, 배울	20	金
	皛	나타날, 밝을	15	金
	効	본받을	8	金
	嚆	울릴, 부르짖을	17	水
	洚	물가, 성씨	11	水
	窙	높은 기운	12	水
후 (土)	帿	제후, 과녁	12	木
	侯	제후, 임금	9	火
	候	기후, 계절	10	火
	煦	따뜻하게 할, 베풀	13	火
	欵	즐거워할	10	火
	厚	두터울	9	土
	逅	우연히 만날	13	土
	垕	두터울	9	土

발음(오행)	한자	뜻	획수(원획)	자원(오행)
후	姁	아름다울, 할머니	8	土
	堠	돈대, 망대	12	土
	鍭	금빛 투색할	22	金
	珝	옥 이름	11	金
	詡	자랑할, 클	13	金
	后	왕후, 임금, 뒤	6	水
	咰	불, 내설	12	水
훈 (土)	薰	향초, 향내, 교훈	20	木
	蕙	향풀, 향기	19	木
	蘍	향풀, 향기	21	木
	勛	공, 공로	12	火
	勳	공, 공훈	15	火
	勲	공훈, 거느릴	16	火
	焄	김 쐴, 향내	11	火
	熏	불길, 연기, 태울	14	火
	曛	어스레할, 석양	18	火
	壎	질나팔, 흙	17	土
	鑂	금빛 투색할	22	金
	訓	가르칠, 새길	10	金
훌	欻	문득, 재빠를	12	金

발음(오행)	한자	뜻	획수 원획	자원 오행
훤 (土)	暄	따뜻할, 온난할	13	火
	煊	마를, 따뜻할	13	火
	烜	마를, 따뜻할	10	火
	晅	밝을	8	火
휘 (土)	揮	휘두를, 지휘할	13	木
	彙	무리	13	火
	徽	아름다울, 표기	17	火
	暉	빛, 광채, 빛날	13	火
	煇	빛날	13	火
	輝	빛날, 빛	15	火
	翬	훨훨 날	15	火
휴 (土)	携	가질, 이끌	14	木
	庥	그늘, 좋을	9	木
	休	쉴, 아름다울	6	火
	烋	아름다울, 화할	10	火
	畦	밭두둑	11	土
흔 (土)	掀	치켜들	12	木
	焮	구울	12	火
	昕	해돋을, 새벽	8	火
	欣	기뻐할	8	火

발음(오행)	한자	뜻	획수 원획	자원 오행
흔	炘	화끈거릴	8	火
	忻	기뻐할	8	火
흘 (土)	仡	날랠, 높을	5	火
	屹	산 우뚝솟을	6	土
	迄	이를, 마칠	10	土
	訖	이를, 마칠, 끝날	10	金
흠 (土)	廞	벌여놓을	15	木
	欽	공경할, 공손할	12	金
	歆	누릴, 흠향할	13	金
흡 (土)	恰	흡사할, 마치	10	火
	翖	합할, 거둘	12	火
	翕	합할, 일	12	火
	歙	들이쉴, 거둘	16	金
	吸	마실, 숨 들이쉴	7	水
	洽	젖을, 화할	10	水
	噏	숨들이쉴, 거둘	15	水
흥	興	일어날, 기뻐할	15	土
희 (土)	希	바랄, 희망할	7	木
	禧	복, 경사스러울	17	木
	稀	드물, 적을	12	木

발음(오행)	한자	뜻	획수 원획	자원 오행
희(土)	僖	기쁠, 즐길	14	火
	憘	기뻐할, 즐거울	16	火
	晞	마를, 밝을	11	火
	熙	빛날, 기뻐할	14	火
	俙	비슷할	9	火
	憙	기쁠, 즐거울	16	火
	憙	기쁠, 좋을	16	火
	曦	햇빛	20	火
	熹	빛날, 밝을	16	火
	熺	빛날, 밝을, 지을	16	火
	暿	빛날, 성할	16	火
	燨	야화, 봉화	18	火
	爔	불, 햇빛	20	火
	烯	불빛	11	火
	曦	햇빛	20	火
	熈	빛날, 일어날	13	火
	嬉	아름다울, 즐거울	15	土
	羲	복희씨, 사람 이름	16	土
	嬨	기쁠	17	土
	凞	빛날, 기쁠	14	水

발음(오행)	한자	뜻	획수 원획	자원 오행
희	喜	기쁠, 즐거울	12	水
	囍	쌍희, 기쁠	22	水
	咥	웃을	9	水
	嘻	화락할	15	水
	餼	보낼, 쌀, 녹봉	19	水

끝

부록 4

한글이름에 맞는 한자(자원오행) 사전

한글이름에 맞는 한자(자원오행) 사전

木 . 火 . 土 . 金 . 水

남자

목木 오행 / 남자 이름 1	목木 오행 / 남자 이름 2
서) 序7 抒8 栖10 庶11 棲12 稱14	준) 葰15
서) 緖15 撕16 藇20	민) 旼9 閔12
도) 朷5 度9 挑10 棹12 裪13 睹14	윤) 橍16
도) 導16 闍17 櫂18	건) 建9 楗13 睷14 褰16
하) 抲9 厦12 廈13	인) 絪12 戭14
시) 眂9	우) 宇6 扞7 肝8 寓12 禑14
예) 羿8 帠9 抈12	진) 抮9 真10 振11 蒭13 榛14 禛15
지) 祉9 持10 舣11 楮14 摯15	호) 弧8 壺12 縞16 薍17
유) 杻8 柔9 柚10 帷11 裕13 維14	안) 安6 案10
동) 東8 桐10 棟12 董15 橦16	재) 才4 材7 栽10 梓11 裁12 縡16
이) 廙14 태) 太4	현) 弦8 舷11 絢12 縣16 繯19
경) 局9 梗11 卿12 經13 擎17	훈) 薰19 薫20 勳21
주) 主5 宙8 柱9 株10 椆12	원) 元4 杬8 笎10 苑11 援13 禐15
정) 廷7 定8 柾9 庭10 挺11 程11	헌) 幰19 櫶20
정) 程12 靖13 禎14 靚15	선) 先6 珗11 線15 暶16 禪17 繕18
승) 升4 丞6 承8	연) 兗9 宴10 筵13 椽13 緣15 縯17
성) 省9 宬10 筬13	영) 栄9 英11 楹13 榮14 穎16 纓23
찬) 粲13 撰16 纂20 欑23 纘25	은) 殷16 檼18
채) 采8 寀11 採12 睬13 綵14	환) 紈9 桓10 睆12 換13 擐17
제) 梯11 提13 禔14	빈) 斌12 擯18 穦19 馪23
소) 招9 素10 紹11	혁) 奕9
욱) 栯10 稶13 穗15	화) 華14 후) X
규) 糺7 糾8 揆13 閨14	효) 庨10
상) 牀8 相9 桑10 常11 箱15	희) 希7 稀12 憘16 禧17
세) 繐18	아) 芽10 莪13
수) 守6 秀7 帥9 授12 綏13 睟13	택) 宅6 擇17
수) 綬14 粹14 豎15	필) 苾11 筆12 祕14

화火 오행 / 남자 이름 1	화火 오행 / 남자 이름 2
서) 徐10 俉11 焎12 愲13 曙18	준) 俊9 准10 晙11 僔14 駿17 晙18
도) 徒10 慆14 覩16 燾18	윤) 昀8 胤11
하) 昰9 椵16	인) 引4 仞5 志6 忎7
시) 侍8 恃10 偲11 視12	우) 佑7 旴7 偶11 愚13 慪15 優17
예) 預13 睿14 叡16	진) 晭9 晋10 唇11 趁12 儘16
지) 旨6 志7 恀8 智12 駛14	호) 昊8 晧11 聕13 皞15 儫16 顥21
유) 侑8 惟12 愈13 儒16	안) 侒8 晏10
민) 民5 旼8 暋13 頣14 憫15	재) 載13
이) 怡9 肄13 彛16 彝18	현) 見7 炫9 晛11 儇15 顕18 翷19
태) 態14	훈) 焄11 勛12 熏14 勲15 勳16
주) 住7 炷9 做11 晭12 輈13 輳16	원) 俒10 愿14 轅17 願19
동) 仝5 侗8 烔10 曈16	후) 候9 敄10 煦13
수) 修10 須12 輸16 燧17	헌) 軒10 憲16 憓20
정) 灯6 亭9 頂11 晸12 鼎13 頲16	선) 宣9 愃13 歚16
승) 昇8 乘10	연) 衍9 軟11 然12 煉13 輭16
성) 晟11 聖13 惺13 聲17	영) 映9 煐13 營17
찬) 燦17 儧17 儹21	은) 恩10 儓16
채) X	환) 晥11 皖12 煥13 懽22
제) 悌11 晢11 儕16 題18	빈) 份6 彬11 儐16
소) 召7 炤9 傃12 愫14 穌16	혁) 血8 焃11 赫14 爀18
경) 炅8 俓9 倞10 焆11 景12	화) 化4 俰10 驊22
경) 熲15 暻16 憼17	효) 傚12 曉16 驍22
상) 晌10 想13 像14 償17	희) 俙9 烯11 熙13 僖14 暿16
세) 世5	아) 亜7 亞8 雅12 衙13
규) 規11 煃13	택) X
건) 健11	필) 必5 佖7 馝15

토土 오행 / 남자 이름 1	토土 오행 / 남자 이름 2
서) 墅14 嶼17	준) 埈10 埻11 畯12 迿13 遵19
도) 堵12 跳13 途14 道16 壔17	윤) 允4 阭12
하) X	인) X 민) 岷8
시) 始8 施9	우) 禹9 邘10 堣12 郵15 遇16 隅17
예) 埶11 藝15 壡19	진) 畛10 陣15 陳16 臻16
지) 至6 址7 阯12 墀15	호) 岵8 颪10 犒14 壕17
유) 囿9 矮11 猷13 遺19	안) 岸8 婩11
건) 建13 踺16	재) 在6 崽12 齎21
이) 屺9 嬰12 태) 娧10 埭11 迨12	현) 峴10 晛15 嬛16
경) 垌8 京8 畊9 耕10 境14	훈) 壎17
주) 妵8 侏9 郑13 酒14 週15 遒16	원) 垣9 原10 院12 源13 阮15
동) 垌9 動14	후) 姁8 垕9 堠12 逅13
정) 姃7 町7 妵8 埩11 婷12	선) 羨13 漩14 墡15 選19
승) 丞8 阩12 塍13 陞15 階16	연) 延7 兗8 姸9 娟10 燃15
성) 娍10 城10	영) 迎11 郢14 嬴16 巊17
찬) 孨22 巑22	은) 垠9 嶾17
채) 婇11	환) 丸3 還20
제) 姼9 祭11 堤12 齊14 隄17 際19	빈) 邠11 嬪17
소) 埽11 疎12 消14	혁) X (헌) 獻20
욱) 勖11 郁13	화) 畫12 畵13 嬅15
규) 圭6 赳9 奎9 邽13 逵15	효) 婋11 崤11
상) 狀8 峠9 嘗13 塽14	희) 嬉15 羲16 爔17
세) 歲13	아) 婀8 娥10 峨10 婠11 阿13
수) 寿7 垂8 遂16 隨21	택) X 필) 畢11

금金 오행 / 남자 이름 1	금金 오행 / 남자 이름 2
서) 敍11 瑞14 鋤15 諝16	준) 噂17
도) 到8 酴14 錭16 鍍17 韜19	윤) 玧9 鈗12 鋆15 贇19
하) 欪9 賀12	인) 認14 諲16
시) 試13 諰16	우) 玗8 祐10 釪11 瑀14 耦15
예) 玴10 詣13 叡15 譽21	진) 珒11 診12 鉁13 賑14 瑨15 璡17
지) 知8 祇10 誌14 鋕15 識19	호) 祜10 皓12 琥13 瑚14 皞15 鎬18
유) 瑈13 瑜14 諭16 鍮17	안) 矸8
민) 玟9 珉10 瑉13 暋14	재) 財10 賊16
이) 珆10 珥11 貽12	현) 玹10 發11 現12 鉉13 賢15 環20
태) X	훈) 訓10 鑂22
주) 珠11 珘11 註12 稠13 賙15	원) 貟9 瑗14 鋺16 諢17
동) 銅14	후) 珝11 詡13
건) 鍵17	선) 琁12 詵13 瑄14 璇16 選19
정) 玎7 訂9 釘10 珽12 碇13 鋌15	헌) X
승) X	연) 研11 硯12 瑛14 瓀19 讌23
성) 珹12 誠14	영) 詠12 瑛14 瑩15 鍈17 贏20
찬) 賛15 璨18 贊19 讚22 瓚24	은) 殷10 珢11 銀14 誾15
채) 砦10	환) 環18 鐶21 歡22
제) 制8 瑅14 諸16 鍗17	빈) 玭9 璸19 鑌22
소) 珆10 韶14 璅16	혁) 革9
수) 收6 琇12 竪13 銖14 睟15	화) 貨11 話13
규) 珪11	효) 効8 效10 皛15 斅20
상) 尙8 祥11 詳13 賞15	희) X
세) 勢13 說14	아) 我7 砑9 硪12
경) 勁9 勍10 敬13 璟17 璥18	택) X
경) 鏡19 警20	필) 珌10 弼12 鉍13 斁15

수水 오행 / 남자 이름 1	수水 오행 / 남자 이름 2
서) 叙9 胥11 噬16 澨17	준) 浚11 準12 準14 濬18
도) 洮10 涂11 淘12 渡13 滔14 濤18	윤) 尹4 胤11 鈗15 潤16
하) 河9 煆14 嗬16 嚇17	인) 因6 氤10 濥18
시) 泍9 翄10	우) 友4 右5 霙14
예) 汭8 容12 豫16 濊17	진) 津10 溱14 震15
지) 池7 泜8 泒9 泜10 漬15	호) 呼8 浩11 淏12 湖13 豪14 滸15
유) 有6 洧10 唯11 喩12 遊13 濡18	호) 濩18 灝25
민) 潣16	재) 条9 滓13 渽14
이) 隶8 咿9 飴14	현) 呟8 泫9 灦27
태) 台5	훈) X 헌) X
주) 州6 周8 注9 洲10 湊13 澍16	원) 沅8 洹10 員10 園13 源14
동) 同6 動11 潼16	후) 煦12
정) 叮5 汀6 呈7 涏11 淨12 湞13	선) 詵10 善12 渲13 腺15 鮮17 膳18
승) 承5	연) 沇8 沿9 涓11 渊12 淵1 演15
성) X	영) 咏8 盈9 浧11 漢13 潁15 濚18
찬) 澯17	은) 听7 浪10 激14 濦18
채) X	환) 喚12
제) 済12 濟18	빈) 浜11 濱18 瀕19 瀨20
소) 召5 咲9 疏11 甦12 遡14	혁) 洫10
경) 坙7 涇11	화) 和8 澕16
규) 溎13 潙16	효) 淆10 涍11 寧12 嚆17
상) 商11 象12 湘13 潒16 驤21	희) 咥9 熙14 嘻15 餼19 囍22
세) 洗10 涗11	아) 啊11
수) 受8 首9 洙10 售11 脩13 需14	택) 澤17
수) 濉17 饈20	필) 咇8 泌9 滭12 潷15
건) 湕13 瞲15	안) X

한글이름에 맞는
한자(자원오행) 사전

木.火.土.金.水

여자

목木 오행 / 여자 이름 1	목木 오행 / 여자 이름 2
서) 序7 抒8 栖10 庶11 棲12 穊14	윤) 橍16
서) 緖15 撕16 藇20	원) 元4 杬8 笎10 苑11 援13 褑15
지) 祉9 持10 舣11 楮14 摯15	안) 安6 案10
하) 柯9 厦12 廈13	은) 蒑16 檼18
예) 羿8 帠9 捬12	린) 粼14 撛16 繗18 藺22
수) 守6 秀7 帥9 授12 綏13	아) 芽10 莪13
수) 睟13 粹14 豎15	유) 杻8 柔9 柚10 帷11 裕13 維14
채) 采8 寀11 採12 睬13 綵14	유) 楡15
동) 東8 桐10 棟12	우) 宇6 扜7 盱8 寓12 禑14
다) 茶12 艖16 다	인) 絪12 夤14
나) 拏9 挐10 挪11 糯20	이) 廙14
소) 柖9 素10 绍11	연) 兗9 宴18 筵13 緣15 縯17
시) 眂9	선) 先6 珗11 線15 瞔16 禪17 繕18
승) 升4 丞6 承8	리) 梨11 苙13 摛15
태) 太4	현) 弦8 舷11 絢12 縣16 繯19
주) 主5 宙8 柱9 株10 椆12	영) 榮9 英11 楹13 榮14 穎16
성) 省9 娍10 筬13	준) 葰15
찬) 粲13 撰16 纂20 欑23 纉25	진) 抮9 真10 振11 瑨13 榛14 稹15
제) 梯11 提13 禔14	효) 库10 (후) X (화) 華14
상) 牀8 相9 桑10 常11 箱15	혜) 惠15 蕙18
세) 繐18	희) 希7 稀12 禧8 禧17
경) 局9 梗11 卿12 經13 擎17	림) 林8 琳12
규) 糺7 糾8 揆13 閨14	민) 旼9 閔12
도) 卆5 度9 挑10 棹12 裯13 賭14	빈) 斌12 擯18 穦19 贇23
도) 導16 闍17 櫂18	재) 才4 材7 栽10 梓11 裁12 縡16
정) 廷7 定8 柾9 庭10 挺11	건) 建9 楗13 踺14 褰16
정) 程12 靖13 禎14 靚15	헌) 幰19 櫶20

화火 오행 / 여자 이름 1	화火 오행 / 여자 이름 2
서) 徐10 偦11 熨12 愃13 曙18	윤) 昀8 贇11
지) 旨6 志7 恀8 智12 駛14	안) 侒8 晏10
하) 昰9 椵16	은) 恩10 儗16
예) 預13 睿14 叡16	린) 悋11 燐16 轔19
수) 修10 須12 輸16 燧17	아) 亜7 亞8 雅12 衙13
재) 載13	유) 侑8 惟12 愈13 儒16
채) X 태) 態14	원) 倇10 愿14 轅17 願19
세) 世5	현) 見7 炫9 睍11 儇15 顯18
정) 灯6 炡9 頂11 聶12 鼎13 頲16	우) 旴7 偶11 惆13 慪15 優17
다) X	인) 引4 仞5 志6 忎7
나) X	이) 怡9 肄13 彛16 彝18
소) 邵7 昭9 傃12 愫14 穌16	연) 衍9 軟11 然12 煉13 輭16
시) 侍8 恃10 偲11 視12	선) 宣9 愃13 歚16
소) 邵7 昭9 傃12 愫14 穌16	리) 俐9 悧11
주) 住7 炷9 做11 晭12 輈13 轃16	영) 映9 煐13 營17
성) 晟11 聖13 惺13 聲17	준) 俊9 准10 晙11 儁14 駿17 㕙18
찬) 燦17 儧17 儹21	진) 晋9 晉10 跈11 趁12 儘16
제) 悌11 晢11 儕16 題18	효) 俲12 曉16 驍22
건) 健11	후) 候9 欨10 煦13
경) 炅8 俓9 倞10 烱11 景12 熲15	희) 俙9 烯11 熙13 僖14 暿16 爔18
경) 曔16 憼17	림) 琳12 臨17
규) 規11 烓13	민) 民5 旼8 暋13 頣14 慜15
도) 徒10 慆14 覩16 燾18	빈) 份6 彬11 儐16
승) 昇8 乘10	헌) 軒10 憲16 憓20
상) 晌10 想13 像14 償17	혜) 恵10 彗11 惠12 徯13 慧15 憓16
동) 仝5 侗8 烔10 曈16	화) 化4 俰10

토土 오행 / 여자 이름 1	토土 오행 / 여자 이름 2
서) 墅14 嶼17	윤) 允4 阭12
지) 至6 址7 阯12 墀15	안) 岸8 姲11
하) X	은) 垠9 巚17
예) 埶11 藝15 壡19	린) 嶙15 獜16 鄰19 隣20
수) 壽7 垂8 遂16 隨21	아) 婀8 峨10 娿11 迓11 阿13
재) 在6 峏12 齋21	유) 囿9 矮11 猷13 遺19
채) 婇11	원) 垣9 原10 院12 嫄13 阮15
동) 垌9 動14	현) 峴10 峴15 嬛16
정) 正5 町7 延8 埩11 婧11 婷12	우) 禹9 邘10 堣12 郵15 遇16 隅17
다) X	리) 厘9 釐18
나) 娜10	이) 阨9 嫛12 인) X
소) 埽11 疎12 消14	연) 延7 兗8 姸9 娟10 燕15 䴏19
시) 始8 施9	선) 羨13 嫙14 墡15 選19
태) 娧10 埭11 迨12	예) 埶11 藝15 壡19
주) 姓8 侏9 邾13 酒14 週15 遒16	영) 迎11 郢14 嬴16 嶸17
성) 娍10 城10	준) 埈10 埻11 畯12 迥13 遵19
찬) 巑22 巆22	진) 畛10 陣15 陳16 臻16
제) 姼9 祭11 堤12 齊14 隄17 際19	효) 婋11 崤11
건) 建13 踺16	후) 姁8 垕9 堠12 逅13
세) X	희) 嬉15 義16 嬎17
경) 坰8 京8 畊9 耕10 境14	림) X
규) 圭6 赳9 奎9 邽13 逵15	민) 岷8
도) 堵12 跳13 途14 道16 壔17	빈) 邠11 嬪17
승) 丞8 阩12 塍13 陞15 階16	헌) 獻20
상) 狀8 峠9 甞13 塽14	혜) 蹊17 화) 畫12 畵13

금金 오행 / 여자 이름 1	금金 오행 / 여자 이름 2
서) 敍11 瑞14 鋤15 諝16	윤) 玧9 鋇12 鋆15 贇19
지) 知8 祗10 誌14 鋕15 識19	안) 矸8
하) 哥9 賀12	은) 殷10 珢11 銀14 誾15
예) 玴10 詣13 叡15 譽21	린) 璘17 鱗20
수) 收6 琇12 竪13 銖14 睟15	아) 我7 砑9 硪12
재) 財10 賊16	유) 瑈13 瑜14 諭16 鍮17
채) 砦10	원) 貟9 瑗14 鋺16 謜17
동) 銅14	현) 玹10 贤11 現12 鉉13 賢15 譞20
정) 玎7 訂9 釘10 珽12 碇13 鋌15	우) 玗8 祐10 釪11 瑀14 耦15
다) X	인) 認14 諲16
나) 誜13	이) 珆10 珥11 貽12
소) 玿10 韶14 璅16	연) 研11 硯12 瑌14 瓀19 讌23
시) 試13 諰16	선) 琁12 詵13 瑄14 璇16 譔19
태) X	리) 利7 理12 璃16
주) 珠11 珘11 賍12 賙13 賙15	영) 詠12 瑛14 瑩15 鍈17 贏20
성) 珹12 誠14	준) 罇17
찬) 贊15 璨18 贊19 讚22 瓚24	진) 聿11 診12 鉁13 賑14 瑨15 瑱17
제) 制8 堤14 諸16 銻17	효) 効8 效10 皛15 斅20
건) 鍵17	후) 珝11 詡13
세) 勢13 說14	희) X
경) 勁9 勛10 敬13 環17 璥18 鏡19	림) 琳13
규) 珪11	민) 玟9 珉10 鈱13 瑉13 瞡14
도) 到8 酴14 鋾16 鍍17 韜19	빈) 玭9 璸19 鑌22
승) X	헌) X 화) 貨11 話13
상) 尙8 祥11 詳13 賞15	혜) 訡11 譓19 譿22

수水 오행 / 여자 이름 1	수水 오행 / 여자 이름 2
서) 叙9 胥11 噬16 澨17	윤) 尹4 胤11 瑜15 潤16
지) 池7 汦8 泜9 漬10 漬15	안) X
하) 河9 蝦14 嗬16 嚇17	은) 浪10 滶14 灝18
예) 汭8 睿12 豫16 瀇17	린) 吝7 潾16
수) 汙7 受8 首9 洙10 售11 脩13	아) 啊11
수) 需14 膵14 灘17 饈20	유) 有6 洧10 唯11 喩12 遊13 濡18
재) 氼9 滅13 溨14	원) 沅8 洹10 員10 園13 源14
채) X	현) 呟8 泫9 灦27
정) 叮5 汀6 呈7 淀11 淨12 湞13	우) 友4 右5 霸14
다) 多6	인) 因6 氤10
나) X	이) 隶8 咿9 飴14
소) 召5 唉9 泝9 疏11 甦12 遡14	연) 沇8 沿9 涓11 淵12 淵13 演15
시) 洆9 翅10	선) 诜10 善12 渲13 腺15 鮮17 膳18
태) 台5	리) 吏6 浰11
주) 州6 周8 注9 洲10 湊13 澍16	영) 咏8 盈9 浧11 渶13 穎15 瀯18
성) X	준) 浚11 準12 準14 濬18
찬) 澯17	진) 津10 溱14 震15
제) 濟12 濟18	효) 淆10 涍11 窙12 嚆17
건) 湕13 瞼15	후) 煦12
세) 洗10 涗11	희) 咥9 熙14 嘻15 餼19 囍22
경) 巠7 涇11	림) X
규) 湀13 潙16	민) 潣16
도) 洮10 涂11 淘12 渡13 滔14	빈) 浜11 濱18 瀕19 瀕20
승) 承5	헌) X
상) 商11 象12 湘13 滰16 驤21	혜) X
동) 同6 動11 潼16	화) 和8 澕16

1) 한글이름 짓기

— 발음이 부드럽고 명확하여 부르고 듣기에 좋아야 합니다.
— 세련되고 산뜻한 어감을 담아야 합니다.

사례

[부록] 4. 한글이름에 맞는 한자(자원오행) 사전 → 활용

화火 오행 / 남자 이름 1	화火 오행 / 남자 이름 2
서) 徐10 偦11 舒12 焂12 悎13 曙18	준) 俊9 准10 晙11 儁14 駿17 鵔18
도) 徒10 悩14 覩16 燾18	윤) 昀8 胤11
하) 昰9 椵16	인) 引4 仞5 忈6 忎7
시) 侍8 恃10 偲11 視12	우) 羽6 佑7 偊11 愚13 慪15 優17
예) 預13 睿14 叡16	진) 昣9 晋10 跈11 趁12 儘16
지) 旨6 志7 恀8 智12 駐14	호) 昊8 晧11 聕13 皞15 像16 顥21
유) 侑8 惟12 愈13 儒16	안) 侒8 晏10
민) 民5 旼8 忞8 暋13 頣14 懜15	재) 載13
이) 怡9 肄13 彝16 彞18	현) 見7 炫9 晛11 儇15 顕18 翾19
태) 態14	훈) 焄11 勛12 熏14 勲15 勳16 曛18
주) 住7 炷9 做11 晭12 輈13 輳16	원) 倇10 愿14 轅17 願19
동) 仝5 侗8 烔10 曈16	후) 候9 斅10 煦13
수) 修10 須12 輸16 燧17	헌) 軒10 憲16 憶20
정) 灯6 炡9 頂11 最12 鼎13 頲16	선) 宣9 愃13 歚16
승) 昇8 乘10	연) 衍9 軟11 然12 煉13 輭16 曣20
성) 晟11 聖13 惺13 聲17	영) 映9 煐13 營17
찬) 燦17 儧17 儹21	은) 恩10 儠16

424

[한글이름] 활용 예시

화火 오행 / 남자 이름 1	화火 오행 / 남자 이름 2

서)

서준 . 서윤 . 서인 . 서우 . 서진 . 서호 . 서안 . 서재 . 서현 . 서훈 . 서원 . 서후 . 서헌 . 서선 . 서연 . 서영 . 서은.

도)

도준 . 도윤 . 도인 . 도우 . 도진 . 도호 . 도안 . 도재 . 도현 . 도훈 . 도원 . 도후 . 도헌 . 도선 . 도연 .

하)

하준 . 하윤 . 하인 . 하우 . 하진 . 하호 . 하안 . 하재 . 하현 . 하훈 . 하원 . 하후 . 하헌 . 하선 . 하연 . 하영 . 하은.

지)

지준 . 지윤 . 지인 . 지우 . 지진 . 지호 . 지안 . 지재 . 지현 . 지훈 . 지원 . 지후 . 지헌 . 지선 . 지연 . 지영 . 지은

동)

동준 . 동윤 . 동인 . 동우 . 동진 . 동호 . 동안 . 동재 . 동현 . 동훈 . 동원 . 동후 . 동헌 . 동선 . 동연 . 동영 . 동은.

성)

성준 . 성윤 . 성인 . 성우 . 성진 . 성호 . 성안 . 성재 . 성현 . 성훈 . 성원 . 성후 . 성헌 . 성선 . 성연 . 성영 . 성은.

화火 오행 / 남자 이름 2	화火 오행 / 남자 이름 1

준)
준서 . 준도 . 준하 . 준민 . 준이 . 준태 . 준수 . 준승 . 준성 . 준찬

윤)
윤서 . 윤도 . 윤하 . 윤지 . 윤민 . 윤이 . 윤태 . 윤주 . 윤수 . 윤주 . 윤성 . 윤승 . 윤찬

현)
현서 . 현도 . 현아 . 현지 . 현유 . 현민 . 현이 . 현태 . 현주 . 현수 . 현정 . 현승 . 현성 . 현찬

은)
은서 . 은도 . 은하 . 은지 . 은유 . 은민 . 은이 . 은태 . 은주 . 은수 . 은정 . 은승 . 은성 . 은찬

재)
재서 . 재도 . 재하 . 재유 . 재민 . 재이 . 재주 . 재동 . 재수 . 재정 . 재승 . 재성 . 재찬

화火 오행 / 남자 이름 2	화火 오행 / 남자 이름 2

재)
재준 . 재윤 . 재인 . 재우 . 재진 . 재호 . 재안 . 재민 . 재현 . 재훈 . 재원 . 재후 . 재헌 . 재선 . 재연 . 재영 . 재은

2) 한자이름 짓기

— 이름(한글, 한자)의 오행으로, 타고난 기운의 부족한 부분을 보완하여 사주의 중화(中和)를 이루도록 하는 이름이 좋은 이름입니다.

— 『대법원 인명용 한자』에서 사주에 필요한 오행(자원오행)과 한자획수(수리오행)를 동시에 충족하면서 뜻이 좋은 글자를 선별하여 사용합니다.

— 뜻이 나쁜 불용문자와 획수가 너무 많거나 복잡하고 모양이 이상한 글자는 가급적 시용하지 않습니다.

| 사례 |

[부록] 4. 한글이름에 맞는 한자(자원오행) 사전 → 활용

— 활용하기 위해서 먼저 할 일은 ①사주를 분석하고 ②필요한 오행의 한자(자원오행)를 선정한 후 ③한자획수(수리오행)가 『성씨별 길한 수리』에 맞는 글자를 선택한다.

— ① ② ③을 하기 위하여 부록 1 또는 4장을 학습합니다.

— **부록 1.   엄마 아빠가 쉽게 짓는 예쁜 아기 좋은 이름** p279

— **4장 격국 . 용신** p95

[예시]
— 한글이름 : **김 서 현**
— 사주에 필요한 오행 (희신.용신) : **목(木) . 화(火)**

■ 한글이름의 사주에 맞는 한자(자원오행) → 작성 자료

목木 오행 / 여자 이름 1	목木 오행 / 여자 이름 2
서) 序7 抒8 栖10 庶11 棲12 稀14 緖15	현) 弦 8 絃 11 絢 12 縣 16 纚 19

화火 오행 / 여자 이름 1	화火 오행 / 여자 이름 2
서) 恕7 徐10 偦11 奘12 惰13 曙18	현) 見7 炫9 晛11 儇15 顯18 翾19 顯23

□ 한글이름의 사주에 맞는 한자의 획수(수리오행) → 작성 자료

8획 성씨 김(金) - 성씨별 길한수리 정렬표

성씨 획수	이름1 획수	이름2 획수	성씨 획수	이름1 획수	이름2 획수	성씨 획수	이름1 획수	이름2 획수	성씨 획수	이름1 획수	이름2 획수
8	3	5	8	8	5	8	10	15	8	16	15
8	3	10	8	8	7	8	10	21	8	16	17
8	3	13	8	8	9	8	10	23	8	16	21
8	3	21	8	8	13	8	13	3	8	17	7
8	5	3	8	8	15	8	13	8	8	17	8
8	5	8	8	8	17	8	13	10	8	17	16
8	5	10	8	8	21	8	13	16	8	21	3
8	5	16	8	9	7	8	15	8	8	21	8
8	5	24	8	9	8	8	15	9	8	21	10
8	7	8	8	9	15	8	15	10	8	21	16
8	7	9	8	9	16	8	15	16	8	23	10
8	7	10	8	10	3	8	16	5	8	24	5
8	7	16	8	10	5	8	16	7	8	24	7
8	7	17	8	10	7	8	16	9	8	27	10
8	7	24	8	10	13	8	16	13			

[한자이름]

서) 序 7 (목)   현) 炫 9 (화)

— 이름1의 획수를 (목)오행 7획을 사용할 경우, 이름2의 획수는 8. 9. 10. 16. 17. 24 획수의 (화)오행 한자를 사용해야 자원오행과 수리오행을 모두 맞출 수가 있다.

서) 惛 13 (화)   현) 縣 16 (목)

— 이름1의 획수가 (화)오행 13획일 경우, 이름2의 획수는 3. 8. 10. 16 획수이면서 (목)오행의 한자를 사용해야 자원오행과 수리오행으로 지어진 한자이름이 되는 것입니다.

끝.

참고문헌

비전 성명대전	조봉우 저. 명문당. 1973. 2. 5
자평진전평주	심효첨 원저/ 서락오 평주/ 박영창 번역 청학출판사. 1997. 2. 20
적천수천미	임철초 증주/ 원수산 선집/ 예광해 역 도서출판 지남. 1998. 3. 13
궁통보감정해	최봉수·권백철 강술. 명문당. 1992. 11. 10
우주변화의 원리	한동석 저. 대원출판. 2001. 5. 15
오행이란 무었인가?	유소홍 지음/ 송인창·안유경 옮김 심산출판사. 2013. 12. 31
음양오행설의 이해	김기 저. 도서출판 문사철. 2016. 4. 15
음양오행 생성과 소멸의 자연학	김성태 저. 텍스트북스. 2010. 12. 3

작명 성명학
예쁨 아기 좋은 이름 개정판

ⓒ 김규만, 2025

개정판 1쇄 발행 2025년 6월 1일

지은이   김규만
펴낸이   이기봉
편집   좋은땅 편집팀
펴낸곳   도서출판 좋은땅
주소   서울특별시 마포구 양화로12길 26 지월드빌딩 (서교동 395-7)
전화   02)374-8616~7
팩스   02)374-8614
이메일   gworldbook@naver.com
홈페이지 www.g-world.co.kr

ISBN   979-11-388-4317-1 (03180)

• 가격은 뒤표지에 있습니다.
• 이 책은 저작권법에 의하여 보호를 받는 저작물이므로 무단 전재와 복제를 금합니다.
• 파본은 구입하신 서점에서 교환해 드립니다.